北京市教委教学质量提高项目经费支持

中国纪实摄影家成长实录

上卷

宋靖 著

中国摄影出版社
China Photographic Publishing House

自　序

2016年，北京电影学院摄影学院建院20周年。从1989年在摄影系任教开始到摄影学院成立的20年里我一直在从事图片摄影教育工作，前不久，我和学院同事研讨教育工作时还谈起，我们这些人注定不能成为真正的摄影家，我们是摄影教育工作者，将来墓碑上也得这么写。这个身份，决定了我有一个不同于其他摄影家访谈书著者的立场和出发点，也决定了我能够有信心把这几十位不知被采访过多少次、不知多少次出现在各种报纸书刊中的人物的事迹重新发掘一遍而呈现给读者。

所以我选定这些摄影家，就是认定他们可以成为学习摄影的学生或是一般摄影爱好者的榜样、成功的楷模或是事业的目标吧，因为他们都是书写中国摄影史不可缺席的人物，无论评论界对他们的作品和成就是不是有不同的声音，他们的成功都代表了社会的认可，代表了他们用摄影的方式实现了个人的社会责任。因此，在这本书里，我不会评论他们的作品。对我来说，我的问题不是围绕他们的创作与作品，我不会设计好问题让那些摄影家说出心中的秘密、作品背后的秘密等等，我不是要去带领读者了解影像的奥秘。恰恰相反，我在和每一位摄影家开始对话时，首先要把我唯一的目的告诉对方，就是要和他们一起探讨摄影教育的问题，尽管不是每次都能给出明确的答案，但他们每个人不同的成长经历都会带给学生们启迪。应该感谢这些成名成家的摄影师，他们对我的理解、对摄影教育的关注、对年轻人的关心都令我感动，而且他们谈及的问题都很在点子上，给出的意见和建议都很中肯，我很欣慰可以把这些极其有益的教诲通过本书带给年轻读者。

具体地谈，我在多年的教学当中发现，摄影专业的学生往往对国外摄影名家如数家珍，但普遍地不熟悉甚至不知道很多中国的优秀摄影家，这种现象的危害性是显而易见的，问题亟待解决。一方面，我们摄影学院会通过在摄影史教学中加强中国摄影史的部分来纠正这种不正常的状况；另一方面，我想通过这本访谈录，让这些摄影家亲口讲出他们都是为什么做摄影、如何做摄影，以及如何有所成就的。摄影的这些问题对摄影师来说又是个人生、事业的选择问题，我相信，在我们共同的文化背景、社会背景下，这些中国摄影家的思考与选择应该会比国外的摄影家们对学生有更强的借鉴意义。说到底，教育就是要解决学生们关于我是谁、依靠谁、为了谁的问题，那么通过这些经历与成就不尽相同的摄影家，我要让学生领悟到其中共通的对这些问题的答案，我们是学习摄影、选择摄影作为实现自我手段的学生，我们要依靠我们身边的人和社会环境，我们的创作是为了服务社会、服务人民。

更长远来说，那些学生们所不知道的中国摄影家是支撑我们摄影史主线的人，而这些学生未来是要继承发扬我们的摄影事业乃至民族文化事业的，没有对自己摄影史的了解就很难唤起对自己摄影文化的认同和自信，也就更难自觉，所以这个矛盾的解决是更高层次的目标。

那么学生在认清楚了学习的大方向和长远目标之后，就要考虑如何实现自己的理想与目标。我在和这些摄影家的访谈中也强调了这点想法，每个成功的摄影家的经历中那些有重要意义的、需要做出选择和付之行动的关键点是不可错过的。我相信他们每个人都会有，他们也都毫无保留地谈出来了。其实，我书里的这些摄影家的经历还是很不一样的，而且可以说都是充满坎坷与波折的，当然也一定是存在机遇的，你会在其中真正体会到什么叫“机会是留给有准备的人”。像吕厚民吕老，看似波澜不惊地成为伟人身边的摄影师，但是通过他的全心全意的努力工作，他成功地在这个不同寻常的岗位上创造出了足以留给历史的一大笔影像的财富，同时也成就了他自己。

因为我写书是从教育工作的角度出发，围绕的核心是育人，所以我还选了一些在摄影界取得了特殊成就和地位的名家，他们多是从摄影家转变为教育家或是全民摄影文化的推动者。比如罗光达，他和吴印咸都属于新中国老一辈新闻摄影事业的奠基人，他们在新中国成立后基本上都放下相机投身到摄影教育的开拓与创业中来，在各大艺术院校担任领导工作。再有像王立平，身为著名作曲家，他在 20 世纪 70 年代末国家拨乱反正的历史时刻，和一帮爱好摄影的朋友，从摄影的小天地向整个文艺界乃至全社会发出唤醒的呐喊声，成就了值得载入中国摄影史的一个重要时刻。所以，虽然他后来的主要艺术创作不在摄影领域，但学生们还是非常有必要了解他和那段历史的，因为我们正是想让年轻人明白一点，无论是摄影还是其他专业，接受高等教育，都不是为了把人生限定在一个方向上，我们要用这些生动有力的故事，来启迪他们把路走得宽广和长远。

身为摄影人，当然应该把自己领域里的事情搞清楚，认识人或事和认识作品一样都要有深度。我书中采访的不少摄影家都是各级摄影家协会的领导，尤其像李光前书记和王瑶主席，身处中国文联和中国摄影家协会的最高管理层，听他们讲述如何从热爱摄影、坚持创作并取得辉煌的成绩，到投身中国摄影事业的构建与推动，是非常有助于学生们在思考自己的人生选择和在社会中的定位时能够跳出思维定式，能够同时拥有大局观，能够把个人与他人、与社会更紧密地联系到一起。从事摄影工作是要有情怀与奉献精神的，从这个角度看，我书中选取的每个人在这方面都是值得学习的，他们在不同层面和角度向读者阐释了这种情怀与精神。这些既是社会对个人提出的要求，又是人生必需的实践。

就这样，每个人都不一样，每个人又都反复向学子们证明着一点，就是人生中充满着不可错过的十字路口，平时要全力充实自己，勤于思考，审慎选择，勇于行动，才能最终成功。

（注：本书“讲评”部分除署名外均由作者宋靖完成。）

目　录

用摄影很好地解决生存问题

陈海汶

上海市政协第十、第十一届委员会委员
中国摄影家协会理事、艺术摄影委员会委员
中国艺术摄影学会常务理事
上海市摄影家协会副主席
第八、第九届中国摄影金像奖获得者
上海三亚文化传播事业体艺术总监

● 1958年出生，学摄影前爱好画画。

● 1982年进入上海育人摄影学校学习，接触到郎静山、陈复礼的作品，次年开始摄影创作。

● 1984年从上海辞职，应聘到黄山任摄影干事，后辞职回上海，边拍上海市井生活边靠摄影谋生，最终下海创业。

● 1992年创办上海三亚文化传播展示有限公司，专业从事摄影作品的创作和展览。

● 1997年、1999年先后参与《香港回归》、《澳门回归》大型画册的摄影创作。

● 2000年策划组织“夜上海”、“传媒时代的影像”、“中国当代摄影展”、“法国阿杰150年摄影作品展”等论坛、展览。

● 2003—2007年参加拍摄或策划“台湾24小时”、“香港24小时”、“澳门24小时”、“西藏24小时”、“贵州24小时”、“浙江24小时”、“成都24小时”、“上海24小时”等主题。

● 2004年“陈海汶摄影展”先后在上海美术馆、中国平遥国际摄影大展、故宫博物院展出。

● 2005年发起组织成立上海瞬间摄影有限公司，接管《上海摄影》杂志，担任杂志执行副总编。

● 2006—2009年策划举办“上海市历史文化风貌区和优秀历史建筑保护”摄影活动、“尼康在中国”2006、2007、2009等全国摄影活动。

● 2008年策划、主编《5·12中国汶川大地震》大型摄影画册，同年荣获中国新闻摄影学会颁发的“2008汶川地震抗震救灾报道优秀新闻摄影工作者”荣誉称号和中国摄影家协会授予的“2008抗震救灾优秀摄影家”光荣称号。

● 2008—2009年，主拍、策划、主编大型图文出版物《和谐中华——中国56个民族剪影》。

● 2009年10月，“中华全家福”摄影展于国庆60周年之际在北京王府井大街展出。

● 2009年11月，受北约部队邀请，进入北约驻阿富汗的坎大哈军事基地，对美国驻外军旅生活进行拍摄采访。

● 2010年春节期间，由国务院侨办主办的“中国56个民族全家福”摄影展在美国、法国、澳大利亚等25个国家同时展出。

● 2010年收藏海鸥双反相机的生产装配流水线及成套配件，组织12位原海鸥相机制造厂的资深技师进行改装，10月产品面市，广受媒体关注。

● 2012年6月，创办上海老相机制造博物馆。

蒙古族 陈海汶摄（选自《中国 56 个民族全家福》）

讲评：

陈海汶作为一位摄影家，从摄影入手，以摄影这样一种艺术手段把自己的人生经营得这么好，是特别值得学习的。每个人进入社会的时候，总要有一块敲门砖。我们这本书就是教大家怎么用摄影这块敲门砖把社会的门敲开，以及敲开社会大门以后又如何能够实现一个比较完整、比较理想的人生。

首先，陈海汶特别值得学习的一点是，他的团队精神特别好，当他初学摄影时，实际上是一群人在学习，包括顾铮、陆元敏等上海知名的影像工作者。他跟哥哥借钱买了相机，自己去拍，同时还上班，上班时他就拍自己办公室里的人，下班了走在路上也拍。这就是他梦想刚开始时的状态，他搞摄影是出于兴趣，然后就堂堂正正地干事。他有朋友，有志同道合的群体，还有目标，有理想，所以陈海汶在这一段时期寻到了梦想与事业的方向，这是很关键的，至于以后他怎样用摄影敲开社会的大门，并且让别人认可他，给他更多机会，这就是情商的问题了。所以，我觉得学校的学生应该多跟同学们一起交流，既然选择了摄影就要坚定信念。

陈海汶对摄影的热爱，保持了一种特别的纯粹。陈海汶自己说的一点特别好，就是如果要让更多的人热爱你的艺术，你个人必须找到一个让人热爱的理由。就像他拍的56个民族，他做到了一个摄影家要做的事情，他把那个民族最具代表性的服饰、工具等文化符号以及那个民族的人的精神面貌，都给梳理并记录下来了。现在有很多人每天在屋里发微博，说说人家这个那个，不如真的到生活里去拍一拍。他反复为社会做这样的事情，社会必然认可他。这就是人与社会的关系，你首先要服务社会，社会才能认可你，这是一个学生最应该做到的事，不要认为我不要付出，我就应该索取，除了索取父母，别人没有义务让你索取。我就觉得应该从陈海汶身上学习那种精神，一个人的才华、智慧和手艺，都要奉献给社会，社会自然会给予回报，这是我觉得陈海汶老师最棒的一点。

我们梳理的艺术家都是奉献社会的典型，但从生存的角度来说，陈海汶的例子证明靠摄影可以生存得很好。当然，因为他在经济上的成功，有人可能会觉得，他不是一个艺术家，而是一个商人。但艺术家不一定非要受穷，摄影家也一样。陈海汶首先是一个非常严肃的艺术家，其次他非常善于用摄影来服务社会，这就够了。我就告诫有些学生，不要以艺术的名义说我不愿意做这做那，我可以流浪，可以不负责任，这其实是逃避社会的一个借口。

结合我们的摄影教育，说到怎么能够注重团队协作，以及如何提高服务社会的意识，我觉得这两件事都是特别难教的，但也是一定要足够重视、稳步开展的。

陈海汶访谈

用艺术创作介入乃至引领主流需求

宋　靖： 陈老师，您最近有什么新的创作计划吗？

陈海汶： 前段时间我们在做思南公馆。那是上海真正传统意义上的一个老建筑别墅区，有一百年的历史，建设单位改建完成后要做宣传就找到了我。去看了之后，我就知道做出来会很像商业楼书，没意思。后来的一个多月，我一直在思南公馆附近转，从早上到晚上，他们的咖啡厅、餐厅，我每家都吃过去，每天都观察。思南公馆是思南路上一个聚居区，比较有代表性。思南路虽然有一百年的历史，但在上海大家都不在意百年的思南路，正好我可以回顾从租界到今天的历史建筑背景下的上海，太有意思了。

30年来我一直在拍上海人的表情，类似思南路上的上海人的生活我也一直在拍。通过拍摄思南路我找到了法国的一份资料，原来思南路的建筑样式、文化模式、生活习惯都受到了法国比亚里茨的影响。传说，当年上海的梧桐树就是分两批从比亚里茨运过来的。事情就是这样，你只要努力地挖掘下去，总会有所发现。

我到了比亚里茨，一看，就是法国思南路。我走进很多家庭，发现其中一家墙上挂着女主人曾祖父的照片，他曾经是1905年在上海的法国副总理事，她家的建筑也有百年历史。她的家人现在都在上海，她家里全是上海文化和中国文化的东西。回来后我再拍她住在思南路的老公，我进屋一看，全是比亚里茨法国腔调，比较洋气的腔调。然后我走进比亚里茨，从他们的贵族开始，再到艺术家、平民生活，我全看见了。然后我再看思南路，中法文化在这里是相互交融的。所以有的时候蛮有趣的，你真的进去之后，会发现摄影本身存在的意义，所以我做了一本画册《与梧桐交织的风景》。这本画册从思南路、比亚里茨，讲到历史与当今的关联，包括当今上海怎么把未来的概念做进去，包括受法国影响的因素，全部淋漓尽致地阐述出来，用主流的、客观的语言表述出来。我对客户的需求基本就这样，我同意接了，价格我定，你不要催我稿件，因为创作过程中，我有变化，我可能有新的灵感，他们全同意。最后，我一般就是给客户一本完整的样稿，像出版物一样，这时候我说你可以修改。没想到的是，他们把这本样书交给了上海市委书记韩正，他看完之后说："序我来写。"

在我的记忆中，他从来不写序。所以有的时候做摄影，不一定说主流的东西不能介入，艺术带有评判性。二十几年来，在社会主流摄影的呈现上我真的有种感觉，这一块我们努力得太少，其实我们政府是能接受创新观点的，但问题是你做了没有，你花精力了吗？你做一个东西，能否成为历史中一个切片样的东西，能否成为史料，或者能否作为文化样式进行传播，这在于你努力的程度。

我最近在做外滩，也是这样。但外滩跟思南路形态不一样，思南路比较精致，家庭、街坊、邻居式，外滩是一个大空间，但大空间跟小资联合在一起，实际上就是上海腔调的缩影。外滩在一百多年前也是英租界，所以我在做外滩的时候也是站在历史空间的背景下。我想看看今天上海人的面孔是怎样的，这个面孔是中国面孔，还是世界面孔，因为外滩太特别，它在中国好像是离世界最近的地方，那它跟世界有什么关系？我要走进他们的内心，所以我前段时间到英国去，接下来我会再去几次，我的创作地主要就是上海外滩、伦敦、利物浦。现在我始终在做专题，过去有可能我们对摄影的期望太偏重艺术了。

宋　靖：其实您这也是艺术创作。

陈海汶：我不想先自己定义是艺术，我的作品有两个特点：很实用、为自己拍。在创作整个画册的同时，很多片子我没编进去而是先放着，但多少年之后，我把它们拿出来编了一个自己的《幸福生存》。

上海是个带有很重殖民痕迹的城市，我总感觉摄影应该去发现，去看见，去记录下来。上海的面容在旷日持久的拍摄中变得时而清晰、时而模糊，那是怀揣着某种直取目标式的目的性拍摄。模糊的时候是因为忽然间发现上海的街角与万里之外的某个异域城市角落竟然如此相似，甚至于穿过镶嵌在墙上的玻璃窗投入室内的光线，令置身其间的人产生一种恍惚感。空间的力量如此强大。只有把历史和当今叠在一起，才能看到上海今日的面容。做这样的专题，因为喜欢，所以会用自己的状态去拍，当然我不是新闻记者，我也不是纯粹的艺术家，我用我的方式去表达，只要坚持拍就可

选自《与梧桐交织的风景》 陈海汶摄

选自《外滩背后》陈海汶摄

选自《幸福生存》陈海汶摄

以。有一种现象，年轻时我们很想去报社等单位工作，因为买不起相机，到那种单位可以有相机摸，但进单位之后发现拍的照片都是领导需要的，无法发自内心地去创作。我感觉，如果拿起相机的时候，能够很坦然，很自信，那就是最好的状态。后来我发觉摄影还可以解决生存问题，而且可以解决得很好。

宋　靖：从您现在的状态来看，就已经证明了这一点。而且您在为其他摄影者甚至摄影家提供有力的帮助。

陈海汶：我拍了《中国56个民族全家福》、《思南路》等等，包括上海的老工业、老房子，我把我们的保护性建筑，2800多栋，80%都拍完了。我这20年当中把上海主观的、客观的场景都扫描完了。这些图片有自己的特点。因为我下海的时候，曾经有一本东西对我影响很深，那就是《中国》大画册，是我在上海摄影家雍和那里看到的，它摄影语言的风格是写实的，涉及哈尔滨、天津、沈阳、北京、上海、广州等城市，还有四川、新疆等地。每个城市有4—6页，拍摄者的手法今天我们看了依然感觉入木三分。图片表现的表情与生存环境极具艺术张力，每张片子的语言真的是很精彩。那个时候能有这种摄影手法，能拍《中国》这本画册，真是不简单。

宋　靖：您还记得是什么人在那个年代就有这样的意识了吗？

陈海汶：这就要说到关键了，画册翻到最后，单位出现了——“壳牌关注中国事业的发展”。壳牌在打入中国市场之前找了世界上著名的四位摄影师在中国拍了一两年，拍他们了解的中国。整本画册里面没有一个壳牌的标志和广告。我后来就想我们的企业、政府在做宣传时可以借鉴这种方式。这本画册对我的影响很大，后来我就想成为中国这样的摄影呈现者。所以我与企业合作的时候往往希望题材跟人文结合，与政府合作的时候希望跟地脉文化和人的生存现状客观结合，因为在传播上你的作品如果缺少了客观、真实、真情，你的宣传就是没有力量的。

　　这种摄影是我擅长的，所以下海以后，我没有做影楼，觉得没意义，就想从事摄影外宣这条路，做大家没有看见过的好的平面宣传品。在这个理念支持下我一直在做这类摄影，走得很顺。而且我在摄影从商的过程中根本不可能有商业背后的利益或者回扣问题，我靠的就是我的手艺，靠我的观点去做，做完了交任务，人家付我钱。

经过锻炼以后突然发觉自己潜力很大

宋　靖：不夸张地说，您可能是中国摄影界里能够把自己的创作融入为社会服务，并且被社会认可结果最好的一位。

我现在在做的这本《中国纪实摄影家成长实录》很少涉及纪实摄影的美学相关批评等这种理论性的东西，几乎没有。这种东西在很多文章报道里包括学术论著里都有。我想写的书是要指导学生怎么用纪实摄影的方式找到生存的空间，这也是我特别来访谈您的最重要的动力。因为我知道您有很多作品，不管是艺术创作还是服务社会，全是跟人、跟环境、跟这个地方的人文气息有关系的。实际上通过对您的访谈了解您的成长经历、创业经历、为社会做的贡献，等等，都给学生提供了示范的样本，学生们看完您的所做所思就会去想：如果我在上海我是不是也能找这样的机会去做？每个时代的人都有事情做，但是用什么方法做是要有启发的，可以少走很多弯路。您刚刚谈到您的创作是受一本画册的启发，这本画册的编辑到今天可能也不知道曾启迪了您的人生。

那么接下来的问题是，我看到博物馆里的作品，还有您的《中国56个民族全家福》，以及所有的这些，如果没有经济做基础什么事情都是空想。

陈海汶：对的。我还有几件事情是跟经济有关系的。一个是我们的《上海摄影》杂志，它是一面旗帜，对当地的摄影是起到引领作用的。一年要投入多少钱你知道吗？120万，5个人的编辑部。我已经做了10年了。但在这本杂志上不会用我自己的照片，因为情结。我们当初学习摄影的时候，看不到很多关于摄影的书，走了不少的弯路。

而且我真的希望将我多年来认识并喜欢的摄影家告诉给今天的年轻人。所以我与中国摄影家协会商定由我初编、推荐、出品，中国摄影家协会终审，中国摄影出版社出版“中国最具影响力的摄影家”系列大型画册。其中有王文澜、朱宪民、贺延光、解海龙、雍和、陆元敏、胡武功、于德水、王苗、黑明、王庆松等，已经出版了15位摄影家的册子。还有，我用的第一台相机是海鸥，而且我们这一代摄影人大部分对国产相机有着深厚的情感联系，该相机品牌自20世纪50年代兴起，到90年代末却轰然倒下了，多年来我一直有心收藏这份历史，2012年我在上海创办了上海老照相机制造博物馆。

宋　靖：这是一个摄影家的文化自觉。您说说您是如何开始摄影之路的？您在年轻的

上海老照相机制造博物馆 陈海汶供图

时候选择摄影肯定是很坚定的，如今您从事摄影已经有30年了，您的成功是双向的成功，一个是创作上的，另一个是创造了和摄影有关的个人的帝国，从收藏到博物馆，我觉得是非常全面的。接着就再谈谈您的经历吧。

陈海汶：我以前在家就爱画画，后来发现相机能够瞬间把人的造型定格，就喜欢上了。1983年自己有点钱，又借了60元，最后凑了120元买了一台海鸥双反相机开始去拍。那时候拍照不是为了留影，就是想要创作。1982年我进入的上海育人摄影学校是当时上海民间开办的第一所专科学校，上海摄影界现在的半壁江山都是从这所学校出来的。那时候有个老师叫陈怀德，和郎静山有点关系，他喜欢摄影，就教我们怎么去拍，并带我们欣赏了郎静山、陈复礼的照片，感觉前人做得这么好，很喜欢。1984年我把上海的工作辞了，不久因为会照相而阴差阳错被调到了黄山。在黄山我受到风光摄影的影响，加上单位也挺好，给了DF相机，后来自己也买了DF，两台相机，有三十几斤，三天一个流程，没索道，爬上去拍摄，再下来。当时主要拍留影照片，留影照片不用24小时拍，所以我有大量空闲时间创作，尽管拍了不少却总找不到感觉。后来有一次我在玉屏楼和服务台的朋友聊天，正好来了一对年轻的蜜月中的夫妇。当时玉屏楼已经没有房间了，我就和工作人员说帮帮人家，那时候结婚是大事呢，工作人员说“好”，后来有一个老外订了房间却不来了，就让给他们了，他们很开心，一间价格 20元，两人面露难色，说“我们考虑一下”。当天晚上两点多，我起来看看大家睡得怎么样，我经过玉屏楼宾馆客厅的时候，发现这一对年轻夫妇在一条长板凳上相拥而眠。很简单，一条长板凳、一对相拥而眠的男女、一根拐杖、一个水壶，上面有黄山的风景。就因为住不起房间他们在客厅的板凳上过夜，那时候我内心有一种冲动，回到房间拿了相机出来就按了两张。

这张照片我特喜欢，遂给媒体投了稿。没过几个月，上海有个发行量很大的《家庭》杂志在它的摄影作品欣赏版用整版文图发表了这张照片，版面标题就叫“蜜月的梦”。文章我非常喜欢，觉得他们都看明白我当时的心情了！我那时候就知道了图片的视觉语言。这张照片发表后在上海引起了很多争议，老传统和新的表现方式之间产生了争论。总之，这张照片引起了大家的共鸣，也让我知道照片一定来源于情感联系的地方。

后来我不在黄山干了，就回上海，开始拍自己熟悉的弄堂生活，和陆元敏两人背着相机在马路边扫街。我很多的照片就是在那个时代拍的，陆元敏也是。那时我们很单纯，就拍自己内心有感觉的，或者有生活经历的、有感情联系的照片。那段时间大

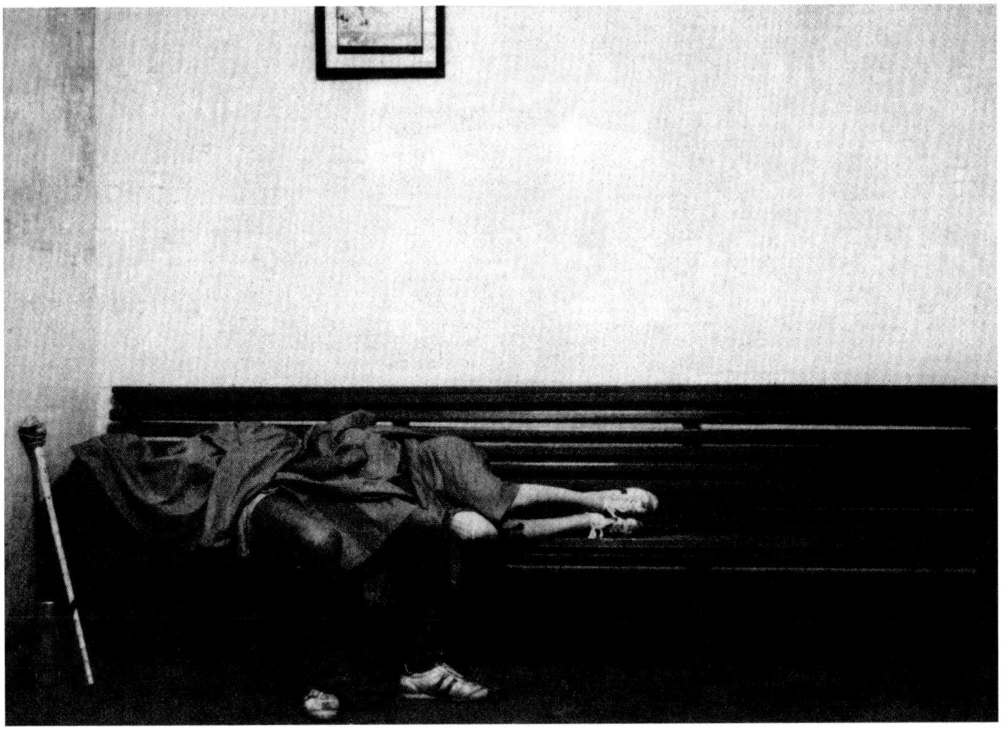

蜜月的梦 1985 年 陈海汶摄

家还在拍摄风花雪月的风光。而我们都没那么多钱，辞了工作就在马路上拍自己喜欢的照片。以后养家糊口就是靠每个月帮别人拍10块钱一张的照片，一个星期搞定，把一个月的钱挣足了，再创作。但毕竟还没有钱，胶卷都买不起，和陆元敏两人买一盘胶卷，两个人分。当时在上海，除了杨元昌、雍和外，还有几个人在拍城市，那就是我和陆元敏。我们拍了一段时间以后，顾铮、王耀东等一起进来混了，就这样混了几年，大家混得还是蛮开心的。拍的时候我们想做个展览、画册，都谈好了，公家免费，但是缺3000块钱的照片制作费。后来失散就因为这3000块，大家也无奈。陆元敏老实还待在原单位，王耀东去深圳，顾铮去日本，我想半天决定下海挣3000块去。就为了挣3000块我下海了，在下海过程中我在雍和家里看到了《中国》画册，我就发誓要用摄影打开这个市场，就这样走到今天。经历就这么简单，其实真的是因为喜欢纪实摄影的方式，今天回忆起来真是一个很好的决策。冥冥之中老天逼你一下，开发你的潜力，让你眼睛看到更多的社会。经历过很多事情后，你心里有积累的话，拍片的时候就明白哪张片子是和你有关系的，哪张是重要的，哪张是不重要的，你会很明确。经历过以后回头再看，真的挺好的，经过锻炼后突然发觉自己潜力很大，还能做这样的事情。

宋　靖：您现在拍的画册区别于他人的一点就是您能拍到别人心里想要的，而不是表面的，您拍到了人文气息和老百姓的事，而且我觉得很多官员的判断力是不比摄影师差的。

陈海汶：我碰到的这些领导，他们的阅历和视觉的判断力绝对比我强而且懂我。我产生市场效益的第一本画册，也是我第一次用商业眼光去拍的画册，叫《今日卢湾——卢湾人的一天》。那时上海卢湾区区长韩正是从团市委出来的年轻干部，他太明白了。我记得很清楚，当时民营机构要去竞争政府项目几乎是不太可能的事情。那次有七家单位竞标卢湾区这本宣传画册，其中六家是体制内的国家单位，只有我们一家是民间摄影公司。你知道当时政府的心理价位是多少？十几万。当时十几万算蛮多的，但我的竞标材料准备得很用心，我们策划文案的观点就是真实客观地真情表现人文精神。韩正区长一看就明白，第一轮竞稿比完，区政府办公室通知我们，说区长要和我们见面聊10分钟，结果没想到一谈就两小时，然后我表达了摄影人文价值在画册中的呈现样式，并报了我的价格60万。当时还真没有60万做样宣画册的先例，但我强调，在样书拍出前可以先不付款，认定样书以后再付。几个月后，我报告他们可以汇报了，他们定了时间我去了。到现场，办公室主任说："我们领导在外面开会忙，你让我先看看。"他流露出担心的神情。我说："好，我明白。"然后幻灯片架子一摆，结果十张照片没打到，他就说："你等等，我去看看领导回来了没有。"然后韩正区长出来了，他说："好，我相信你们。"我说："看看我们拍的是你要的东西吗？"一本册子样稿推给他，谈了两个多小时。

那天韩正区长说："我就要这样的画册。"册子印刷交货后，正好韩正区长陪市长徐匡迪到美国去搞上海一周推广活动，市委宣传部带了很多样式的印刷宣传品，准备到美国去发，但到了美国没有一项能拿得出来。韩正区长就说："徐市长，我带了这个您看看……"后来一周发的都是《今日卢湾——卢湾人的一天》这本宣传画册。

我知道这本册子带到美国去招商了，后来我就关注电视新闻，看到我们上海代表在美国受到隆重欢迎，电视放一分多钟的新闻，很多镜头拍到我的画册。后来卢湾的招商引资相当成功。接下来我在上海就有了静安区、黄浦区、长宁区等十几个区县的拍摄任务。我们上海有98个街道，还有各委办大专院校等，我赶上了好时机，拍摄业务忙不过来，全国各地的摄影大家都来帮忙。当时我年轻，睡在公司阁楼，敢打敢拼。

这二十几年来，从市场角度原先我们是被动的，主要靠竞标拿拍摄项目，后来我们慢慢变为主动，原因就是学习。我担任了两届政协委员，十年间不断学习政府工作报告，从字里行间看明白政府的主张和要做的事情，遂结合摄影专题，主动出击。然后有了《中国上海》、《映像上海》、《航拍上海》、《上海老工业》、《数字上海》、《上海老房子》等。上海的领导给了我很多创作的机会和舞台。

宋　靖：在整个拍摄过程中，实际上您个人或者您的公司积累了很多影像，这是您在未来还可以继续发酵的。

陈海汶：是。

宋　靖：所以卢湾区所有前30年的照片，您这儿全有了。

陈海汶：是，不单单卢湾，全上海我们二十几年从空中到地面（都进行了拍摄），小到居委会，我们拍的时候已经是很精准的。我们记录了上海近30年的发展变化。

手段，既服务了社会，也体现了它的审美价值，我觉得这些您都做到了，非常好。

陈海汶：有一次活动，我很有共鸣，加深了我的自信。美国《国家地理》杂志的一位摄影师，叫史蒂夫·麦柯里，就是用玛米亚67拍《阿富汗少女》的那位，有一次故宫搞了一个最有成就的摄影家进故宫的活动，我是其中之一，他也是，我们一起聊天。我们中国的摄影家们热衷于大放厥词地说艺术，他听了半天没明白，觉得摄影和艺术有啥关系啊，你翻看他的经历，所获的奖项要写四五页，但他还这样说。凤凰台、中央台要采访他，要是我们中国的摄影家早就求之不得地去了，但是史蒂夫说没空，说要赶飞机，很自信。凤凰台很明白，做访谈是给稿费的，实际这是给了一份尊重，这么牛的摄影家。

其实中国摄影家的机会真的很多，我去过很多有名的摄影家的工作室，就觉得我选摄影这条路相当正确。像萨尔加多，相当牛的摄影家，里根遇刺的时候，他就是因为扎实的基本功，27张照片卖了6张，就在法国巴黎买了一栋房子。摄影的价值如何体现？不用说那些没用的。

宋　靖：对，像我们这个年纪的人敢讲这样的话。我之前没有太多参与摄影圈的事，最近我老开会什么的，就很关注这些问题。

陈海汶：对，有一次世界上几个摄影大佬来上海喝酒的时候牛得不得了，我敬酒他不站起来，我说不行，必须站起来，上海人的习惯，你站起来才能表示尊重我，你可能名气比我大一点，但大家一样都是靠摄影活着。当然我很尊敬他，很尊敬他的经历，但还没有崇拜到像有些人那样看到老外就全是爷的那种程度，这个我不会，在我眼里大家都是兄弟。

宋　靖：所以我觉得实际上各个高校都存在这个问题，尤其是电影学院这样的艺术学院，就是到最后培养了4年，这个学生能不能用摄影去吃饭，去混社会，去活得有尊严，活得体面，这很重要，否则电影学院存在的价值在哪呢？我一直也在呼吁我们的学生，在培养了他们4年之后，最后能不能用摄影养活自己，哪怕不是拍片，而是做和摄影有关的事。我觉得要是这个学校毕业的学生都不去干摄影，那中国摄影会越来越萎缩。像陈老师您这批人，没有经历过摄影教育，不是因为您个人的选择，而是这个民族当时没有摄影教育，现在有摄影教育了，那主流就应该从学校里推出来。业余地学几天，就能和在这里学了4年、7年的学生比了吗？不可能。不管知识结构、技术能力，都不可能的。那么如果学校承载不起来这样的重任，不敢说我的学生毕业了80%得干摄影，不管具体是什么行业，但都应该和这个行业相关，给这个行业做贡献，那我觉得就是摄影教育的失败。

陈海汶：问题不是学生不明白，因为他们没有选择。其他城市我不知道，上海现在很多与摄影相关的院校的摄影老师和教授，看看他们的简历就会明白，拍过一些照片，拍不好改行学一点外文，批发一点国外的理论，崇尚一些所谓的艺术，迎合一些急于求成的年轻心理。这些教与被教很多建立在虚拟的状态，而且特别装，觉得摄影和商业有关系就俗了。弄的学生出了校门，还不会拍片。

宋　靖：我10年前就写了一本书，但那本书一直没有完稿，我马上准备续写，就是类似一个摄影专业的从业攻略，我也是采访了业内的很多人，就是让他们告诉学生，具备了什么样的内力就能靠摄影来生存。我找了很多人，像柴继军，他们可能不是创作者，但都是和摄影相关的，让他们告诉学生怎样才能在摄影界生存。我觉得这是一个非常重要的事情，包括中国摄影家协会也是这样，你要把这个行业培育得人人有尊严，人人都能实现自己的中国梦，或者更实际一些，就是实现自己的理想。其实搞摄影的人，人人都很爱这个东西，否则到最后，他爱的这个东西无法满足他的生存和基本的尊严，他就只能去干别的了。

陈海汶：是这样的。

中国摄影教育的良师益友

邓　维

中国摄影家协会第六、七、八届副主席
中国摄影家协会摄影教育委员会主任
经济日报社总编室原副主任兼摄影部主任

● 1954 年出生于北京。

● 1970—1973 年为解放军 0633 部队 80 分队战士。

● 1973—1980 年为北京石化总厂向阳化工厂工人。

● 1980 年考入原《中国财贸报》（现《经济日报》），任文字记者。

● 1983 年任经济日报社摄影记者。

● 2001 年任经济日报社新闻编辑中心摄影部主任。

● 2006—2014 年任经济日报社总编室副主任兼摄影部主任。

●曾获全国新闻摄影评选银、铜奖；首届中国新闻摄影记者金眼奖；范长江新闻奖提名奖 。

●自 1992 年起担任过全国影展评委、中国新闻摄影年度评选评委、中国摄影“金像奖”评委、中国新闻奖（图片作品）评委、中国新闻摄影记者金眼奖评委、中国国际新闻摄影比赛（CHIPP，华赛）评委、中国国际影展评委等。

●著有《失误与遗憾——我拍摄的 30 个新闻瞬间》、《我与百位摄影同仁》等书。

●受聘担任北京摄影函授学院教授、北京电影学院客座教授。

惊人一跳（未见报，1994 年 9 月 8 日摄于北京第六届“远南”残疾人运动会赛场）邓维摄

讲评：

邓维身为中国摄影家协会摄影教育委员会主任，有一种高瞻远瞩的战略设计。2014 年他策划推动了北京电影学院摄影学院学生与三位知名摄影家的对话展，学生们通过与王文澜、贺延光、解海龙多对一或一对一的对话，收获了经验和体会。这三个对话展在摄影界，尤其是摄影教育界引起很大反响。

这三个对话展的主旨是让摄影大家走到学生中去，让学生真正跟大家面对面。在选片的时候，这些名家并没有选择那些特别经典的作品，而是选择了近期拍摄的反映普通老百姓生活的作品，在拍摄题材上与学生们的接触面尽量靠近。同时举办了三个研讨会，让学生说出自己的想法和困惑，三位摄影家也都很平易近人地介绍了自己成长的一点一滴，他们跟同学们互动得非常有效。作为中国摄影家协会副主席、摄影教育委员会主任，邓维在推动中国摄影教育的发展方面值得我们敬重。

一直以来，邓维副主席都是一丝不苟的，无论是当工人、当兵还是做记者，他的严谨性一以贯之。另外，他同样有一个青春梦想的承载体，有王文澜、贺延光等志同道合的好朋友，他们经常在一起聊摄影、聊观念、聊想法，帮助了不少年轻人走向摄影之路。所以还是那句话，摄影人尤其是有志于从事摄影的年轻学子，在成长的过程中需要有团队、有朋友、有良师、有益友，只有这样才能更好地坚持走下去，才能够互相激励，克服困难，最后实现自己的梦想。

进一步深入谈摄影教育，个人认为现在最关键的一个问题还是顶层设计的问题。理想和信念的教育应该放在首位，然后再派生出社会责任、群体责任，之后就是个人基本欲望的满足，这要一个层次一个层次去做，如果不把理想和信念树立起来，很难想象会出好作品。

一直以来都说艺术是个人的，当然这并不错，但它必须融入社会，才能找到它的个人定位坐标。邓维副主席曾经说过同样的问题，就是怎么能让我们的艺术家个人像一滴水一样折射出一个时代的脉搏，折射出一个时代的问题。这就涉及个人理想信念怎么确立的问题。目前中国摄影家协会教育委员会正致力于解决这个问题，帮助学摄影的学子们在学校时就能比较清晰地找到自己和社会的关系，产生对职业的敬畏感、对前辈的敬仰，并熟知历史，从而使自己的创作找到一个明确的定位。教育是事业的根基，就摄影教育而言，如何提升基础的美感，进而服务于社会，这是作为一个教育人应该思考的问题。

邓维不仅是中国摄影教育的推动者，还是一位擅于自我批评的摄影家，曾出版一本前无古人的《失误与遗憾——我拍摄的 30 个新闻瞬间》。同为摄影人，邓维的失误与遗憾很可能就是每位摄影者成长经历中的失误与遗憾，那么无形中我们便拥有了一位良师益友。

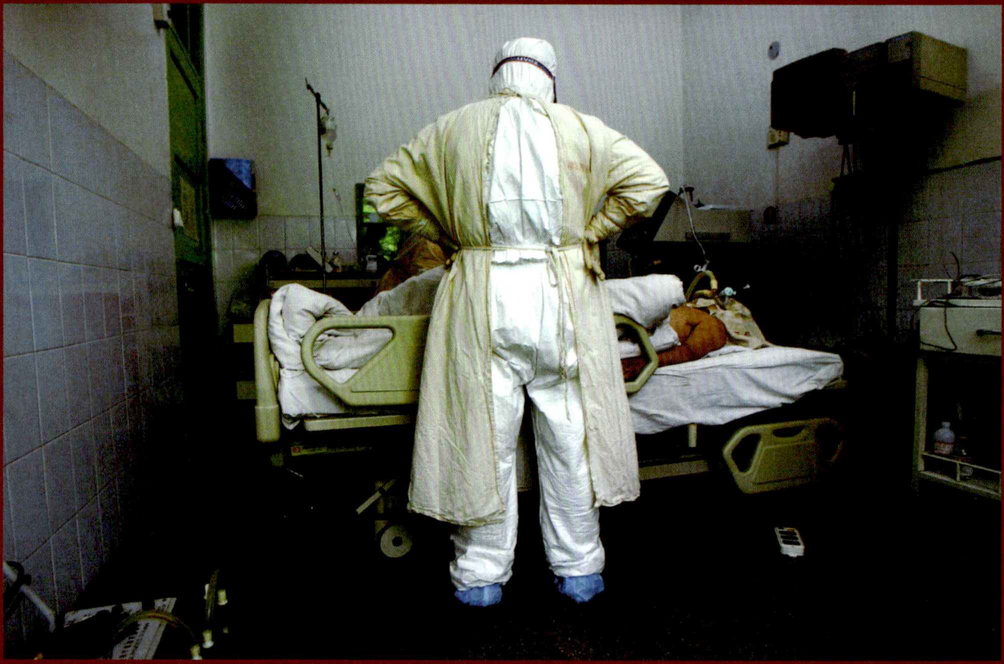

面对生命 2003 年 4 月 30 日 贺延光摄

讲评：

邓维身为中国摄影家协会摄影教育委员会主任，有一种高瞻远瞩的战略设计。2014年他策划推动了北京电影学院摄影学院学生与三位知名摄影家的对话展，学生们通过与王文澜、贺延光、解海龙多对一或一对一的对话，收获了经验和体会。这三个对话展在摄影界，尤其是摄影教育界引起很大反响。

这三个对话展的主旨是让摄影大家走到学生中去，让学生真正跟大家面对面。在选片的时候，这些名家并没有选择那些特别经典的作品，而是选择了近期拍摄的反映普通老百姓生活的作品，在拍摄题材上与学生们的接触面尽量靠近。同时举办了三个研讨会，让学生说出自己的想法和困惑，三位摄影家也都很平易近人地介绍了自己成长的一点一滴，他们跟同学们互动得非常有效。作为中国摄影家协会副主席、摄影教育委员会主任，邓维在推动中国摄影教育的发展方面值得我们敬重。

一直以来，邓维副主席都是一丝不苟的，无论是当工人、当兵还是做记者，他的严谨性一以贯之。另外，他同样有一个青春梦想的承载体，有王文澜、贺延光等志同道合的好朋友，他们经常在一起聊摄影、聊观念、聊想法，帮助了不少年轻人走向摄影之路。所以还是那句话，摄影人尤其是有志于从事摄影的年轻学子，在成长的过程中需要有团队、有朋友、有良师、有益友，只有这样才能更好地坚持走下去，才能够互相激励，克服困难，最后实现自己的梦想。

进一步深入谈摄影教育，个人认为现在最关键的一个问题还是顶层设计的问题。理想和信念的教育应该放在首位，然后再派生出社会责任、群体责任，之后就是个人基本欲望的满足，这要一个层次一个层次去做，如果不把理想和信念树立起来，很难想象会出好作品。

一直以来都说艺术是个人的，当然这并不错，但它必须融入社会，才能找到它的个人定位坐标。邓维副主席曾经说过同样的问题，就是怎么能让我们的艺术家个人像一滴水一样折射出一个时代的脉搏，折射出一个时代的问题。这就涉及个人理想信念怎么确立的问题。目前中国摄影家协会教育委员会正致力于解决这个问题，帮助学摄影的学子们在学校时就能比较清晰地找到自己和社会的关系，产生对职业的敬畏感、对前辈的敬仰，并熟知历史，从而使自己的创作找到一个明确的定位。教育是事业的根基，就摄影教育而言，如何提升基础的美感，进而服务于社会，这是作为一个教育人应该思考的问题。

邓维不仅是中国摄影教育的推动者，还是一位擅于自我批评的摄影家，曾出版一本前无古人的《失误与遗憾——我拍摄的30个新闻瞬间》。同为摄影人，邓维的失误与遗憾很可能就是每位摄影者成长经历中的失误与遗憾，那么无形中我们便拥有了一位良师益友。

邓维访谈

20世纪八九十年代的新闻摄影和艺术摄影

宋　靖：邓副主席，我在学校一直是教纪实摄影的，在程铁良来之前，我们没有一线的摄影师回到学校当老师的先例。而我呢，特别喜欢拍摄跟人生活有关的事儿。我1985年考上电影学院，1989年毕业，学院就把我放在基础教研组，就相当于摄影学院的前身，这个教研组四个人。当时让我教图片摄影，然后让我再备一门课，叫“生活摄影”，这是从苏联的教学模式里来的，到今天莫斯科电影学院依旧有一门“观察生活”课，他们本科生一般上五年，至少两年都有这门课，用各种艺术形式来表现生活，这是现实主义最根基的东西。当时我备“生活摄影”课时就想什么不是生活，音乐、舞蹈等都是来自于生活，摄影拍人是生活，拍景也有生活的痕迹，包括拍广告，如果没有生活，你也打动不了人。后来我写了一本教材，叫《生活摄影》，在这个过程中，我发现摄影的类别很清晰。那时候没有纪实摄影的概念。那个时候，我主要是从电影的角度去讲这门课，因为我是学电影摄影的。在讲的过程中，慢慢开始接触到布列松、布拉塞、卡帕、萨尔加多、马克·吕布等，看到这些人拍的东西，你就是有天然的喜欢，就想，我要拍就是要拍这样的照片，那么从1998年，我才正式开始拍图片。我特别喜欢纪实摄影，也慢慢开始了解它。其实摄影的历史就是纪实摄影的历史，但慢慢走过来之后，发现电影学院没有一本特别完整的纪实摄影教材。

我教了这么多年，一直有个想法，想写本教材。但教材分两种，我是拿别人的东西来写，还是把一些鲜活的东西呈现给学生，让他们能真正在这里找到创作的方向、人生的坐标。国外的部分可能就是按历史的角度写，包括像近期的，像萨尔加多，总之都是西方认可的，包括国内主流认可的；另外一部分就是中国的，我从摄影传到中国开始，那个时候可能就是照相馆，我们没有写这个，主要是从纪实摄影开始，记录这个时代脉搏的东西，一个是延安、晋察冀红色这条线，像吴印咸、沙飞；还有一个是国统区的，像我们学校的孙明经，他就比较自觉深入普通老百姓的生活里，去记录他们的喜怒哀乐。这些我都写了，一直写到现在，一步一步影响中国的纪实摄影师们，有体制内的，也有体制外的。体制内的比如说您、王瑶、解海龙、李前光、贺延光，体制外的比如说杨延康、陈海汶，他们比较自觉地融入这个社会，发现社会的问题，从而警示政府应该怎样去决策，实际上这也是纪实摄影的精神。所以我希望通过每一位摄影家的访谈，让学生们看到他的人生经历，从一个学生或者是一个刚入职的年轻人，最后成长为一个在这个国家对这个事业有推动作用的人。学生可能不会复制你的人生，但是他们可以从你的人生里学到一些经验，有一些借鉴，甚至可以警示他们在关键时候应该怎样去坚持，不应该放弃。过往采访的这些摄影家们每个人的生命里特别精彩闪光的地方都是跟国家的命运相关，可以学习他们如何用摄影的方式为国家服务。这方面我觉得您做的和说的都特别好，我们跟学生一块看到了您的简历，包括您做的一些摄影的事情，例如您出的那本书。

邓　维：是《失误与遗憾——我拍摄的30个新闻瞬间》还是《我与100位摄影同仁》？

宋　靖：我觉得这两本书都是新闻摄影和纪实摄影里特别具有经验之谈的。我呢，前面说了一个开场，下面请您谈谈从您开始踏入工作，然后怎么接触上摄影，后来又怎么从一个化工厂的工人慢慢变成了一名摄影记者，可能也是从爱好出发，最后变为一名职业摄影师，并且极大地推动了这个事业的发展，包括您现在当了中国摄影家协会副主席，并且主要抓摄影教育，对摄影教育做出了贡献。到最后，您做这个“失误与遗憾”的三十个例子，以及您的书里为什么要写一百位同仁这个事，都聊聊。

邓　维：我做摄影其实很偶然。“文革”期间，我工农兵都干过，1980年我考入报社。其实前三年我是文字记者，之后转行做了摄影记者。

宋　靖：1980年？

邓　维：对，因为那时是改革开放初期，也没有其他的报纸，都是党报，报纸很少，我所在的肯定是传统党报。但那个时候党报上的所谓“报道”用两个字就可以全概括了，就是“宣传”。可是那种宣传方式，也许现在的小孩们一听都觉得不可思议，不管读者愿意不愿意看，全是概念性的口号。但毕竟改革开放了，整个社会观念上，包括对报道的样式，都希望有较大的变化。所以我觉得干文字记者太难受了，要求你写的东西，

祈祷和平（1985年9月3日，中国抗日战争胜利40周年纪念日。上午，北京卢沟桥“卢沟晓月”桥头碑背后，一位日本妇女合十祈祷，为和平祝福。）邓维摄

“小大人”张鹏（1991年3月25日，七届人大四次会议开幕当天，晚6时半，人大代表驻地之一的北京饭店内，为代表服务的饭店工作人员仍然紧张忙碌着。图为隔壁饭店幼儿园的孩子，他们的父母因为工作不能及时接他们回家。）邓维摄

其实连自己都说服不了，所以我就想干摄影记者，摄影记者至少有一点比较好，不想拍的你可以不拍。但是干了摄影记者以后，我突然发现，那时候的摄影分类比现在简单多了，就两大类，一个新闻摄影，一个就是所谓的艺术摄影，就这两大类。

随着改革开放，随着社会理念的革新，随着社会的发展进程，新闻摄影是积极见证进程、记录进程，甚至影响进程的。整个国家在变革，所以新闻摄影就责无旁贷地同步记录这个变革，参与这个变革，而且在一定程度上也影响着这个变革，那个时候新闻摄影确实是走到前面的。在报社能接触到的都是改革开放初期的事情，是那些变化最直接、变化最明显或者是变化震动最大的东西。但是即便如此，至少我觉得，在我们那个时候干新闻摄影和搞艺术摄影的是各干各的，几乎根本没什么联系。

宋　靖：没联系吗？

邓　维：对，就连横向的交流都没有，自觉分得特别清楚。就是你搞的是艺术创作，我们搞的是新闻摄影，两码事。比方说，那个时候新闻摄影主要是报道大的事件，报道比较著名的公众人物，报道新出现的种种变化，等等，在社会上都是很有影响力的。当然，那个时候艺术摄影也有不同凡响的作品，像陈长芬在空中俯拍长城。我记得 80 年代初期，那个时候在咱们国家第一个做广告摄影的刘立宾有一幅广告摄影作品被用作《大众摄影》杂志的封面，我印象特别深，叫作《书山有路笔为径》。

宋　靖：我知道那个，就摆支笔。

邓　维：对，就摆个笔、书什么的，其形式感在当时是标新立异的。虽然搞艺术摄影的也看新闻摄影作品，搞新闻摄影的也看艺术摄影作品，但是互相之间，几乎没有也不可能有什么交叉。因为大家心里很明确，新闻摄影就是做报道的。后来纪实摄影在社会上产生广泛影响，我印象中是 80 年代末期的事，特别是解海龙拍了希望工程后。

宋　靖：那就不是 80 年代了，是 90 年代了。

邓　维：是 90 年代初期，也就是从 80 年代开始真正成型，后来许多人用纪实摄影的实践取代单纯的新闻摄影。

如今摄影分类依然混乱

宋　靖：对对，我觉得应该是 90 年代，1995、1996 年那会，不会太早，甚至 1997、1998 年。因为我记得我们学校 1986 年成立，在论文答辩的时候还一直在说摄影的分类，分类没有人能够特别明确地说明，不像现在专题类、纪实类、新闻类等。这是新闻类的，就有新闻属性，纪实类的有纪实的特点。

邓　维：在摄影教育这块，至少在我的印象里，真正作为高等教育的一部分，并始终设置摄影专业课程，是以电影学院为代表的。在 20 世纪 90 年代中期以前，全国高校中新设摄影专业的不超过 10 家，在此之前是文化馆或者是摄影爱好者群体做摄影的普及工作，当时的摄影教育基本上就是这个概念、这个状况。现在我为什么是中国摄影家协会教育委员会主任，阴差阳错吧，也许是大家看我对这个事情比较上心，我想把专业摄影教育的作用和意义在摄影界、在社会上，都引起足够的重视。其实横向看，以我们国内为例，中国文联下属的十几个艺术家协会，它的主席团副主席里，至少有一到两位是那个行业的院校的校长，这实际上代表着这个行当的学术地位与成就。比如传统戏剧，现在有中国戏曲学院，其院长就是剧协的副主席，其代表的是行业最高的教学水准。否则，像以前说的，摄影界没文化，总是草台班子，只要胆大就敢称专家学者，但拿不出系统的有分量的东西。

所以至少这五年来，中国摄影家协会也好，电影学院也好，包括其他院校摄影专业，在摄影教育的认识上确实是有共识的，这个共识很重要。比如，您说的关于摄影的种种观念，如果没有这三十几年的改革开放，没有这些社会变革的话，摄影观念的变化就不会有，它绝对是应运而生的。

三四十年前的摄影只有新闻和艺术的笼统划分，而且那时的新闻摄影和艺术摄影只服从于宣传需要，而现在这个概念就有了特别大的变化。比如说当年的艺术摄影，现在划分为观念摄影、纯主观意识摄影、创意摄影等等，而且当年一目了然的广告摄影现在也仅仅是商业摄影的一部分，越分越细。但孩子们学摄影，一开始虽然决定不了以后的方向，但至少有一点是要强调的，新闻与纪实和艺术创作千万不能混淆。现在是泾渭不明，特别在一些有影响的摄影评选中，明明投的是纪实摄影类，但完全是用艺术摄影的样式，随心所欲地把影像 P 来 P 去。我倒觉得这不赖初学者，这很大程度上是我们原来只有“摄影服务于宣传”这唯一理论的后遗症，以为为了宣传什么出格的事都能干，无所谓。自新中国成立以来，摄影主要的理论来自于美术理论，传统的中国绘画理论和西方美术理论，再就是苏联的宣传模式，也有构图、光线的运用，老的摄影书基本上都是借鉴的这些理论，以至在“文革”结束以后，我们的摄影理论还是在相当程度上延续了这些东西，没有真正意义上的独立的摄影理论体系。

把纪实摄影和艺术摄影有意无意地混为一谈，只要自己的理论或作品能引人注目，就随心所欲打破二者间的界限；只要有名有利，连能否自圆其说都不顾了，信口开河成了时尚。现在摄影界大家还是各说各的，但至少要有一个比较明确的能达成共识的认识，就是纪实摄影应该有哪些规矩，艺术创作并不是所有摄影类别的唯一拍摄方式，在我们今天这个摄影大热、摄影无门槛、摄影泥沙俱下的状况下，不同摄影类别应该呈现什么样式，必须有较明确的界定。现在最要命的就是随意交叉，随意“创作”，连新闻照片都敢无中生有、移花接木，这种乱象的蔓延说明了问题的严重性。

2014 年摄影界有件事引起轩然大波，分歧很大，就是当年侯登科奖评选结果。侯登科拍的照片我们太熟了，他所实践和认可的纪实摄影，跟评出来的作品的呈现样式差别太大了，它们真不是一回事。当然任何事情都是要发展的，但再怎么发展，根是不能变的，底线是不能变的。不能今天这个东西这么弄，明天又强词夺理弄成别的了，硬往黑人身上刷大白，还说比白人还白。当今摄影理论特别大的矛盾，或者说让人诟病的，就是随心所欲，以偏概全。

宋　靖：对。

邓　维：尽管以前，比如刚才您举那个例子，苏联的，以及现在的俄罗斯，它的传统摄影教育中还有“认识生活”这门课，咱们的学生听起来都觉得这算什么，嗤之以鼻。但实际上，其实我觉得人家设置这门课的主要意思，就是让你先用自己的眼睛去认知，有了对生活的切实感受后，无论你是用这种摄影形式，还是那种摄影形式，就是要把它转换成摄影的语言，我们现在特别缺这个。所以我觉得您做的这本书很有必要，但是一方面工程量浩瀚，另一方面在学术上恐怕要引起的碰撞少不了。

据我的观察，现在特别是在艺术院校，相当一部分摄影专业的老师的理论，他所呈现出的东西，他所要表达的东西，总是单独地强调要与众不同。但是这个与众不同，不能是唯一标准。我觉得至少他应该有一个基准的点，那就是讲清楚纪实摄影和艺术摄影（我们姑且用这两个在业内都能明白的区分）在理论上、在美学范畴上、在呈现样式上分属不同的类别，不能混淆。我接触过一些教摄影的老师，虽然教的是纪实摄影，但他所使用的语言、表述的方式，我觉得太随心所欲了，他可以来回掉着个儿地说，怎么实用怎么来。实用不是坏事，但关键是如果实用仅仅是为了使自己的那套东西显得与众不同，把那么多艺术摄影里不同于纪实摄影原则的东西混淆来说，至少我觉得不好。不同门类的东西，它的内涵、它的属性，以及它呈现的样子，原本就是不同的，否则的话，你让拍广告的去拍新闻，让拍新闻的去拍花花草草，那得拍成什么了？

我觉得您这本书我是特别期待的，到今年为止我干摄影整整 35 年了，而且一直干的是新闻摄影。我期待什么呢？确实是像您刚才说的，我们现在有必要在摄影理论上，特别是拿出书来给学生们教课的时候，让学生们看到一本清晰的东西、一本站得住脚的东西、一本有说服力的东西，而不是看起来似是而非的、四不像的东西。其实某一个人、某一种观点如何如何，这个真不重要。重要的是什么呢？就是不同的摄影门类、摄影领域应该有它自己真正能说得通的东西，有立得住的东西，我特别期待这个。说到我个人，在摄影这个领域，特别是摄影教育这个领域，只能起一种黏合剂的作用。因为毕竟在这行时间长了，大家脸熟，出面张罗张罗，有助于大家一起做事。

可变与不可变的

宋　靖： 我们前面有一组教材，可能后面还要再修改，还要再出，慢慢丰富。

邓　维： 大概三四年前，我在一个摄影活动上和几位院校的负责摄影教育的教授们聊天，我问过他们这个事，能不能出本现在的摄影教材。如果我没记错的话，那天在场的应该是五个人，除了我，那四位都是教授，也都是带硕士和博士的，但是每一个人都有一个说法。当然艺术的样式，包括艺术的思维、艺术的表述，可以是各式各样的，也绝对应该是追求个性的。但教材这个东西，像新闻摄影和纪实摄影，特别是纪实摄影，如果没有共识的话，三个人写出三个不同的说法、三个不同的标准，那这事就麻烦大了。

不客气地说，至少这十年来，为什么中国摄影界在重大评选中一遇到纪实类就出问题，而且出的还不是小问题，它的负面影响已经远远超出了摄影本身，在社会上都引起了关注。为什么？其实就是一些基本的点没有确定，以至乱象丛生。比如说用电脑技术 PS，无中生有，或者是移花接木，类似的东西在我们那个年代基本见不到。因为在当时，无论干的是新闻摄影还是纪实摄影，无中生有或者移花接木这些事是不能做的，这是有底线的。这几年我听过几次摄影界有关纪实摄影的理论研讨，反正是越听脑子里越是一团糨糊，所有的底线都不在话下，所有的红线都可以踩，所有的人都可以自以为是，唯独关于纪实摄影和艺术摄影有什么本质区别他无论如何也无法自圆其说。

现在方方面面都要来踏底线，说艺术就是真假不分，也许吧，可纪实摄影呢，也要真假不分？所以我说，至少咱们高等院校、艺术类院校的摄影专业教育，要有一本达成共识又风格各异的教材，教材里要分门别类讲清楚。

宋　靖：对，我这本书也不一定有那么大的功效，就是尽量地去让学生们了解真正的纪实摄影应该怎么做，做出来应该是个什么样的特质。那邓副主席，要不聊一下您在从事摄影工作的过程中，有哪位摄影家或者是他的摄影作品对您的影响非常大。

邓　维：因为我一直搞的是新闻摄影，在我们那个年代，就是 80 年代初改革开放初期的时候，报纸不多，摄影记者也很少，像这几家中央报刊，摄影部最多的也就是七八个人，互相之间也特别的熟悉。一共就没几家报纸嘛，互相之间都公费订了各家的报纸，那时候几乎所有的重大活动，就那么多人，都去那采访。所以当时的职业习惯就是第二天把这些报纸铺开，共同采访的东西横向比较，高低上下、孰优孰劣，一目了然，这就是同场竞技的结果。所以新闻摄影在那个时候为什么发展那么快，为什么能被大家那么清晰地记住，就是因为它特别直观，特别容易比较。由于理念一致，年龄相仿，又都是摄影记者，所以我们这拨人，包括我们的作品，是相互影响，取长补短。

那时候不像现在，现在大家看的可能都是市场化、都市类的报纸，那时候中央级的报纸和北京市的报纸就那么几份。发展到 90 年代中期以后，都市类的报纸、市场化的报纸出现以后，就产生了一个巨大的变革。现在和 30 年前整个相反，现在在读者中、在社会上最有影响的是都市类报纸，是市场化报纸。

但是，这里面我觉得新闻摄影至少在一点上是坚持下来了，就是不管怎么变，怎么发展，至少我们这一代人和比我们年轻的一代人里，新闻摄影的真实性原则是被视为第一位的，这个理念我们是始终坚守的。这是红线，是全世界新闻摄影共同遵守的红线，不能逾越。最近，我刚刚参加了一个新闻摄影评选活动，我在图片编辑那组。前两轮我只看他们的片子，只看他们编的版面，到第三轮我说必须要把编辑感言仔细看看，看看他们的新闻摄影常识，看看他们的新闻摄影理念。这里面至少有三个人写的感言认为新闻摄影拍摄的意义就是为作者自己，这与新闻摄影的本质就谬之千里了。还有一些作为报纸的新闻图片编辑，他的理念就是新闻图片首要的要素就是艺术美，这和新闻图片的特质完全是相悖的。由此可见，即使是各大报纸选出来参加年度最佳图片编辑评选的这些佼佼者中，有些人新闻摄影的基本理念都还没真正弄明白。所以刚才宋院长说的这本教材，我特别期待，无论你今后是搞纪实摄影还是搞艺术摄影，必须在你刚刚接触这行时，必须在你初学时就把这两个概念搞明白，千万不要把两者混淆。当然啦，借鉴可以，借鉴永远是有意义的事，但不管怎么借鉴，中间的那条红线是不能被抹掉的。我没听过你们的课，我在其他省的课堂上听过几位老师讲纪实摄影，听得我毛骨悚然，如果按那种说法的话，管他是什么摄影，尽可以随心所欲，怎么干都可以。既然如此，你干吗还要说你讲的是纪实摄影呢？不要规矩的随心所欲，即便是在日常生活中也是行不通的。

宋　靖：这太可怕了。

邓　维：对，我后来问了一下，这样讲的老师竟然还不在少数。他自己可能之前是搞摄影艺术创作的，然后到了学校里当老师，纪实摄影他也讲，艺术创作他也讲，本来就对这两个概念分得不是特别清，只能觉得怎么合适怎么来。

记住教训是最好的帮助

宋　靖：那邓副主席您那本《失误与遗憾——我拍摄的30个新闻瞬间》是在什么样的背景下写的？

邓　维：这个说来话长。90年代初期的时候，新闻摄影界我们这拨人相对来说都还比较年轻，不像现在都有了自己的房子自己的家了，那时候好多人还没结婚，结了婚的有房子的都少。我住的是报社分的一套两室一厅的房子，也不大，70多平方米，就成了摄影界的一个据点了。自己没窝的都喜欢往我那跑，搞对象的也都往我那跑，屋里坐着总比老轧马路舒服吧。《中国青年报》的刘占坤老去我那儿，就跟我说你是不是搞个影展，你要不搞影展，我们也不好弄啊。在此之前，摄影界的“潜规则”是什么呢？就是必须论资排辈，谁要想搞影展的话，必须在这个行当里干多少年、在这个行当里面被认为是到了那个份上才能做。我们这拨人不太在乎那些东西，像比我小得多的原《中国日报》记者郭建设，他在80年代初期就搞了个影展，我们管那个影展叫“活力二八”，因为他那年28岁。我支持郭建设搞那次影展的最重要的理由，就是我们是跟着时代的发展在探索，我们的新闻摄影探索可能成功也可能不成功，关键是要展示这个探索过程，这才是最有意义的。

回到刚才那个话题，他们说你不办影展，我们怎么弄啊，当时是半开玩笑地说，我说我要办影展的话，绝对不展那些所谓“压箱底”的好照片。因为在此之前大家办影展通行的做法都是这样，把自己认为最得意的作品拿出来，但关键是你觉得最好的最得意的作品挂在那，来看的人未必觉得好。当然了，碍于情面，当时说好，扭过头以后不定怎么说呢，这样的影展意义不大。所以我就说，我要是办影展的话，就搞一个有关失误、有关遗憾的影展。其实对于摄影人来说，真正长记性的，真正有促进的，是你本来觉得拍特好、特有感觉的片子，过了一段时间，或是遇到什么事后再回过头去看，可能会觉得差远了，你的失误与遗憾有很多很多，要想做得更好，就必须站在新的起点上。

宋　靖：失误与遗憾特别多。

邓　维：特别多，但这些教训如果能记得住，对今后有特别大的帮助，这个影展就是这么个意思。

宋　靖：这里面全是您的作品？

邓　维：对，全是我的。

宋　靖：那我觉得您太聪明了，您把自己的姿态降得很低而不是很完美地呈现，是带有缺憾的，所以您有再多的缺憾，别人也能够认可和原谅。那《我与100位摄影同仁》呢？

邓　维：那年是我干这行正好30年整，也是业内同行说，你那个“失误与遗憾”挺好，干这行30年了，再办个影展吧。我说影展我绝对不办，因为现在的影展越来越滥，我没兴趣。他们说那你出本书吧，我说出本书好啊，我要出本书你们都有份，为什么呢，大家太熟了，而且大家信任我写的东西不会不靠谱，所以我就写了这本《我与100位摄影同仁》。

宋　靖：那这100位都是什么人？

邓　维：这里面有专业的摄影师，有搞摄影理论的，也有个别我认识的摄影发烧友，90%以上是报社的记者，就是我最熟悉的这个圈，但不局限在北京，外地的也有。

宋　靖：真的有100位吗？

邓　维：是整整100位，关键是为这本书我太得罪人了。

不会绕立交桥（1991 年 11 月 13 日，北京丽泽立交桥，执勤交警不得不一次次将因为不会绕立交桥而逆行的车辆拦住处罚。）邓维摄

小保姆的心事（1992 年 11 月 6 日，北京故宫南墙下。夕阳中，一位不久前来自农村的小保姆，用三轮车推着位老者缓缓散步……她跑到大城市里来，觉得在这里长见识。）邓维摄

外国广告代替了标语口号（北京，天安门广场南侧。不但是北京人，就连外地来京的人也注意到，原先矗立巨幅标语口号的地方，现在几乎全被国内外的商品广告取代了。此时，中国已离“入关”不远。）邓维摄

急不可得要相机（1993 年 3 月 31 日，摄于八届人大一次会议闭幕式。）邓维摄

宋　靖：还有挤不上去的？

邓　维：对，我怎么都摆不平，你比方说，扩大到 300 人，也不行。

宋　靖：300 人外还有人。

邓　维：对，就是扩到 500 人，照样是那个情况。因为我在这行干了三十几年了，这个圈子里我熟悉的人太多了，怎样弄都不好，索性一咬牙，就卡到 100 人。

宋　靖：对，我写这本书时也有人这么提醒我，说你什么标准选人啊？我说那我就按照我的知识储备，我觉得这人值得学生学习，我就选，除此之外也有很多人做得很好，但是他做得好的方面，不在我们所涉及的范畴，我们就不写。有的人的纪实摄影作品被划到当代艺术里了，虽然他的作品都是纪实摄影，那我也不写。为什么呢？我给人家写上，人家还觉得，谁让你给我归到纪实摄影里了，所以我大部分写的还是属于那种主流的多一些。

没忘记过去，更憧憬未来（1992 年 6 月 3 日刊登于《经济日报》。无锡市电镀表厂，青年们举办“毛主席诗词朗诵会”。这位女青年并未特意地打扮自己，她念完“不爱红装爱武装”的诗句后，很轻松地走下台来。）邓维摄

外商看准“轿车热”（面对 20 世纪 90 年代中国直线上升的“购车潮”，德国大众汽车公司驻华首席代表鲍尔先生大喜过望，他乐观地称：“到 2000 年，我们在中国的合资车产量将达到 100 万辆。”）邓维摄

柜台“白脸”（1994 年 3 月 5 日，北京，蓝岛商厦，人流熙攘。顾客们发现，化妆品柜台前总有几张“白脸”——这是该柜台推销有术，在柜台内设有护肤仪，将所销售的面膜现场为购买者做护肤演示。）邓维摄

本篇作品均选自《失误与遗憾——我拍摄的 30 个新闻瞬间》

用热爱去坚持，用学识去预判

贺延光

高级记者、著名摄影家
四月影会重要成员
《中国青年报》原图片总监
中国新闻摄影学会副会长

- 1951 年生于陕西渭南。
- 1968 年赴黑龙江兵团插队。
- 1981 年任《北京青年报》记者。
- 1983 年任《中国青年报》摄影记者。
- 1985—2005 年任《中国青年报》摄影部主任。
- 2006—2013 年任《中国青年报》图片总监。

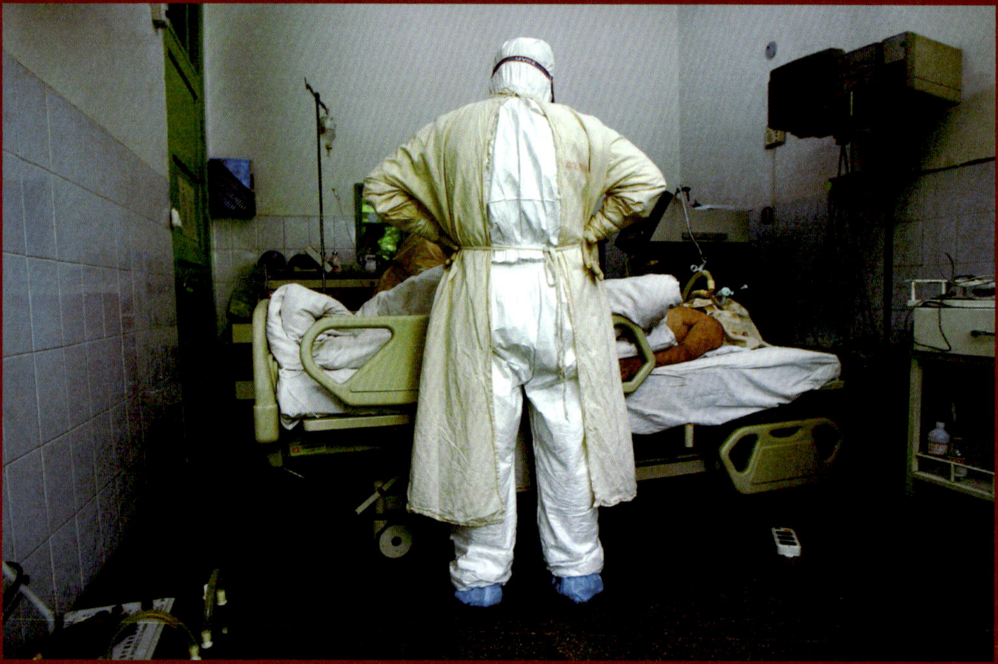

面对生命 2003 年 4 月 30 日 贺延光摄

讲评：

我觉得贺延光是做新闻摄影最有热情，最有坚持，而且照相机时刻在手的一位摄影家。做纪实摄影他也同样如此，没有动摇过。而且他拍的东西特别有灵气。从性格上来说他是非常坚持的，从来不妥协，对于任何事情都有自己独立的看法，独立精神很强，就像国外的很多独立自由摄影师。

他说学生要练的最大的一个能力，就是对一个事物的预判，包括对一个时代的预判。访谈期间，他和王文澜都提到了一个人，就是刘香成，他们都经历了“文革”及“文革后时代”，但他们没能像刘香成一样作为一名职业摄影师去及时捕捉，他们觉得有一种遗憾，就是当时他们没有想到。

不过可能也正是因为这种遗憾，让他后续的很多预判与他的政治思想产生了关系。就青年摄影学子而言，阅历和思想性因为年龄等原因是相对欠缺的，而这种思想性对于创作的成功预判是有很大作用的。所以我们学生不仅要学习拍摄技术，也应该不断增加自己的知识储备，了解历史以及当今的实事，这其实是最重要的。

贺延光访谈

当年的新闻人物

宋　靖：按照惯例，还是从您开始拍照说起吧。

贺延光：我搞摄影也有一些偶然性，我上中学的那个年代，国家还很贫困，摄影是一件很奢侈的事，没有多少人家里有照相机，有很多中国人到死都没有被别人拍过一张照片，更别说去给别人拍照片了。但我们家那时有一台照相机，是在战争时期缴获日军的战利品，还是一台德国照相机。后来我上中学的时候，我父亲曾经用它给我们拍纪念照，那时还和父亲学在玻璃上上光，那时就是玩。到"文革"期间，红卫兵大串联。所谓串联就是走南闯北，比如我北到哈尔滨，东到青岛，南到上海、井冈山、韶山、武汉，走到哪我都带着这台相机和我七八个同学留影，完全是一个玩具。其实我在串联的时候也碰到了很多事，比如在青岛，在海边栈桥那，搭了个大舞台批斗那时的青岛市委书记张建涛，我现在都还记得他的名字，我们就在远处看着，那时也没有想到要用照相机去照，那会儿没有这个意识。又比如那时挤火车，挤得比现在春运还厉害，火车行李架上、厕所里都挤满了人，我那时是躺在座椅底下，但都没有想到去拍摄，那时照相机完全就是一个玩具，纯粹是"到此一游"的工具。包括我之后去黑龙江插队的五年，那段时光非常难忘，照相机也没有起作用。那时我们收麦子，一麻袋 160 斤，黄豆一麻袋 200 斤，我那时 17 岁，还要背着这比自己体重都重的东西踩着跳板上粮仓，实在是非常的辛苦。

宋　靖：您这段讲得太好了，我也记得那时我的哥哥姐姐出去串联，也经历过这些事情，而且他们那时出去身上一分钱都不用带。

贺延光：对，那时国家就不要钱了，直到最后，实在太乱了，才开始收钱。收多少钱呢？

我一共花了 20 至 40 元，我们几个同学都是我垫钱付账单，我是干部子弟啊，家里要比他们宽裕一些。

宋　靖：您吃哪哪给您记账？

贺延光：对，因为当时不要钱，后来要钱，就都记账，因为都是我签的字嘛，可是那时候我们这七八个同学吃了几天才花了这么点钱。

插队之后我回到北京，到工厂待了 6 年，但照相机始终没有起作用。那时别人认为贺延光懂照相、懂摄影，就是因为我给他们照集体留影，他们就认为我懂。现在不一样了，现在比如有一个地方要竞选职业记者，有多少人要挤破头啊。后来我在《北京青年报》当摄影记者，没有人竞争，别人就认为贺延光会照相，给大家照过留影照片，别人都没有照相机嘛。但在这之前我这照相机第一次发挥作用就是在 1976 年的“天安门事件”。

我那时在工厂，每天都去，在那种情况下，突然想起照相了，原来这个镜头都是对准自己的，这个时候就非常偶然地开始知道关注起社会了。我那个时候还可以说不懂摄影技巧，比如说平常就知道光强点就光圈 F8，快门 1/125 秒，光弱点光圈就大点，这样对付几张合影是没问题的，但在“天安门事件”中，我拍照时完全没有什么技术上的考虑，完全是在那种情绪的感染下，情不自禁地拍摄。之后很快“天安门事件”被定性为“反革命事件”，全国开始大清查。

之后我就被抓捕入狱，当年 12 月我才被从监狱放出来，两年以后我才被正式平反。平反的时候我成了全国的新闻人物，因为给我这个案子平反是在中央正式平反之前三四个月，“天安门事件”还没有平反，就先给我这个案子平反，所以它造成的影响非常大，我那时一下子就成了一个新闻人物，到处请我去做报告，部队、学校、新华社、外交部。

很快我被调到北京团市委，做了两年机关工作。但我觉得自己有劲儿使不出来，正好《北京青年报》复刊，我们团市委负责筹建报纸的复刊，就要求我到那里去当摄影记者。这是我到团市委两年以后，那个时候我这个新闻人物的光环已经慢慢褪去。但大家都觉得我懂摄影，就在这样毫无竞争的情况下，我成了团市委筹建《北京青年报》复刊的六个人之一。当摄影记者呢，我是先当记者后学专业。怎么学呢？到《北京日报》、《北京晚报》、《中国青年报》找那些老同志请教；再一个，骑自行车跑到人民大学大阶梯教室蹭课；文化宫有摄影专家讲课我也去听。

周恩来逝世周年祭 1977 年 1 月 8 日 贺延光摄

小平您好 1984 年 10 月 1 日 贺延光摄

1985 年我又到了《中国青年报》。为什么到《中国青年报》呢？当时《中国青年报》是最火的时候，发行量已经突破 300 万份了。

如果真心喜欢这个职业，哪怕再困难也会坚持下来

宋　靖：那时也是最活跃的一份报纸。

贺延光：对，思想最活跃的。我到《中国青年报》也比较顺，后来一干就干了 30 年，没离开过。

但是刚当摄影记者的时候，脑子里还是宣传，因为报纸是这样，虽然思想活跃，但是宣传的成分很大，比如我要去拍照片，反映学校的暑假生活。我没有离开办公室，就在办公室把拍摄草图画一下，问老同志这样行不行，老同志说："可以！就按着这个拍。"我就拿着照相机到胡同里找人，找到人就说："诶，你往这边，你往……来，笑一笑。"领会精神，组织画面，这是中国记者长年的拍摄方法，已经是主流，是传统了。因为我第一次见新闻记者时也是这样的，也是摆拍。

但是我的运气好，好在什么地方呢？就是国家改革开放，人民的思想空前活跃，20 世纪 80 年代真是值得留念的一段时光，整个社会问题很多，但是大家又都充满了希望。所以那个时候改革开放，摄影界的门槛也打开了。摄影界当时在议论摆拍还是抓拍，新闻界在议论新闻的真实性不容侵犯。我正好赶上这么一个阶段，也是在这个阶段让我看到了外国记者拍的一些东西。在这个过程中，我就有点恍然大悟的感觉。我觉得按过去我们的那种搞法，不管真假，最后你一定会被淘汰。所以改革开放这个阶段对我的影响是很大的，后来见的外国记者也多了，看到他们拍的照片对我们来讲是个重新的启蒙。当时的美联社记者刘香成，和我同岁，他是华人，从小生活在上海，在香港长大，后来到了美国上学入了美国籍，学的新闻摄影。1976 年毛泽东去世时，他要求特派到华拍摄，他潜意识里就觉得变化应该发生了。他是美国和中国之间第一批交换记者。那个时候在北京的采访场合认识他，看到他的单张照片，当时我们觉得美联社的记者也就这样吧，但他干了 4 年离任的时候，编了一本册子，英文的，不到 100 张照片，拍得太好了，好到什么程度呢？就是你翻看他的照片，单看一张觉得没什么，几十张照片之后，你就能聆听到中国社会变化的脚步声、前进的脚步声。刘香成这个人就是个中国通，他太了解中国了。

比如说他在北京街头拍的绿地，照片上没有人，只有弯弯曲曲一条小路，路边都

所以我认为一个好的摄影师，熟练掌握摄影技术是前提，更重要的是学识，除了上学学来的知识外，更要尽可能地通过各种途径了解社会，比如书、报纸、电影等。要尽可能多地了解和提炼前人的经验和教训，积累越多拍摄照片时就越轻松，就能够判断什么时候按快门。因为现今这个时代，按快门成了最简单的事。而什么时候按快门成了最复杂的事，你按下快门那一瞬间所记录的画面能不能感染你的读者，这才是最重要的。此外，我觉得现今已不是能够靠一两张照片就能够成名的时代了，由于摄影有机遇性，有时运气好也能拍到好照片，而一个好的摄影师不论拍什么题材都能体现出一定的水准，因此需要很多作品才能评判一个摄影师的功力。

题材不是最重要的，重要的是你能不能拍到一张好照片

宋　靖：您经历过四月影会，请谈谈您对四月影会的感受？

贺延光：四月影会对于当时摄影界的影响就如同一潭死水里扔进一块石头后激起的涟漪一样，它开了中国人文摄影的先河，注重对人的关注，即使拍摄一株花草，也揉入了人的情感。四月影会的作者们大多不是专业摄影记者，而是“天安门事件”的拍摄者，他们都是一些拥有满腔热血的青年，他们敢于拍摄专业记者不敢表现或不愿表现的东西。当人们需要重新认识那段历史的时候，专业记者拿不出作品，而这些业余爱好者却办了一个“人民的悼念”摄影展，在北京产生了巨大的影响，我在展览上第一次感觉到摄影的力量能有这么大，一个展览能够吸引这么多人。我不是四月影会的骨干人物，这个展览一共连着办了三次，我是最后一次展览快要开展时送去了一张照片并入选的。照片拍摄的是老战士合唱团，合唱团的演员有干部、战士、知识分子，很多都是冤假错案平反后出来的，他们用唱歌的方式表达第二次解放（照片标题《翻身的日子》——编者注）。所以我当时只是以这样一种方式参与了这个影展。我觉得四月影会最重要的就是提倡回归摄影的本来面目，强调纪实摄影的真实性，摆脱了过去摄影师说教式的照片。

宋　靖：从您的作品中能感受到很强的故事性，同时又能感受到事件背后那个时代的特点，您是在用纪实摄影的方法拍新闻摄影。那您有没有在新闻采访的过程中找到可以长期拍摄的纪实摄影的题材？

贺延光：有过，但不算多。由于我在报社工作，报社的工作节奏都特别快，使得我没

翻身的日子 1980 年 12 月 6 日 贺延光摄

我知道了之后跑到他的病房，看他戴着呼吸机，没法说话，我就说："我是中青报的摄影记者贺延光，我能不能给您拍些照片？"我为什么要这么说呢？因为我进了人家这个房间，不能说我是记者我想怎么来就怎么来，你在大街上可以，但是这就像到别人家，需要经过别人允许。后来谢导跟我点点头，我就开始拍他，离他很近，他是电影导演，他知道我的镜头对着他会是什么画面，他也没有说不同意。

我当时还遇到一个十几岁的孩子，我知道她父母都去世了，当时我进她房间，我说我给你拍张照，她同意了。我让她把口罩戴上，就露出眼睛，当时她还不知道父母去世了，但是我已经知道了，我也不想把她整个面目暴露在报纸上，露一双眼睛就可以了。

有一个病人插着呼吸机，我几乎每天都会去他那里一次，后来有一天，他对着我竖起了大拇指，我不知道他是在夸我还是在对我说他能够坚持下去，但是我能感觉到病人对我的信任。在里面我也看到一些病人恢复得很好，我很希望把这一方面的信息传播出去，让大家不要一提这个就恐慌、绝望，让大家能看到希望。但是，这样一来就会遇到困难。

有一次给一个女孩子拍照，她就说："别照，我妈还不知道呢。"她说完这句话我当然要考虑了，我就让她继续看杂志，用杂志把脸挡住。

我见报的第一张照片是在医院的一个楼道里拍的，这个楼道里的每个病房都需要从另一边绕进去，这一边都有一个小窗户可以送药，当时我就看见一个病人好像恢复得还可以，正在吃西瓜，我刚要照他就发现我了，让我别照，说："这又不是什么好事，你照了我怎么办？"对于他这句话我很理解，因为当时社会上对于这些得过病的人如临大敌，包括医院的医生，因为医生需要休息，如果医生倒下了，对于医院的打击就太大了，就会给医生放假，但是医生回到家，邻居就不让他进去。这对医生的伤害是很大的，他们在前线救死扶伤，结果回到家还不能被人接纳，特别伤心，但是医生也能理解，人们也是害怕。所以我在拍的时候就告诉那人，你能吃西瓜说明你恢复得不错啊，我就说我是记者，你可以背对着我，我只需要拍你一个背影和这三块西瓜就可以了，告诉读者并不是进来都会死掉的，让他们不要害怕。

也有遇到病人死去的时候，我拍了一张医生大背影的照片，当时是在抢救一个病人，一个多小时也没抢救过来。

宋　靖：那张照片很出名的，从那个背影都能听见一种声音。

贺延光： 那张照片就是在一个早晨拍的，主治医生给我打电话说马上要去抢救一个病人，就在那间病房里开始手术，人都没有推出去。我过去看见医生都戴着防毒面具，他们也递给我一个，当时我已经穿了防护服戴了手套口罩眼镜很多层了，再戴防毒面具我连照相机都看不见了，所以我就没有要。那间病房很小，他们在对面做手术，我就靠着这边的墙拍。

宋　靖： 另一个病人呢？

贺延光： 在门口，我的旁边。

宋　靖： 他就看着那个病人现场做手术吗？

贺延光： 另一个病人也是病危状态，当时我紧张到都没发现旁边还有个病人。当时由于空间不大，人也很多，捂得也很严实，眼镜很快就蒙上雾了，什么都看不见了，大部分时间我都是在盲拍，而且由于空间太小，我还得给医生护士让路，不能影响他们的工作，我是在拍照片，别人可是在救命，我得主动给别人让出路。但是一个多小时后，医生护士都停下来了，一下子就没人说话了，我当时也不知道人已经走了，只感觉到空气凝固了，看着医生叉着腰在那里喘气。有个医生就说走吧，人已经去了。我本来已经出门了，但是又回过头看到这样一个画面，赶紧补拍了两张，也是很偶然，这张照片后来就成了这组照片的一个标志了。当时一个老记者上班的时候看到报纸上这张照片，驻足了十五分钟，泪流满面，什么话也说不出来。

后来这张照片去展览的时候，有几个护士走到这张照片前就开始哭，还不是地坛医院的，真是感同身受。

在抗击 SARS 的这个过程中，我真的是经历太多故事了，有时候都很想写一个剧本出来。当时谢飞出院以后，中央电视台《艺术人生》还有《面对面》都分别采访了谢飞，这两个栏目我都看了，主持人都问过谢飞同样一句话："谢导，您是电影导演，您自己又亲身经历了非典，您想没想过拍一部关于 SARS 的电影？"谢导说得非常好："不拍，要拍也是至少十年以后。"主持人就问："为什么？您有这个亲身经历。"谢导说："现在拍？现在拍还不是歌功颂德。"一句话就给顶回去了。我一听谢导这么讲话，我就想，太棒了这个导演。后来电视剧讲 SARS 我看极不真实，电视台还天天播。当时中央电视台《焦点访谈》播了几个北京人到河北，住在一个小的招待所，老百姓知道是从北京来的人后，就把他们赶进去，谁也不能出来，然后把柴火玉米秸堆好，准备连人带宾馆一块儿烧。

宋　靖：我也有这个体会，因为那年我父亲正好中风了，我们从北京回河南，就像进入国民党的敌后武工队似的。邻居跟我家关系比较好，就掩护着我们，因为谁都知道我们在北京工作，我们不能回家，直接去医院住宾馆，还不能用我们的身份证，要用家里人的身份证登记，后来周围的人就问他："她家父亲生病了，闺女、女婿回来没有啊？"那邻居都说："没回来，没回来。"要是知道回来就肯定把我们弄走了，当时就是这样的。那会儿我还有点儿意识，我还拍了点儿照片，当时学院路中午 12 点大街上没一辆车，没一个人。

贺延光：那时候我在医院那里也待了几天了，和他们医务工作人员住在外面包的一个小宾馆里，当时除了上班就在这个宾馆。我爱人开车来给我送衣服，把衣服搁在地上，我在楼上跟她说几句话，因为俩人不能接触，她说："哎呀给我吓坏了，没有人呐！"原来从我们家到这个地方不堵车至少要开 40 分钟，那天她开了不到 20 分钟就到了，大白天北京大街上没有人，当然很恐怖了。

宋　靖：所以这也是我们民族很重要的一个记忆，当时如果这瘟疫刹不住，不知道会死多少人，因为这个东西就跟那多米诺骨牌似的，如果治不了了，医院也塌了，那这些东西就蔓延得太快了。这不像地震，10 几秒钟完了以后就有人去治，SARS 这东西没人敢沾，太恐怖了。请您再谈谈《两党一小步，民族一大步》这张照片的创作故事。

贺延光："胡连会"不是突发性新闻，连战到北京来，胡锦涛肯定要接见嘛，无非就是说这个新闻有没有采访名额，有了采访名额报社会不会派记者去，摄影记者这么多，会不会让你去。我是报社领导指定让去的。去了怎么拍，你是可以想的，我就想我要拍一张全身，拍一张伸手没握到手的照片。为什么呢？拍全身就是要把他们双手往一起伸，双腿往一起靠这个象征意义拍出来。我为什么不想拍手握着的照片呢？我觉得国共两党历史很复杂，今天只不过是一个良好的开端，我把这种象征意义拍出来就行，这种画面老外看了可能不明白，但是华人一看就明白了。因为不是突发事件，所以有时间去考虑这事儿，只不过要占位置，中午不吃饭去排队，又要安全检查，200 人呢，你不站在中间的位置，晚进去半分钟，中间一下子就站满了，站在边儿上就意味着你只能拍人后脑勺，你的照片就不会被用。就这样我中午没吃饭还排的不是第一，排的是第三，前面有两个老外。最后安全检查排着队，检查完就往上跑，就算跑我还不是最中间的，到中间一看人家架着一台摄像机，中央电视台的。我站第四阶台阶，为什么站第四阶，从上往下拍背景很干净，除了地毯没别的了，可是我要站在第一排这么拍，尽管还是这个瞬间，但是画面会很乱，门、窗、工作人员、警卫都没必要拍嘛，有两个人就行了。

我的一个难题是什么呢？我这么多年不用闪光灯，我认为现场光线的真实性是新闻摄影真实性的组成部分。当时我站那儿两个小时，到 3 点，大家都挤在那里站着，后来我看不用灯不行，所有人都用灯，接见那一瞬间，就算你不用灯，但其他所有灯都在闪，你没办法控制曝光，后来我就把灯装了上去，试拍了 50 多张。前面不断有工作人员走来走去，我就试拍。为什么要试拍呢？全光两个人的人影儿很亮，就很楞，1/2、1/4、1/8、1/16，一点儿一点儿试，前后试了 50 多张，直到胡锦涛先来，两分钟后连战从另一边儿过来，我镜头一直追着连战，走到这里“啪啪啪”，三张。三张只有一张合适，如果连战的腿刚迈开一点儿你就拍，画面里的人看起来就要倒，人家就不会用了。

宋　靖：您的这张照片用的标题就跟当时登月的话很相似：人类一小步，世界一大步。

贺延光：所以我就说如果你要当一名摄影记者就要知道别的事儿，我要是不知道阿姆斯特朗登月我这话就出不来，因为原来有一个非常著名的评论：这是阿姆斯特朗个人的一小步，人类的一大步，我只不过把这个“步”的含义给改了一下，所以很多人接受这张照片，也会说，这个标题也很好。

宋　靖：因为您这一句话就道破了国共两党这几十年的恩恩怨怨，而且他俩的这一步也是比较形象的，整个都特别契合。对于微博您是怎么看的呢？现在就是造假，造假完了以后再辟谣，感觉在愚弄百姓。

贺延光：我觉得总体上还是多亏有了微博，如果没有微博他们是想怎么干就怎么干，有了微博现在还有所忌讳。微博是免不了一些夸大其词、无中生有，但是正因为真真假假，才让读者学会了去选择和判断，我相信什么，不相信什么，在这个过程中人就聪明起来了。

背儿子回家 2008 年 5 月 15 日 贺延光摄

乡医李佳生 2010 年 11 月 14 日 云南福贡 贺延光摄

摄影对我来说，算是投对了胎

黑　明

国家一级摄影师，享受国务院特殊津贴
现任职于中国艺术研究院创作院

● 1964 年生于陕西。

● 1979 年开始学习摄影。

● 1980 年购买第一部相机。

● 1985 年在香港《摄影艺术》杂志发表处女作，同年获得香港新意摄影比赛金牌奖。

● 1988 年加入香港中华摄影学会。

● 1989 年加入中国摄影家协会、中国新闻摄影学会。

● 1990 年毕业于天津工艺美术学院。

●出版有《走过青春》、《毛泽东时代的红卫兵》、《公民记忆》、《西藏影像》、《深入塔克拉玛干，探秘克里雅人》、《100 年的新窑子》、《黑明与 1000 人对话》、《中国的僧人和凡人》、《探秘克里雅人》等 20 余部摄影集和图文集。

●曾荣获首届“全国德艺双馨优秀摄影家”、“全国百杰青年文艺家”、“国家有突出贡献中青年专家”称号，以及中国当代摄影师大奖、国家出版奖、国家百千万人才工程奖，两次获得中国摄影金像奖。

●曾先后在中国、美国、法国、日本等多个国家举办摄影作品展。

● 2008 年，日本肯高国际双年度摄影大赛中设立“黑明奖”。

● 2016 年 1 月，黑明“100 个人的战争”展览作为“人民形象，中国精神——中国艺术研究院著名艺术家系列精品展”首展在中国国家博物馆展出。

知青史铁生 黑明摄（选自《走过青春》）

讲评：

我对黑明很了解。黑明兄弟四人都是搞摄影的，他们都很棒，但众所周知的还是黑明。他的摄影受他大哥黑白的影响，现在黑白基本上已经不做摄影了。

摄影圈的人都说，黑明勤奋。我跟他一起去新疆创作过一次，也正是那一次黑明创作了后来在中国摄影出版社出版的《探秘克里雅人》。这个项目是我和黑明一起去拍的。

一个人的成功有他自己的特质。黑明觉特别少，每天早上天刚亮，我们还在睡觉的时候，他就出去拍了。等我们起来，精神饱满地准备出去创作的时候，他已经拍了一圈回来了。黑明一直这么勤奋，这使得他的时间要比常人多出很多，而且他能时刻保持大脑清醒。所以黑明的成功不是偶然。

回来后，我的思路就没有黑明的灵活，只想能够出几张片子就好。而黑明在拍摄之余还做了调研，回北京后又做了调查问卷寄到当地，请在拍摄时认识的朋友帮忙发给当地的村民做问卷调查。问卷加上照片，黑明只用了一个月就编辑好了一本书。这样的一本书超越了简单的摄影画册的概念，带有了人类学调查和文献记录的意义。他为什么做这个，是源自他之前已经做过《走过青春》、《公民记忆》等很多类似的带有调研特点的书，这正是他擅长的。

黑明的灵活还反映在这么一个技术细节上，就是拍什么东西用什么器材。黑明从大画幅到 135 相机，从胶片到数码相机都在使用，也都用得很好。

值得一提的是，黑明善于在做本职工作时发现自己想做的选题，《探秘克里雅人》就是一个例子，《走进北大》、《走过青春》也是。黑明勤奋的特性加上他擅于发现生活中选题的敏锐视点造就了现在的他。黑明非常会选题，他的书总能切中社会的热点、时代的热点。当然这应该跟他在媒体工作了很多年有很大关系。

黑明的很多选题源自他做记者时大量的采访。我总结他成功的要素有以下几点：一、深入生活。从而能把握住时代的脉搏，切中要点。二、懂得编辑。拍摄前就知道将来这些图片能用在什么地方，这是很重要的。三、极强的行动力。多年做记者的经历让黑明非常干练，拍摄回来后，照片不过夜，马上整理，马上写稿子。四、把自己当作普通人。黑明拍摄时从不把自己当作艺术家，总是以一个普通人对待朋友的方式对待拍摄对象。只有这样才能让别人信任你，让你拍。

铁饭碗 1985 年 黑明摄

过青春》和《100年的新窑子》时，我用的是135相机；拍《磨难人生》的时候，我用的是120型6×6相机；拍《西藏影像》的时候，我用的是宽画幅相机；拍《少林僧人》和《公民记忆》的时候，我用的是4×5相机；即将完成的《战火人生》，我除了选用120型6×7的胶片相机之外，还在用一台4/3的奥林巴斯数码相机，因为我喜欢4/3的画面规格。那么对我来说，使用什么相机，完全是根据题材的需要和照片将来的用途去选择，这一点我觉得非常重要，因为它能够直接影响到我对摄影语言的把握和应用。

宋　靖：听说您的书都是您自己编的？为什么？

黑　明：是，大部分都是我自己拍好、写好、编好后交给出版社。我不喜欢不了解我作品的人去编我的书，因为有的人可能会按照自己的想法去删改我的文字，剪裁我的照片。记得有一次有家出版社的美编要剪裁我的照片，我给他点烟、泡茶、说好话，怎么说都不行，最后我不得不找总编辑更换了那本书的美编，不然就不出了，因为我的每张照片都有一个完整的构图，可以说图片中的每一个元素都是我想要的，不想要的东西我在拍摄的时候就已经“剪裁”掉了，所以我不能接受别人去剪裁我的作品，况且那次他们要剪裁的是我的《铁饭碗》，明明大家都知道那幅照片是135的画幅，他还非要剪裁成方画面，这种做法绝对不行。

宋　靖：好多人说自己拍完以后，让别人去编可能会更好一些，您对此有什么看法？

黑　明：当然一定会有人比我编得好，但却不一定是我想要的，因此我尽量避免把自己的东西交给别人去编。我的每一本书在采访和拍摄之前，我已经有了一个很完整的想法，毕竟我有我的观点，我有我的态度，如果交给别人去编，很可能会按照别人的想法和态度去完成编辑工作，也有可能偏离我的想法，所以我尽可能地做好前期工作，然后再交给出版社。

“走过青春”等专题的那些事儿

宋　靖：知青和“右派”是新中国成立以来较为重要的两个群体，并且有着共同的记忆和共同的磨砺，那么《走过青春》和《磨难人生》是怎么选择和进行的？最后的效果是否达到了您的预期？

选题，我先后去了抗战的很多主战场，去那里寻找抗战老兵，去和他们聊天，去拍摄他们的生活状况，并且还特意去了香港、台湾，去和国民党老兵聊天，甚至还去了日本和当年侵略中国的日本鬼子聊天。这个选题计划在 2014 年年底完成，并在 2015 年的抗日战争胜利 70 周年之际，出版一本影集，举办一个展览。

宋　靖： 您一共出版了多少本图文书和摄影集？

黑　明： 包括修订再版，一共 30 多种。

宋　靖： 摄影对您意味着什么？

黑　明： 摄影对我来说，算是投对了胎，也算找到了一条能够表达自我的途径。

宋　靖： 您最渴望的摄影方式是什么？

黑　明： 不受约束的拍摄和出版，讲述自己感兴趣的故事。

闹洞房 1993 年 黑明摄

向日葵 1988 年 黑明摄

用纪实摄影立此存档

姜　健

现任河南省艺术研究所摄影艺术工作室主任
中国摄影家协会会员
河南省摄影家协会副主席
河南省艺术摄影学会会长

● 1953年出生于河南开封。

● 1969年在辽宁省朝阳地区北票县章吉营公社小双庙小队下乡。

● 1972年在辽宁省凌源钢铁厂当电工。

● 1973年在辽宁省朝阳地区文工团当小提琴演奏员。

● 1978年在沈阳音乐学院管弦系进修中提琴专业。

● 1980年成为河南省歌舞团首席中提琴演奏员。

● 1984年在河南省艺术研究所从事专业摄影工作。

● 1986—1994年在河南拍摄第一部系列作品《场景》，先后在中国北京，美国旧金山、洛杉矶，法国巴黎、阿哈斯，丹麦，荷兰，韩国展出。

● 1993—2000年拍摄《主人》系列作品，奠定了其在环境肖像从记录农村向城市化转变进程中的档案地位，先后在中国北京、意大利罗马、美国迈阿密以及荷兰展出。

● 2004年开始拍摄《孤儿档案》，在中国北京和连州、澳大利亚费利曼托、法国翁福勒尔和拉尼翁、美国迈阿密展出。

●除“场景”、“主人”、“孤儿档案”等展览外，曾参与“穿越时空的对话”伊娃·鲁宾斯坦和姜健摄影联展、“此二人”姜健和莫毅摄影联展、“主人的历程”摄影展、“筑城者”摄影展、“华人在巴黎”摄影展、“纱阁戏人”摄影展、“我的幼儿园”父子联展、“时间档案”摄影展、“马街说书人”摄影展、“棱镜——中国新媒体艺术展”、“记录中国——纽约中国掠影”摄影联展、“平遥在巴黎”摄影联展、“中国在法国”摄影联展等。

●其本人曾获得中国丽水国际摄影节中国十大策展人称号（2009年）、连州国际摄影年展年度优秀摄影师金奖（2005年）、第六届中国摄影艺术金像奖（创作奖，2004年）等众多业界大奖。

●其作品被中国美术馆、河南博物馆、广东美术馆、法国文化部国家艺术中心、西班牙瓦伦西亚现代艺术博物馆、澳大利亚悉尼白兔中国当代美术馆等知名机构收藏。

●出版摄影作品集《场景》、《纱阁戏人》、《档案的肖像》、《孤儿档案》、《主人》等。

河南省济源市王屋乡愚公村 1997 年 姜健摄（选自《主人》）

讲评：

姜健的人生经历比较丰富，生于河南，儿时随父下乡到辽宁，接触到了农村的生活，后来又从音乐人转身为摄影人，他是极聪明的，骨子里是不安分的，他在摄影当中，其实也不安分，所以他做出了像《场景》、《主人》那样的扎实却不乏创意的系列作品。后来他说他还有一个美好的愿望，就是借助一些力量来推广中国摄影家及其作品。大家觉得河南有很多摄影家得不到好的推广，他作为艺术总监要进行推广，他的使命就是这样。

从姜健的创作上，我觉得他刚开始是一种无目的的拍摄，拍着拍着，他开始寻找自己的定位和方式，《主人》就特别明显。后来他又用社会调查的方式拍了《孤儿档案》，他的很多作品被国外画廊和博物馆收藏。

当然这是题外话，我认为姜健走上摄影这条路不能自拔，是因为他确实从内心爱摄影，他没有凭他的聪明劲儿、他的生活阅历和他在河南的影响力去使劲捞钱，而是一直苦苦地在摄影这个圈里探索。

姜健访谈

从小提琴演奏家转身为摄影家

宋　靖：我策划的这本书主题是“纪实摄影”。我在电影学院教这门课，而且也很喜欢纪实摄影，但是国内对这个领域论述得比较深入、专业的书不多，加上一直以来我教学时也在不断思考，最近就萌生了自己写一本书的念头。

现在学生获取知识的渠道很多，但是他们不太可能真正了解艺术家的人生是怎么一步一步走过来的，虽然他人的成功经历不可复制，但是仍可以给予年轻人很多启示，使他们少走很多弯路。我这本书没有对艺术家的价值进行判断，我也没有这个能力，我想挖掘的是艺术家成长的故事。

您从一位小提琴演奏家怎么成长为一位摄影家？这个转折以及转折背后时代对于您的影响，包括您个人的生活，都很有意义。在《场景》、《主人》和《孤儿档案》系列作品里，您的人生经历体现得非常真切，充满乡土情怀的感悟，您就聊聊这些吧，也算实现了摄影人的另一种社会责任。

姜　健：你的想法很好，我觉得这本书对当今的摄影教育会有非常的意义。摄影其实就是印证人生的艺术。而且后来我们知道，摄影的记录性以及所有的其他特性，都跟生活有关系，否则摄影就没有了它在艺术各门类中的独特位置。我对摄影的认知和理解，是从我对生活的记忆与回顾开始的。我的第一部系列摄影作品《场景》，是 1986 年到 1994 年八年间在河南拍摄的。这部作品其实就是我在 20 世纪 70 年代和父母在东北农村生活经历的回忆和印证。

当我学会摄影，并知道摄影可以作为记录的手段时，正好是 1985 年，我在河南省戏剧研究所工作，当时有个国家重点文化项目——文化部、民政部和财政部联合主管的“中国十大艺术集成”的编纂工作。这个项目是国家“八五”、“九五”重大文化

辉县 1986 年 姜健摄（选自《场景》）

艺术科研项目，在各省文化厅都建有一个处级办公室，我调到十大集成办公室做首席摄影和图片编辑。这十年间的工作就是到河南农村采风，了解地方民间文艺、曲艺、杂技、戏曲，采集民间故事，等等。在拍这些影像的过程中，我接触到了河南农村农民的生活，这些场景唤起了我十七岁时的那段乡村生活回忆。

1970 年，在辽宁省朝阳地区北票县章吉营公社松树营大队小双庙小队这么一个小山村，我和父母生活了三年。我的父母是辽宁下放的高级干部，当时的说法叫“五带”，带家属、带户口、带工资、带职务、带党的关系。村里给找了三间房子，连电都没有，这就是我们的家。我父母和村民一样天不亮就随着上工的钟声下地干活，一天三晌在大田里劳作。我和弟弟每天起早贪黑要走十多里山路去公社上学。我们当时确实以为自己就是农民了。

宋　靖： *在那之前的经历呢？*

姜　健： 我父母是南下干部，新中国成立后从河北保定到了河南开封，父亲是开封的第二任市长。我们家六个孩子五个都生在开封。我一岁的时候，父亲调到北京财贸部工作，成立东北局的时候，又调到了沈阳。“文革”后期我们又和父母一起下乡。父母到哪儿，我们就到哪儿，这使我们有了更加丰富的生活经历。

在农村的那段生活是一段刻骨铭心的经历。虽然之前父母是高级干部，但他们到农村都当了农民，那我们肯定就自认是农民的后代了，所以那时我们的农村生活体验是很实在的。我和弟弟在公社高中上学，为丰富业余生活成立了毛泽东思想宣传队。我是队长，我弟弟是副队长，他搞舞蹈，我拉二胡、弹手风琴。后来我在公社宣传队演样板戏时还拉过京胡主弦呢。那时我们为乡村生活做了自认为很有意义的准备，我们要有精神方面的追求，而不是简单地吃饭种地。那时候我就想一定要到文艺团去工作，就是要从农村跳出去，其实跟农民要进城是一样的。“文革”后期这些老干部又开始被使用，从公社到了县里，从县里又到了地区，我父亲后来是辽宁省朝阳地区的地委副书记。再后来，我从农村到了城市，来到辽宁省凌源钢铁厂当了工人，在文艺宣传队乐队拉小提琴，基本上没干什么活，电工那点事儿我也没学会。这些经历回想起来很有意思，我在农村和工厂的这段生活变得非常珍贵，而且非常真实，它不是虚幻的、临时的，也不是体验生活。当时我弟弟受电影《青松岭》的影响，非要在农村当车老板，赶一辈子大车，他就觉得那是最好的职业。而我想我们今后还是要做艺术家，就引导他练舞蹈，后来我在辽宁歌剧院乐队找了一个老师，每个星期坐火车到那儿去学小提琴，

济源 1986 年 姜健摄（选自《场景》）

我弟弟到中央芭蕾舞团学习舞蹈。后来我俩终于梦想成真，我先进了朝阳地区文工团乐队，他进了北票县文工团舞蹈队。1978 年我到沈阳音乐学院进修中提琴，他到沈阳音乐学院舞蹈系进修芭蕾舞，最后他考上了辽宁芭蕾舞团，那是很不容易的。这些经历在我们人生中太重要了，都是财富。

1980 年我父亲又开始调动，从辽宁又调回到河南，当时是河南的老省长刘杰在组班子，就把所有散落在全国的那些开封的老干部又都召回到河南。正好我从沈阳音乐学院毕业，就分配到河南省歌舞团拉中提琴。我那时候同届的同学蕾蕾、肖白，后来在中国音乐界都是很有名的作曲家。我的音乐生涯最辉煌的时候就是 1984 年，那时中央音乐团首席指挥李德伦普及交响乐来到河南，组织“河南星期日交响乐团”义务为我们排练。那时的老艺术家真的令人敬佩，大概两个星期的时间排了两部交响乐，贝多芬《第五交响曲》和德沃夏克的《自新大陆》四个乐章，这在当年中央乐团也是很难完成的。接着到各大院校义务演出，这一段是我人生中最愉快、最充实的音乐生活。当时我是首席中提琴，曾经发誓要永远坐在乐队，哪怕是最后一把。但是李德伦一走，全国流行音乐的大潮就来了，国外的电声乐队、各种各样的摇滚音乐强烈地冲击着传统音乐，管弦乐队很多人都改行学电声乐器出去走穴演出。这时候我感觉到了危机，想到了改行，那是 1984 年。当时河南省戏剧研究所缺一个拍剧照的，我就凭借在歌舞团拍的剧照调到这个单位专职做摄影。其实我在 1981 年已经开始接触拍剧照，因为那时候乐队有几个朋友喜欢摄影，受他们影响。那时正逢我儿子出生，而我也是因为儿子出生才拿起相机拍照。其实拍剧照也很偶然，有一天，省里很有名的一个画报社记者没有时间来拍剧照，我就说我来试试，去哥们那儿借了相机，外贸那帮朋友给的彩色胶卷。第一次拍的是歌剧《货郎与小姐》，剧照拍完之后所有的演员都说你这剧照比专业的拍得还好啊！这对我是巨大的鼓励，我应该是在歌舞团时萌发了摄影的情结，那时我已经有一幅剧照作品在新华社《摄影世界》月赛中得过一个二等奖，当年这是很难得的。我的摄影是从拍剧照开始的。

我真正的成名作应该是《场景》，现在大家都知道《场景》是个成功案例。但当时我没有想到成功是什么，我也没有想到摄影会获奖，可以卖钱，可以有市场。但是《场景》应该是我最有价值的一部作品，因为它在那个年代是最真实的，没有任何功利，它是为我自己拍摄的影像，它不是订单。这个影像其实是一个很自然的个人记忆，这就是摄影的基本记录功能，记录个人的情感，记录人生的历程。但是当这个展览、摄影画册、整个一系列的作品传播开来之后，我才明白，个人的记忆、个人的情感，可以变成公众的记忆、公众的情感。如果那么多公众都有同感，都能感受到农民生活的艰辛与温暖、农村向城市化进程中的变迁与尴尬，这个作品就成了农民生存发展的历史写照。但是并不是我当时就有这种意识，当时就感受到这种责任和义务。正因为如此，它才是一个最自然最真诚的影像，在我的摄影历程里面应该是最重要的系列作品。《场景》这部作品首次展览是在北京隆福寺中央美院附中当代美术馆，其实就是学校的美术馆。但展出之后在中国摄影界引起了极大的轰动。中央电视台、北京电视台、《人民日报》、《光明日报》，还有《中国摄影》、《大众摄影》、《摄影世界》、《中国摄影报》、《人民摄影》等专业媒体都进行了大幅面的报道。因为那时候没有什么摄影展览，而且也没有谁去做关于农村题材系列的展览。现在回忆起来，《场景》这部作品的历史意义在于奠定了我在中国纪实摄影里面关于系列摄影个人记忆的一席之地。直到 1996 年，我们看到了马克・吕布的“中国摄影四十年”这样的展览之后，我才明白其实《场景》也是这个系列的东西，只是我们没有自觉的记录意识。当时我们既没有国外的资讯和理论指导，也没有系统的摄影教育，更没有什么画廊机构等做摄影的传播。中国当时摄影资讯是极其匮乏的，我们完全是在一种个人兴趣的基础上摸索关于个人表达的影像体系，是一不小心做了一个有系统关联的影像系列作品。

我认为我的作品就是纪实摄影

宋 靖：对，这个是中国纪实摄影历史上一个非常重要的里程碑。

姜 健：我记得我的《场景》展览不久，徐勇又续了一个“场景”，在《人民摄影》发了一个整版。其实我也知道我拍这个影像时技术上肯定没有那么完善。我那时候经济情况很差，基本都是用过期的黑白胶片，而且很多都是端着拍的。我只用一只 24 广角镜头用八年时间来重拾一个关于自己曾经生活过的农村场景的记忆，这点是不太容易重复的。

宋 靖：但是徐勇那个“场景”没有这种记忆。

姜 健：对。

宋 靖：所以什么事都要做第一个。

姜 健：对，这个很重要，就像他的“胡同”。

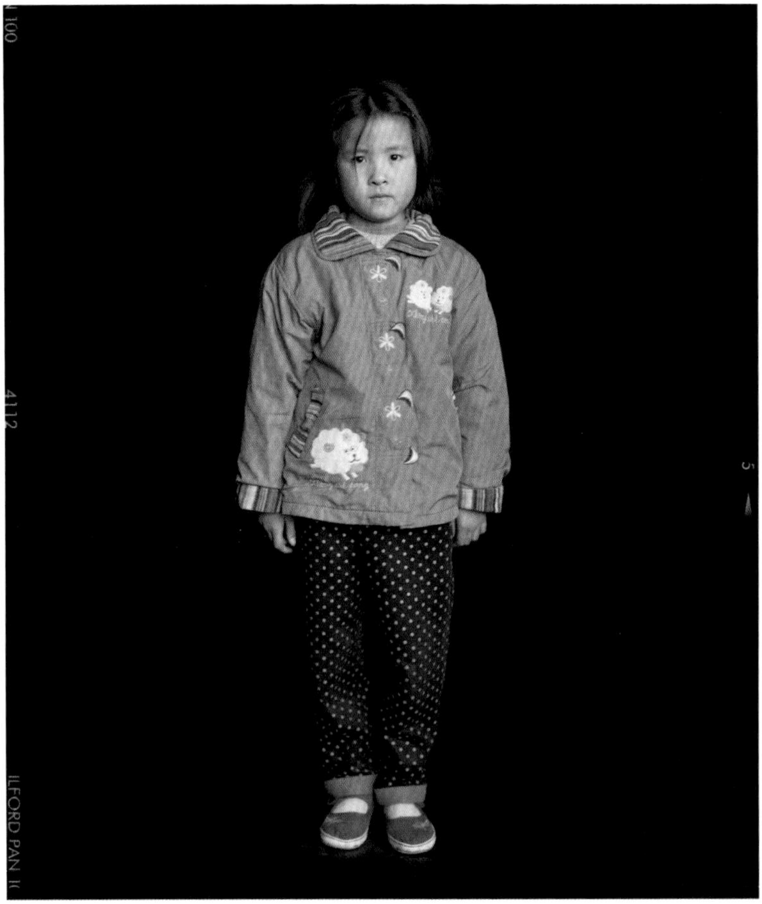
4112
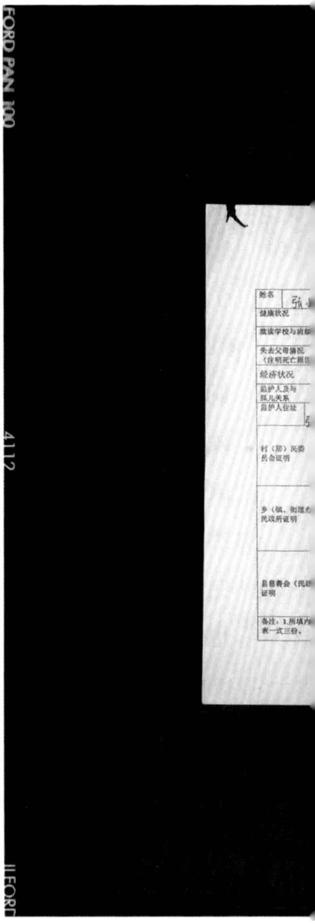
FORD PAN 100
4112

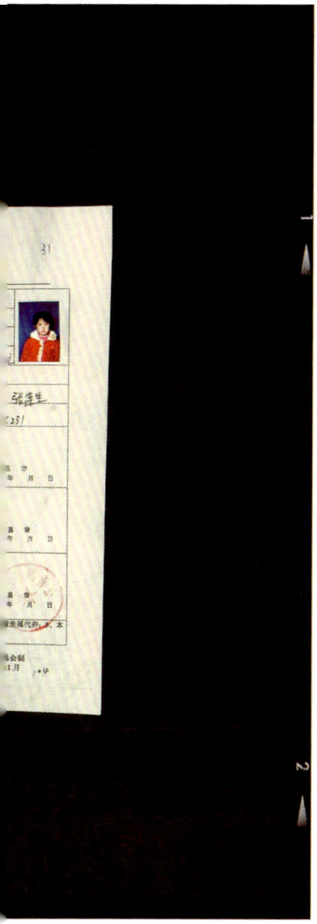

张小妞 A、B、C 姜健摄（选自《孤儿档案》）

姜　健：那是个偶然的事件。2007 年当代艺术比较热，有几个企业界的朋友想做些文化市场方面的尝试，让我帮忙。我给他们泼冷水，说这是一个长期的艺术收藏项目，短期赚钱并不容易。我其实是在很被动的状态下去做这件事，但是我有一个很美好的愿望，想借助他们的能力来推广中国摄影家及其作品。我觉得河南很多摄影家拍了一辈子照片得不到推广很可惜。我作为画廊艺术总监拟定了一个推广方案，每代理一位摄影家的作品，首先要帮助他整理包装作品，给他做展览的同时，画廊首先收藏他的作品，以此证明我们的诚意。真做画廊是一个长期的投入，而且是要为艺术家服务的。我们最后的收益是能把艺术家包装成功走向国际市场，他的作品市场升值才是我们的利润，而不是刚开始上来就拿艺术家的作品作为盈利的资本快速地买卖，我觉得这是短期行为。后来我们的分歧也就在这，我觉得重要的是应该尽快扩大培养摄影收藏的队伍和找到国外的藏家，来帮助市场做一个对接。但当时投资者认为不是这样的，他们认为我的方向错了，应该代理所谓的当代摄影，当代艺术在国际上卖得好。但这恰恰错了，当代艺术在当下没有一个稳定的评价，当代艺术没有经过时间的检验，经过长期社会历史检验的著名纪实摄影家的作品才有稳定的价值，因为历史是不可复制的。

这段经历使我对影像的价值、推广、市场、国内外的摄影现状有了了解。我们去了很多国外的博览会，巴塞尔艺术博览会、迈阿密艺术博览会、巴黎图片展（Photo Paris）、洛杉矶图片展（Photo LA）、美国军械库艺术展、德国科隆艺术博览会，通过对国际摄影市场前沿的考察，我们初步了解了国际摄影收藏市场的现状，以及中国影像作品在国际市场上应该是什么样的价格。最近这几年带着儿子的工作室在洛杉矶图片展上做了很多尝试，把中国摄影家的影像做了高中低的分类，并去尝试他们的影像到底在国际上会有什么样的反应。现在看来中国的影像在国际上缺乏知名度和识别度，西方摄影名家名作传承有序，有摄影史和市场的支撑，而我们没有这些体系。我们就只能从低价做起，从基础的传播做起。其实摄影的价值从来都是由低到高的，欧洲和美国的摄影大家当年都有过几十美金几百美金卖作品的经历。弗兰克当年所有作品都被一个机构以很低的价格买断了，导致现在他自己手中都没有作品。这就是当年人们对摄影艺术的价值判断，没有看到它的前途。中国的现状也是如此，所以我们有责任培养公众对摄影艺术的社会价值观认知度，站在历史发展的高度尽早判断有价值有潜力的优秀作品，把握摄影作品的升值空间，引导摄影市场的消费理念。其实摄影收藏市场的判断也是对摄影艺术作品和艺术家的价值认同方式之一。影像的价值今后要体现在各种各样的领域里，社会、文献、艺术市场等等。

宋　靖：姜健老师，您觉得做画廊以后对您的摄影创作有影响吗？

姜　健：我觉得没有什么影响，反而对摄影的理解和价值判断有了进一步的提高。我在做画廊的过程中知道作品的价值如何体现，了解了在影像推广过程中必须做的几个步骤。一部优秀的作品的创作理念应该成熟，不是盲目的。现代社会不应该再像中国早期摄影那样拾到篮里都是菜，先拍了再说。当今的摄影已经有泛滥的趋势，如果没有一个完整的影像传播理念，做到一种最合理、最有效的包装和传播，那么你的所谓摄影就会淹没在现代影像的汪洋大海之中。影像不传播就没有意义和价值，这种传播的意义是全方位的，不是简单的，不是随便做个展览就完了，必须从理论、观念、影像文本、技术及市场全方位做一个整合，影像才有可能被传播，被推动，才有机会被终极受众所消费。李刚的《雪原马》是个很好的案例。我在他得了金像奖之后重新整合了一组作品，找到一个东方文化的理念，把它先推到韩国国际摄影博览会上，在这个博览会上去检验有没有价值。结果去了四家中国画廊，只有李刚的摄影作品开张，卖了十四张。当时他的图片还没有限量，五百美金一张，那就卖得很不错了。从影像的终极传播理念上还是觉得应该限量，我们又开始做限量的重新部署。后来我们到了美国洛杉矶图片展（Photo LA），这个影像的检验得到了证实，在限量过程中也可以得到升值，这时卖的价格就高多了。去年的大理国际摄影节，他的作品卖到一千多美金，这样的价格就已经可以在中国销售了。今年在中国摄影展览馆和中国美术馆的高层次展览更加提升了影像在国内外的影响力。目前他的作品已进入国内外摄影收藏及大众消费市场，中国美术馆也收藏了他的作品，国外一些画廊和文化机构也纷纷要求代理推广他的作品。摄影作品做到了雅俗共赏、全民消费，就说明已经达到了一定的品味和价值高度。

开一道门，告诉学生们摄影的前途

宋　靖：您刚刚说到摄影作品的终极传播和终极价值，实际上现在我想把学生的作品推到艺术的范畴里面，推到这个范畴的高度上后，让他们再倒回来去规划创作，去定位内容和技术。我是从胶片过来的，对按快门很谨慎，现在学生不连拍三张就好像没拍，但这是一个非常坏的毛病，他们不思考了，就随便乱拍。如果放在终极销售的状态下，所有前期的技术都得过硬。连技术都不过硬，谁还欣赏你的艺术？有一位摄影家，拍两棵树就能拍出好几千美元，有什么思想呢？其实就是技术过硬，黑白灰关系做到了

随便画一个东西，揉得再烂，你都可以卖钱，因为他是名家大师。

宋　靖：摄影界的古斯基就有点像，杉本博司也一样。只论他们的作品，我觉得可能未必达到那个高度，所以收藏其实就是收藏一个人。

姜　健：所以艺术家必须建立自己的思想体系，形成自己的原创作品，创建自己的艺术风格。当今的影像有泛滥的趋势，我们的影像应该讲提升，而不是普及。摄影还用普及吗？手机都可以拍照。而在这个时候，我们要大力讲影像的价值提升。今后谁是摄影家、什么是艺术作品、怎样才能形成风格，我们要去研究这些，研究当今摄影应该如何适应这个时代的读图和消费，这从教育到媒体都是有责任的。在做的这个过程中，其实就是在做一个示范，你们给学生开了一道门，告诉他们摄影的前途，所以说您现在做的这个事情很重要，责任很大。

宋　靖：谢谢姜健老师，您讲得太好了，您讲了您的人生脉络，实际上您的作品脉络也就出来了。

姜　健：我就是一个个案，我成功的经验是在生活经历中获得的。有的人就是想得太多了，你就老老实实地根据你个人的能力，整合你的资源，去做你内心感动的作品。

宋　靖：对，我赞同您说的这点。天天在家想怎么成名，头都晕了也想不出来。所谓的掌握的资源，实际上就是你生活中伸手能触及哪，你就拍哪些题材。我也是如此，我现在也不见得老拍，但我肯定不是您这样的，也不是吕楠那样的。我是个老师，我每年可能就是带学生出去20天、一个月，这段时间里，我不断地拍，永远用一种方式去观察生活，去关注那些最普通人的精彩瞬间，集合起来，那就是我对时代的感知和认识，所以我觉得每个艺术家是完全不一样的。

姜　健：没错，摄影不能复制。我感觉摄影没有什么理论，但要有一个道理，这个道理你要是弄清楚了，顺其自然去做，就能成功。你说得非常对，你的拍摄要是跟吕楠一样，跟我一样，那就不是宋靖。

宋　靖：对，而且您就追得累死了。

姜　健：你的画册我当时也看过了，很好，因为我没有你的拍摄量，也没有你所覆盖的地理面积，你是全方位的影像扫描。而我呢，是在找我身边的一个点，这就是不同的方法。

宋　靖：因为我们的生活阅历不同，我们的角色不同，您是一位职业的摄影师，我是一名职业的摄影教师，所以我不可能一年365天有200多天都在拍照，我的职业不允许，所以每个人的人生经历是各不相同的。

姜　健：所以总结经验很重要，我们给学生各种各样的案例，学生可以根据自己的兴趣、自己的能力，去做自己的事情，当然这都是前人的经验。

宋　靖：我们访谈的这些摄影师，大部分人都有这样的共性，就是先做身边的事，做着做着理出来一条思路，理出来一个事业方向，或者是一个摄影的概念，一个品牌。

姜　健：没有一个人生出来就是摄影家，生出来什么都明白，都是在懵懂的状态下，出于对影像的兴趣，看谁能很快找到摄影的真谛，依循这个路线去行走。这之后你成功了，就说明你明白了，还有一些人一辈子都没明白，拍一辈子照片，就没弄清这照片是干什么用的，能干什么，这就说明你不适合做这个。我们见到很多超级发烧友，一辈子还在发烧，发烧是不理智的，而影像到终极的时候，其实是一个理性的状态，这样才能最终进入摄影本质的自由王国，这样才能成为摄影艺术家。

宋　靖：对，我觉得搞艺术的表面上是非理性的，实际上是很理性的。

姜　健：到终极的时候。

宋　靖：它是以一种激情进入的，但是最后要由理性回收回来。要是每天喝酒，每天都处于一种半疯状态，我觉得那不是艺术家。

热爱＋用心＋一直不断地学习

李　舸

中国摄影家协会副主席
中国新闻摄影学会副会长
《人民日报》摄影部主任，高级记者

● 1998年抗洪，辗转湖南、湖北等地进行现场采访40天。

● 2003年非典期间，进驻北京非典病房现场采访15天，并在《人民日报》头版开设《来自非典病房的报道》专栏。

● 2007年淮河洪水，第一时间赶到淮河王家坝炸坝现场。

● 2008年南方遭遇冰雪后，乘坐运菜车，连续4天5夜，从海南出发，经两广、两湖四省，穿越冰雪线，现场采访南菜北运的艰辛。

● 2008年四川汶川大地震，连续在灾区奋战11天。

● 2008年参加北京奥运会、残奥会的摄影报道。

● 2009年有幸登上天安门城楼参加新中国成立60周年庆典。

● 2010年参加世博会报道。

●曾参加过联合国世妇会，抗议北约轰炸我国驻南联盟使馆活动，香港回归，澳门回归，新中国50、60周年庆典，建党80、90年庆典，以及台湾、香港、澳门、上海、北京、贵州等系列“24小时”大型画册的拍摄工作，还有北京申奥、全运会、三峡截流、青藏铁路、神舟飞天、三军大演习等活动及公安部打拐扫黑禁毒行动的采访工作等，几乎亲历了近20年来中国发生的大喜大悲、大事件。

●曾获中国新闻奖、中国摄影金像奖、华赛奖、中国新闻摄影记者金眼奖、中国新闻摄影年赛金奖、奥运会体育摄影金质大奖、年度十大时装摄影师等奖项，并多次担任中国新闻奖、全国摄影艺术展、华赛等大型国内外影赛的评委。被授予“全国五一劳动奖章”、“全国中青年德艺双馨文艺工作者”、“全国抗击非典优秀新闻工作者”、“中央直属机关抗击非典优秀共产党员”、“全国抗洪先进个人”、“中央国家机关优秀青年专业技术能手”、“全国十佳青年摄影记者”和《人民日报》首届“青年岗位能手”、首届“十大杰出青年”、“十佳优秀记者”称号。

大漠边缘的民生 2013 年 李舸摄

讲评：

有一点是李舸能成功的最必要因素，在访谈的过程中他一直强调人要一直学习。他是解放军南京政治学院毕业的，不是新闻摄影专业出身，但他非常喜欢摄影，所以他就给自己设定了目标，必须要做好这一行。大概也是因为在部队院校里成长的缘故，他养成了坚定的性格。他每天都出去拍，回来就跟大师的作品比对，比完之后找差距，第二个星期再去拍，拍完再比对，比完再去拍，就这样自我学习，自我要求。后来在《人民日报》实习时他也是废寝忘食，白天拍晚上冲胶卷，基本上是全身心投入，到了忘我的境界。李舸非常聪明，非常睿智，他的眼睛非常活，再加上这份努力的心，那他就一定会成功，这是必然的。

他讲到工作还有重要的一点是"时刻准备着"，他的相机包永远在卧室里，报社摄影记者就像是战士，永远是一级战备状态。就因为他的这种状态，才使得他在驻南联盟大使馆被炸的时候成功拍了一张照片，获了当年所有的奖项。别人去的时候使馆区已经戒严不让进了，但他都已经拍完了。一个人的成长有几个关键点，抓住了就抓住了，抓不住就过去了。你会发现在李舸的成长中，他每个关键点都抓住了，没有浪费一点时间。大学时把上学该完成的事情全部完成，到工作的时候废寝忘食，这就会让领导信任，自己的能力也有提升，到真正开始挑大梁作为一个主力摄影师去做的时候，也没有放过每个采访机会，每次采访他都能得到可圈可点的成绩，这就是一步一步累积起来的成功人生。

李舸在访谈中提到经常自我否定，从他上学时就这样，拍完片子不是看一眼就放起来了，一定要找出自己的不足，然后再拍，这个习惯也一直带到了工作中。哪怕到后来已经功成名就，他对自己的要求也是永远不自满，尽量找寻自己的不足，进而做到更好。

李舸的人缘非常好，社会活动能力非常强，能够构架摄影圈与社会各界的联系。他能够把摄影与社会上的其他领域、活动、项目对接，促成这种对接其实也体现了摄影师的能力与社会责任。

李舸是中国摄影家协会新媒体委员会主任，我们俩同是国展多媒体单元的评委，我和他在一个组里。在评选的前一天，李舸谦虚地对我说："宋老师，您是电影学院专业做这个的，多多提些方案。"我在交流的过程中，发现李舸特别善于学习，在评的过程中，他说了很多经验，我也说了很多经验，但最后他给我反馈的评审原则、细节和方法，甚至到最后大家对评审结果的反映和认知，都特别一致。他在网上找了很多多媒体的片子，我们一起看，一起讨论。经过那次共事，知道他特别有方法知道该怎么学习，很快就能抓住事情的核心，能够把事情深入下去。也包括之前提到的人缘好，在与他共事过程中，会发现他不给人陌生感。

李舸访谈

最近这几年，一直尝试着否定自己之前拍的东西

宋　靖：中国纪实摄影到了“四五运动”、四月影会，成了真正关心人的摄影，拍普通老百姓的这种已经不是职务性的重大题材的摄影，开始逐渐被老百姓认可，并且有很多摄影师主动地肩负起社会的责任，去做深入的调研和拍摄，这里面有一批人。现在也有一批，有的人甚至用摄影影响了国家的某项决策，比如解海龙、卢广，他们拍的作品都为国家的决策提供了依据。包括您那时候拍的几个重大的事件，当时可能是新闻，现在沉下来多少年以后实际上就是一种纪实的状态，而且您拍的片子肯定有很多在报纸上没发过，一定有更深入的东西。

李　舸：我最近这几年，一直尝试着否定自己之前拍的东西，甚至是之前的表达方式。大家对我们的印象，普遍认为全国性政治媒体只关注大主题、大事件，实际上我们媒体也在转向，大主题、大背景正在通过小切口去展现，去除标签化、概念化，努力在个体人物的故事上做文章。说来说去还是反映人的情感和命运才最有价值。

2013 年这一年，我就试图用一种平实、素朴的视角去拍摄人和事。拍这样的影像，首先心态要平和，要没有功利心。过往情况下，我们做的日常采访大多是命题作文，这多少都会有压力。无论是应邀采访还是自己找选题，这里面要有自己的判断，不能他想让你拍什么就拍什么，这个判断就是一种压力。你要照顾对方的诉求、自己报社用稿的特点，当然更重要的还是你对这个问题独立的思考和理解，几方面因素未必能凑在一起，甚至有时候会产生矛盾，这种压力确实挺大的。但 2013 年，我完全放下了包袱，不接受这种邀请或者不跟着所谓概念化框框跑，完全以自己的视角去表达，效果反而很不错。

年底时，报社好新闻评选，我就把 1 月到 12 月份拍的专题整理汇总成一个 6 分钟

《回家的感觉真好》系列 李舸摄

的 PPT 播了，没想到在报社产生了很大的反响。实际上，我回过头来看这 12 个月拍的东西，居然有一大半都见报了。这跟以前我们表达的方式完全不一样，标签化、概念化几乎没有了。

比如春运，我们每年都做。你们学生也可以想想，如果给你们一个题目让你去做春运报道怎么做。按照我们一般的思路，大部分可能是跟着一个农民工，拍他如何买票、如何上车、如何艰难地度过旅程，然后怎么回家。或者到火车站拍拥挤的人群、大包小包、无助的表情，甚至还有各种“小候鸟”跟着父母一起回家过年，大部分都是这样。这是一个思路，我们曾经也做过，叫《春运路上》，一方面是农民工，拍他们如何买票，如何回家；另一方面拍铁路上的双职工，拍他们如何舍小家为大家。其实仔细想想，这些还是概念化的东西。正好去年有个机会，中国摄影家协会组织“送欢乐下基层”去安徽大别山，我带着一台微单相机，一路随意拍摄，列车员、下了火车急匆匆回家的人、在村口等着老公回家的媳妇儿、被家人盘问是否有对象的年轻姑娘、普通家庭的全家福，等等，我起了个标题叫“回家的感觉真好”传给报社，没想到得到报社的高度认可，发表后反响也挺好。过去一年我整理出来十三四个小专题，就有五六组在报纸上登了，我觉得这是一个好的变化。

新闻摄影的表达方式需要改变，新闻摄影只是纪实摄影的一部分。纪实摄影的范畴更广，人文的、民俗的、带有个人主观视角的东西，可能没有太多当下的传播价值，但是这些东西更长久，它是老百姓的情感积淀，总能勾起人们的一种共鸣。

现在很多新闻照片是快餐式的，或者叫碎片化的东西。很多摄影记者比较浮躁，他要为报社服务，报社要对他考核，他就不能完全随自己的心志去表达东西，得抓紧完成任务、赚工分，要不然就被末位淘汰了。做新闻或多或少都有一些功利性的物质上的干扰，这对年轻记者影响很大。我们经常能看到一些摄影记者急三火四地赶到一个现场，“咔咔咔”连拍几张，然后头也不回，转身就去赶下一场。这种路子时间长了害人，过去我就是这样。那时候我就用两只镜头，一只大广角 20mm 定焦，一只 70—200mm 变焦。中焦段我根本不用，因为我觉得中焦段不温不火没什么意思。那会儿要不然就用大广角追求冲击力，20 世纪 90 年代初那会儿还流行玩鱼眼，后来就没人用了；要不然就长镜头远调，或躲着抓拍，基本都是这路数。

但是这些年我都变了，大广角、长镜头不用了，就拿一只定焦或中焦镜头拍片。去年的四川芦山地震我就带一个微单，加一只 24mm 定焦镜头，我更愿意用这个焦段，平和、还原的视角不会让摄影者产生浮躁的感觉。当你只有一只镜头的时候，技术设备上的干扰就会少，就能更专注于在思想上的表达。

我在学校时，对摄影其实已经到了痴迷的程度

宋　靖：我这本书想让学生看到成功人士是如何一路走过来的，让学生们看到后比照自己的人生有所启发和借鉴，您可以从怎么接触到摄影来谈谈。

李　舸：说到借鉴，我觉得最终还是要落在对自我的批判和反省上。我现在讲课不讲自己好，而是讲我过去哪些东西是错的，现在我应该怎么去变。我感觉摄影就是一种内心的表达，我总结：摄影是智慧地修行、清晰地观看世界、真挚地交流情感、由衷地感受幸福。

我原来在上中学的时候画画，喜欢美术、书法、篆刻。高中快毕业的时候，老师找到我说："你画得不错，也挺有想法的，干脆给你报名，不考试直接保送上北京师范学院（现在叫首都师范大学）美术系。"但当时有要求就是毕业后回到中学当老师，我那会儿不大愿意当老师，就没答应。我因为是部队子弟，父母都是军人，从小在部队大院长大，始终有一种战地记者的情节，老想着自己能参与战争，冲锋陷阵。后来就报了解放军政治学院新闻系，那时候全国高校有新闻系的屈指可数，非常热门。我也准备考北京电影学院，但是非常遗憾的是，那一年电影学院摄影系不招生，那时候隔一年一招。

宋　靖：王瑶也是，那一年我们学校正好没招，她就考人大了。

李　舸：对，我特遗憾，特别喜欢电影。因为我姨夫是长春电影制片厂的，当时考电影学院还要两位电影界的人士推荐，我就感觉没问题。我们班有一个同学是复读生，这哥们儿一直想考电影学院的摄影系，他来复读一下就把我这个电影情节给勾起来了。他比我们大不了一两岁，我就跟着他买各种各样有关电影的书去看，那会儿这类书很少。我记得那会儿看电影非常有意思，不像现在看情节、故事，而是边看边琢磨这个镜头为什么这么切换，怎么淡入淡出的等等蒙太奇手法，其实很多东西不懂，但就是觉得特别有意思。我还考过中央美院，当时专业课考的分挺高，但是到了面试环节，别人说你赶紧找人，因为面试里面水分大了。我不直接认识美院的人，果然面试没过，中央美院没考上。那会儿中央工艺美院也考过，是服装设计系。

看着才更有味道。

那个时候我就发现，人处于一种什么样的状态去评判你眼前所发生的事件，或者你用什么视角表达你的影像，特别重要，特别值得分析。

1999 年北约轰炸中国驻南斯拉夫联盟大使馆，死了三个记者。5 月 8 日好多大学生到美国驻华大使馆前示威游行，这在当时也是很少有的。

宋 靖：我也记得特别清楚，那天我准备拍片子，到羊坊去采景回家还收到短信说要打仗了，我记忆特别深刻。

李 舸：当时接到报社同事打来的电话，问我在哪儿。我说："在家啊。"那边儿说："赶紧去美国大使馆采访，是领导让你去的。"我说："你别开玩笑了，领导让我去？"报社有规定，不允许记者参加游行示威，得躲得远远的，这是纪律。

宋 靖：那您接这个电话的时候已经晚上五六点钟了吧？

李 舸：没有，我是在大使馆被炸后的第二天上午接到的电话。那时候我还住在部队大院，路挺远的。我就开着车一路闯红灯到了美国大使馆，把车往马路边上一扔，冲进去就拍。

我这么多年有个习惯，无论当天工作到多晚，都会把相机、电脑放在一个包里，再把包放在卧室里，以备不时之需。当时我们好多同事都把相机放在单位的保险柜里，你想想，那时候交通又不像现在这么发达，得到信儿，要先回到单位取相机，再赶过去，现场早没了。

当时搞不清楚那些学生是怎么回事儿啊，万一没一会儿就被警察驱散了呢？很有可能啊，因为那会儿对游行示威挺敏感的。好多摄影记者也赶去了，但大多两手空空，因为那会儿还都是胶片相机，摄影记者用的都是单位配的专业相机，还不太流行自费买小的卡片机，那时候相机很贵。我当时拿的大鱼眼镜头，"咔咔咔"一通猛拍，第二天《人民日报》头版头条，6 栏大照片，当时报纸是 8 栏。那一年中国新闻奖、中国新闻摄影年赛，我这张照片获得突发新闻类的单幅金奖，这个不大容易。

宋 靖：面对这种突发新闻，您是否还来得及思考与规划该如何拍如何报道？

李 舸：只用一张照片就把这个新闻事件表达得非常清楚，确实不容易。那年还引起了一场争论，我有两张照片，送了两个不同的比赛。一张照片送的是中国新闻奖，官方的，还有一张送《人民摄影》年赛。那个时候《人民摄影》的年赛就相当于中国的民间荷赛，会邀请很多国外专家来评，照片完全是靠影像说话而不是靠宣传、概念去说话。所以那个时候《人民摄影》年赛在我心目中有着非常高的地位，在一定程度上代表了中国纪实摄影的发展方向。报纸上会整版刊登评委为什么争论，以及对参赛作品的看法、评价，这让我们年轻摄影师受益特别多。

直到现在我仍然觉得我们搞比赛结果不是目的，过程和引领才是目的。评选结果应该对摄影记者未来一年的工作起到导向作用。争论是摄影者最好的学习平台，为什么评委会对你的作品有这样的争论，有那样的评价？为什么他能获奖，你没有？如果评委在争论的时候，有作者或者学生坐在旁边听，那是最好的学习了。

我见报的照片获得了中国新闻奖，没见过报的照片得到了《人民摄影》年赛很多外国评委的认可，但这两张照片是完全不同的。获得中国新闻奖的照片叫《悲愤的呐喊》（图１），一群学生抗议示威，后面有个大标语，低角度拍的大广角，那时候自我感觉冲击力很强；另一张是一张非常静态的照片，一个学生站在一群防暴警察中间，手里拿着一束菊花，伸着俩手指头，没有任何表情，完全静止的，后面是被砸坏的美国大使馆的墙（图２）。

现在让我来看我肯定对后者有比较高的评价，前者就是我说的所谓标签化、概念化、宣传化的东西。所以当时外国评委认为后者画面虽然很静、没有那么强的冲击力，但是它所赋予的内涵是很深刻的。后来类似这样的影像又出现在 2005 年抗议日本事件中。

对于创作，你真的到了新闻现场，你所预设的某种模仿是不可能存在的，你要见什么拍什么。但并不是说你平常的积累就没有用，我发现积累非常重要，它给了我眼界、观察、判断和提炼。

其实我们做新闻，尤其是搞摄影，最大的功课就是两个字：提炼。我特别强调让新入行的记者、编辑到了新闻单位，首先当三个月摄影记者，我觉得这对年轻人特别有好处。文字记者现在参加活动，基本上都不用纸质的通稿了，直接上活动方官网下载电子版，改一改就是一条消息，就能见报。甚至你不去现场，打一通电话，人家给发个邮件来，你就能把这个稿发了。

摄影记者不然，必须到现场，到了现场必须要自己拍。面对一个新闻事件，报社派你去现场，今天报纸就要印上你拍的东西，这就需要提炼。一个很乱的现场要用一个最典型的瞬间去反映，而且要保证能见报的，我觉得这种提炼要求很高。文字记者

图 1

图 2

可以是老记者带个实习记者，一个稿子可以俩人署名。摄影记者不行，必须要单兵作战，所以对于交际能力、自理能力、随机应变能力都有要求。一个刚毕业的学生干三个月这个活，业务提高会很快，完全不一样。

1999 年这个事儿对于我来说冲击是很大的。我后来发现新闻照片不是那么好拍的，不是见什么拍什么，而且在表达上也不一定是主流的就一定对。

宋　靖：但实际上也是两种情绪，特别愤怒是一种情绪，哀悼也是一种情绪。

李　舸：那个是政治需要，这个是情感表达，不是一种语境。但实际上对于我们纪实摄影师来说，后者可能更长久。

2003 年的非典，可以说在职业道德上对我触动很大。非典发生以后大家都很害怕，我就想，遇到这事儿，可能一辈子就这么一回，所以我觉得作为摄影记者应该有所行动。我们报社当时管理特严，因为我们是中央机关，如果单位有一例疑似或者非典患者那就是事故，所以规定不允许出差，也尽量不要出大院。

4 月底，听说北京要建三家非典定点医院：中日友好医院、地坛医院、小汤山医院。小汤山医院是新建的，地坛医院本身就是传染病医院，中日友好医院则专门收治重症，是国家非典课题攻关组的实验医院。

我主动联系了中日友好医院，院方说，你要是愿意来，我们同意。但是我向报社领导提申请，领导坚决不同意。那会儿有个误解，就是只要进医院，没病的会染上病，有病的只有等死，非典病房非常可怕，就是两个字：死亡。后来我写了封信就说，在这么一个特殊的时期是最需要摄影记者的，只有摄影记者亲历了，才能用真实的、无法更改的影像去印证那里面到底是什么样的状况，这种传播起到的是答疑、解惑的作用。新闻摄影在这个时候的表现、表达是最符合社会性的。后来领导同意了，但我没敢跟家里的老人说。报社还特意给我申请了几支提高免疫力的胸腺肽，打完才走的。

我在病房里待了十几天，天天跟着医护人员，从封闭的驻地，乘坐封闭的大客车，到中日友好医院后门的封闭区。那有警戒线拦着，我们每天要在病房里工作 8 小时。这十几天里我每天拍一个专题，《人民日报》在头版破天荒地给我开了一个栏目叫《来自非典病房的报道》。

为什么说这次经历对我的职业道德冲击很大呢，因为那时候我特别看不惯某些电视记者。某位电视名人，像特忧国忧民的那种，拿着话筒穿着隔离服进到医院里，但他们也并没有真正进到非典病房，只是在污染区采访一下医护人员，然后转脸就回家了。

我觉得这种行为不是发自内心地为社会公众考虑，是不负责任地作秀。因为按当时的规定，他们这样接触就算“疑似”，应该隔离观察一段日子才能回归社会。

我当时就想要严格遵守国家和医院的隔离规定，踏踏实实在里面待着，所以我在病房里待了十几天。之后我把带到医院的衣物用品都销毁了，并主动到小汤山医院隔离了十几天才回家。这个时候记者的每一个言行都是要对社会负责的。

在病房里拍片感觉挺瘆。第一天进去的时候，心情挺复杂的，因为不知道能不能活着出来。光穿服装就 40 多分钟，衣服颜色都不一样。先是穿医院发的运动服，穿蓝色的内衣裤进入清洁区，进到半污染区套上粉色的隔离服，再进入污染区就是白颜色的隔离服，三层口罩、三层头套、大眼罩、橡胶手套，密实得感觉一点儿都接触不到病房的空气。病房里除了患者，所有的医护人员全是这样的。

宋　靖：当时无论是记者还是医护人员，应该说都是因为职业道德压倒了恐惧才能做到坚守下来吧！

李　舸：非常可怕，医护人员也很紧张，我记得特别清楚，有个护士哭了，辞职了。好多医护人员也觉得进去就活不了了，因为那会儿好多医生也病了、死了。

当时见到一件事儿让我记一辈子。医院接收了一家 5 口全得非典的。老大爷、老奶奶、儿子、儿媳、小孙子。小孙子好得快，先出院被亲戚接走了，年轻小两口慢慢地也出院了，最后剩老大爷、老奶奶。老奶奶在我们病区，老大爷在我们楼下的 ICU 重症监护病房。

那时有严格规定，各个病区之间不能交叉，因为病毒都不一样。虽然只隔了两层楼却不让见，老奶奶很焦虑。当时两个病区医护人员都在想办法，最后我们病区的护士长打电话给楼下 ICU 的护士长说，每天老奶奶写一张纸条，放在紫外线灯下消毒，护士拿到电梯里，电梯不载人下去，下面的护士从电梯里把纸条拿出来，再经过紫外线消毒，给老大爷看。老大爷每天也写一张纸条，按此法传给老奶奶看。大家通过这个办法，让老两口每天有个交流，挺人性化的。我也多次到老奶奶的病房里拍片，都很熟，但她不知道我是记者。

有一天早晨一上班，护士长拿着纸条在老奶奶病房外徘徊，很犹豫。我就问：“怎么了护士长？怎么不进去啊？”她说：“老大爷昨天晚上去世了，这张纸条是他临去世前写的最后一段话。”我说：“总得面对，进去吧。”后来她就进去了。你可以想想，老奶奶看到纸条会有什么反应，那画面该有多强冲击力啊。

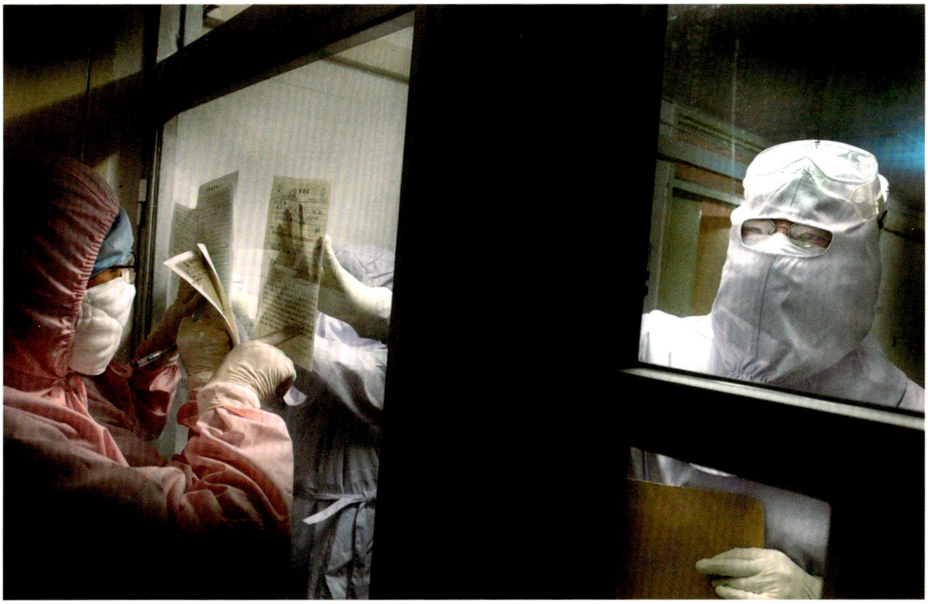

一份透明的病例 2003 年 5 月 北京中日友好医院 李舸摄（选自《来自非典病区的报道》）

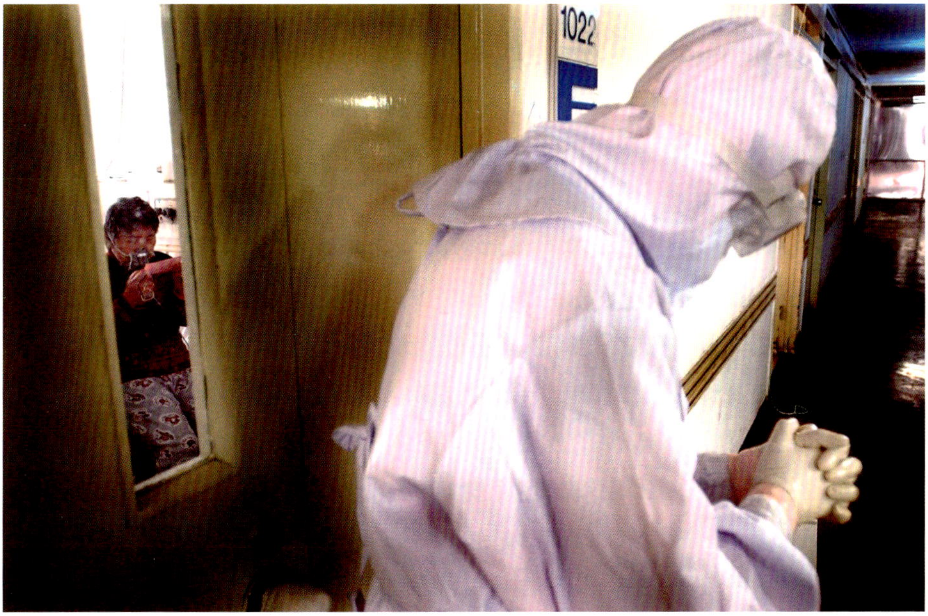

最后的留言 2003 年 5 月 北京中日友好医院 李舸摄（选自《来自非典病区的报道》）

2013年芦山地震，我就带了一个小微单、一只24mm定焦，直接飞到灾区，拍了两天，没电了。在灾区吃喝不愁，最大的问题就是充电，摄影记者到处游走，想找个安稳的充电地点非常困难。而数码相机电池至少要充一晚才能满，但在灾区根本没有这样的条件。后来我就用手机拍，手机也有充电的问题，我就找到一个窍门，我晚上不睡觉，在各个充电点溜达。这时候大家基本都睡着了，我就翻看谁正充电的手机快满了，就蹲在一旁等着。等一两个小时，再看百分之百了，把他的拔下来，插上我的。手机充电相对快，两三个小时就满了，趁那哥们还没醒，又给他插回去，这样我一天就够用了。

所以作为摄影记者，随机应变能力不强都不行。我用手机拍照，怎么发稿呢？全部通过微信平台发稿，用原图发送的功能发过去。所以现在表达方式有了一个新的变化。我去年很多时候都是用手机拍照，我突然觉得用手机拍照对自己来说是一个非常好的训练。以前我有一个讲课的题目叫“思考的相机”，我经常说，你是用相机前面那个“头”拍照，还是用相机后面那个“头”拍照，这很重要。相机质量好是需要的，但更多的是你主观的判断，要有思考的头脑、思考的相机。我觉得手机恰恰可以做到这一点，因为手机对我们来说技术上施展的空间不大，大部分不能变焦、不能调控，更锻炼的是我们对于一个题材的提炼。

我希望学生们可以试试，每天给自己强制定一个题目。比如我经常出差，就给自己定一个题目：“飞”。我们坐飞机经常晚点啊，到机场等得无聊，所以“飞”就是我目力所及的关于飞机的元素和画面。这种日常的训练，我觉得特别重要，不是端着专业相机才能进入一种专业的摄影状态，而这种状态是时时刻刻存在的。记得刚工作时，坐在公共汽车上，我觉得车窗就是一个大的取景器，走走停停的过程中，我会透过车窗观察外面的影像。看着看着，我就会想如果有相机，什么景象可能拍得有意思。经过这种日积月累的训练，当你遇到突发事件或是你感兴趣的题材的时候，就会八九不离十，跑不了。机会永远是给有准备的人，我已经把摄影当作我的一种生活状态了。

因为摄影更多的是传递给我们一种情感，所以你要想拍照片，首先要学会观察、关注。比如我拍一个人物，我要先关注他长什么样，从哪个角度去表现才恰当，在关注的过程中还想获得更多的信息，就要交流，这种交流就会产生情感的波动，我就会觉得这个人的一些做法会感动我，有了感动，我就会从中体味到一丝幸福感。我觉得摄影的境界就是智慧地修行。我们不是为了拍照而拍照，也不是为了表达艺术而表达，而是为了传递情感，为了修心。尤其是搞纪实摄影的人，修行是一种心态。所以这些

芦山地震 李舸摄

年我又反过来用胶片拍了，120、6×6 的胶片。因为它一卷只有 12 张，买卷、冲洗的成本就得 50 多块钱，要是像数码相机这样连拍，得用多少卷？花多少钱？

我前几天去澳大利亚参加“悉尼 24 小时”的摄影活动。我的一个朋友坐在车上，对着车窗外不停地连拍，那快门按得我心惊肉跳，搞摄影的人，最怕别人拍到好照片，自己没拍着。下了车，就赶紧让他给我看他拍的，看着看着，我说你是不是受雇于谷歌地图，拍的都是街景呀（笑）。所以现在很多人很浮躁，存储卡容量大，就使劲拍，拍完也不整理就往电脑里一存。而我在澳大利亚待了 18 天，就拍了两卷，24 张，为什么我现在反过来用胶片拍呢？我觉得这种训练非常好，可以让自己的心静下来。我对自己有一个要求，就是拍摄时就做好构图，尽量不剪裁。以前做黑白暗房，最高的要求就是相片洗出来带黑边，原底放大，牛！

宋　靖：不剪裁是我对学生的要求中一直坚持的。

李　舸：为什么拍 6×6，因为它是方构图，是一种最不好构图的画幅。方构图有一个很大的问题，你想装进去的东西不一定装得下，你不想有的东西还裁不掉。而这恰恰是一种非常好的训练方式。我们真正要表达的，一个点就够了，不需要太多的东西，摄影做的是减法。所以我现在把数码相机的纵横比，全部调成 1:1 格式，这也就意味着你必须放弃专业的大相机，因为它没有 1:1 格式，放弃大相机也就意味着你放弃了侵略性。

这点我体会特别深，当你拿起大相机时，肯定会引起别人的注意，别人一看见你拍照就会想：呦，这是记者吧！当我背着小背包，拿着小相机去拍时，没人会理你，除非你主动干扰被摄者，别人才会注意。他如果问你，你就说，旅游的，随便拍着玩。所以我觉得侵略性尽量要小，随意去拍，就像我之前说的那个台湾哥儿们。

在 1:1 格式的基础上，我又给自己加了一个难度，强迫自己在拍摄时思考与权衡。在微单相机上，我使用玩具相机的滤镜，它会在图片上加一个黑框，这会导致相机连拍的速度下降，因为拍一张它就需要处理。这种人为设定的难度，会让你按每一次快门前，都要好好思考，去抓取最佳的瞬间，另外拍摄时加了黑框，后期也就不能再剪裁，否则效果就不对了。

我们今天说的最主要的核心是“回归纪实摄影的朴实视角”。这就是我几年来的改变，是对自己之前的一种否定。现在我很在意两点：一是影像的随意性，就是我之前讲的去标签化、概念化；二是还原，之前我的拍摄都是夸张的，我曾经拍过一组非洲的照片，自己感觉拍得特好，别人看了也说好，认为我拍这组照片时心态特别平和，心特别静。但也有人说很失败，这么好的影像变形了，以后进入不了影像市场，卖不了钱。我当时用的是 14—24mm 大广角变焦，再配上全画幅机身，变形得相当夸张。

宋　靖：您今天谈的可以算一堂非常精彩的新闻摄影课了！最后再请您讲一讲如果一个年轻人有志于从事纪实摄影的话，应该具备哪些素质？其中最重要的又是什么？

李　舸：这个我觉得没有最重要的，但至少有一条就是心态，是不是发自内心地想做这个事，起点非常重要。不是技术上的高低，而是意识，就像足球运动员，你不管多大牌，要是临门一脚没戏，那也是徒劳。我觉得最重要的就是以怎样的意识去做这个事，你是发自内心地想去做这个事，还是想把这个作为一个谋生的手段，这大不一样。还有一个就是提炼的功力，要不断地去训练。

宋　靖：那您认为作为一个新闻摄影师，怎么才能把一个新闻性的选题转变为一个自己的纪实专题呢？

李　舸：这个对年轻摄影师来说不大容易，需要一个不断拍不断否定再不断拍的过程，用心很重要，我常和我们的摄影记者说，你干什么事得用心，得对得起自己。

我不大爱好体育，拍摄体育图片的经验并不多。2008 年北京奥运会时，我们报社就我一个“全场通用”的证件，我必须努力完成任务。记得有一次我去拍摄一场男子水球比赛，希腊对中国，两队水平都比较低，所以全场只有我和一个新华社专拍男子水球的定点记者在拍。但就是这样一场比赛，我认认真真地从头拍到尾，最后获得了当年奥运会摄影比赛的金质大奖。

所以我觉得对于年轻摄影人来说，就有一条，就是要用心，要去仔细地分析，仔细地琢磨。当然学习也很重要，你要大量地去看去学，但这个对现在的年轻人来说都很容易，关键就是你看了之后如何去转化，这个转化的过程就需要用心。

还有就是你如果要成为一名职业的摄影师或者摄影记者的话，你服务的摄影机构很重要，像现在很多都市类媒体的摄影师很快就出来了，就是因为他们服务的媒体相对来说更加开放，平台相对宽松，而他们的竞争又很激烈，他们很快就会出来。我觉得这需要自律，无论外在环境是艰辛还是舒适，你都要自加压力。一个人真正能达到事业上游刃有余的状态也就十几二十年，之前有大量的时间在学习，在不断否定自己，真正进入到一种境界十分不易，甚至有人一辈子也不能达到，所以我们更应珍惜这有

2008 北京奥运会 李舸摄

限的时间。

我们需要为自己树立一种艺术上的追求和信仰，这暂时未必能为你带来很多的利益，但如果你坚持下去的话，这种积累将让你受益匪浅。

纪实摄影其实是一个很清苦的行当，去拍商业或者其他的类型你可能很快能挣到钱。但纪实摄影又是一个很长久的东西，能留得住。我看薇薇安拍的作品，觉得整个影像都很平和、素朴，但它却能留下来，成为经典。

宋　靖： 您讲得非常中肯！而且您可能是我们整个访谈中最年轻的一位，所以您讲的也是和现在年轻人最贴近的，对他们也是更有效的。

李　舸： 每个人都有自己的角度吧，我是尽量以一种较低的位置去讲一讲自己的一些想法。

宋　靖： 这个位置的转换就很重要，您供职于中国顶尖的官方媒体，却能以这样一种平实的身份去体验去讲述，这就很不容易。

李　舸： 这可能和我个人的性格也有关系，关键还是一个心态吧。

宋　靖： 对，这也是您刚才讲到的摄影师的自我修炼的重要一环。您的镜头如果想带有侵略性可以说毫无问题，工作带给您的身份让您获得了极大的拍摄便利，但您偏偏愿意放弃这种便利，而选择一种平和、接近的方式去拍摄，这会让学生们大为受益。

坚守信念的行业领军者

李前光

中国文联党组成员、副主席、书记处书记
中国摄影著作权协会主席
中国摄影家协会顾问

- 1960 年 12 月生于河南。
- 1976—1977 年任陆军 38 军 336 团特务连侦察排战士、班长。
- 1977—1982 年任陆军 38 军 336 团政治处宣传股摄影报道员。
- 1982—1984 年任陆军 38 军 336 团政治处书记员、新闻干事、汽车连副指导员。
- 1984—1992 年任总政治部解放军画报社记者。
- 1992—1996 年任解放军报社记者。
- 1996—2001 年任中国摄影报社副社长。
- 2001—2005 年任中国摄影家协会分党组副书记、秘书长，中国摄影报社社长。
- 2005—2011 年任中国摄影家协会分党组书记、副主席兼秘书长。
- 2011 年任中国文联党组成员、书记处书记，中国摄协分党组书记、副主席兼秘书长。
- 2012 年 5 月不再兼任中国摄协分党组书记、秘书长。
- 2014 年 1 月起任中国文联党组成员、副主席、书记处书记。

进城去 李前光摄

讲评：

采访李前光书记是一件不容易的事，我认为他能接受这个访谈最重要的一点是因为他尊重摄影教育。前光书记的摄影并不是从高校学出来的，而是从部队摄影干事一步一步干出来的。他对于中国摄影界来说是不可或缺的人，他从一名部队文艺干事逐渐成长为一位著名摄影家，从《解放军画报》记者慢慢走到了中国摄影家协会分党组书记的岗位，在他的推动下又组建了中国摄影著作权协会，并由他本人担任主席，他的历程是从个人发展到推动我国摄影文化发展，他的身上折射出了一个时代的面貌。

我们现在能看到的前光书记的作品不多了，他的作品《两条路》细细品味很有深意，如果没有他那种思想认识，如果认识没有达到一定高度，真的取不出这样的名字，这个画龙点睛的名字一下子让这幅作品提升了高度，让它富于想象力了。但摄影家个人作品影响这个时代的力量是有限的，他在这个岗位上推动整个摄影界的发展，这个事情就意义重大了。

他当中国摄影家协会分党组书记的时候正好是图片摄影风起云涌的时代、从胶片向数字转换的时代、中国社会从满足温饱开始走向富裕小康的时代，各级领导、各界人士突然对摄影产生了强烈的兴趣。以前摄影真是少数人专属的生产工具和休闲工具，数码时代的到来把摄影变成了人们衣食住行之外的第一需要，身上除了穿的衣服之外最不能少的是一台手机，只要有手机就会有摄影。信息科技的快速发展、观赏习惯和观赏模式的改变，甚至传输、展览和分享模式的改变，一夜之间使这个行业变成与大多数人都有关系的事儿了，所以引导这个行业良性发展，有个掌舵人是很重要的。前光书记在这样的背景下，把个人的摄影情怀融入到了公众文化事业的建设中，成为摄影事业的引领者走向前台，这一点是非常可贵的。

最重要的是前光书记用心用力支持各种平台，他组织了很多摄影节、很多摄影活动，包括平遥摄影节。时势造英雄，英雄造时势，这都是辩证的，如果没有这个英雄，这个行业就没有这么大的发展，如果这个时代条件不成熟，一个人再能干也没有用，在他身上这一规律体现得非常清楚。

再谈中国摄影教育的现状，从教育机构的数量来讲，我们要远远超过美国，现在国内有300多所高校都有摄影专业。而从创作上来讲，我们的学生去国外留学，普遍会有一种反映，就是我们摄影的基础教育没问题，去了以后比美国学生也不差，但是在思维方式和学习能力上不行，以及很多学生并不是真正喜欢摄影。前光书记一直都能够关注到这些问题的重要性，也大力支持国内摄影教育的发展，体现出他作为一个行业的领导对年轻人的关怀。

现在，作为中国摄影著作权协会的主席，他又在致力于推动中国摄影版权机制的建立，这对于中国摄影艺术地位的建立十分重要。

李前光访谈

我们不能忘记摄影的灵魂

宋　靖：我写的这套书把国内目前纪实摄影领域里比较有成就的人都放进来了。中国的纪实摄影大概从20世纪30年代开始讲起。我们学校有一个老师孙明经，在南京的教会学校是学化学物理的，之前是在国统区，他的影像特别多，但在摄影史上从来都没怎么被提及过。还有一支是红色的，跟着共产党的，如吴印咸他们，他们拿着摄影机为民族的存亡做事情。孙明经不属于国民党也不属于共产党，他就是个大学老师，所以他的影像里全是最普通的老百姓，没有阶级和政党之分，他记录了不少东西。还有庄学本，他自己以田野调查的方式，做了一个最基本的影像收集。到后来多了一点新华社系列的照片，一直到新中国成立后，一般都是在体制内的摄影师在记录这个时代的发展。直到"四五运动"以后才有一些自由的纪实摄影师自觉地用摄影的方式去记录我们这个时代的发展，像解海龙等这样的纪实摄影师。

像您呢，也是从小学摄影，一直用摄影的方式来参与工作，不论是搞创作也好，做管理也好，还是做这个行业的领导人，都是伴随着改革开放的摄影历程走过来。我就想让学生懂得，一个人的成长实际上是伴随着国家成长，一个人的作品也是在特定的时代背景下才显得有价值。我经常和学生说，拍什么是最难的，是一辈子都在探索和解决的一个问题。很多学生花了很长时间都找不到方向，所以我就想从这些成功的摄影人的成长道路上给他们一些启发，教他们如何用摄影的方式在行业内找到自己的位置。

李前光：首先，得知宋老师要出一本以纪实摄影为主线的书出乎我的预料，因为似乎很多高校教授摄影侧重的是艺术摄影、商业摄影等方面的内容。其次，我非常赞赏你做的这件事。目前摄影大概可分为三类，一是艺术摄影，二是纪录摄影，三就是商业摄影。商业摄影在中国摄影史上是最久远的，从 1840 年后摄影术传入中国就是在照相馆开始发展的。所以它在中国社会发展史上，对摄影艺术传播发挥了开拓和奠基的作用，而且与百姓生活息息相关。商业摄影特别是广告拍摄创意性强，作品的技巧要求高；艺术摄影十分美好，浪漫而雅致；纪录摄影见证历史，令人感到庄严。我长期从事摄影报道，但到中国摄影家协会工作后，必须站在大的视野里来看问题，门户之间不能有偏见，要全面推动摄影艺术事业的发展。摄影不同的门类各有自己的特点和价值，无论技术怎样发展、器材怎样更新、观念怎样变化，记录是摄影的根本。有人对我说，中国摄影家协会举办的重大展览和活动中，风光作品入选的太少。从目前我国摄影队伍结构来看，包括职业的和非职业的，从事风光摄影的可能占到百分之八十，从事纪录摄影和商业摄影的是少数。但我们不能忘记摄影的灵魂，记录是摄影区别其他艺术门类的重要标志，也是其他艺术不能替代的，是摄影的价值所在，作为行业的组织者来讲，导向一定要明确，而且要坚守。

在中国做摄影是件很幸运的事情，人民大众喜爱，各级政府和组织日益重视。中国有全世界最广大的摄影队伍，全世界最丰富的摄影媒体也在中国。欧美以及日本有不少摄影杂志，但没有摄影报纸，我们有。我国区域广大，地理地貌十分不同，民族众多，民俗丰富。特别是我们生活在一个快速发展的时代，30 年间的迅猛变化是世界上任何国家都无法比拟的，这为摄影人提供了丰富的题材，也使摄影艺术更加具有独特的魅力。外交部的一位同志说，他去年到美国工作时，对比 1972 年第一次去美国时俯瞰曼哈顿，40 年了没有什么太大的变化。我国的快速发展，为摄影艺术提升了巨大的价值，更让我们感到：这个世界上的一切事物都是为摄影而存在的。

我早年在部队从事新闻工作，那时的视野很有限。

老师是责任重大，使命光荣

宋　靖：在 38 军？

李前光：是。军事摄影富有光荣的传统，我党的摄影史就是军事摄影史。历史久了，包袱就会重，包括苏联“老大哥”摄影的模式对我们也有重要的影响。由于历史的原因，我在 20 世纪 70 年代从事报道工作时，新闻摄影几乎都要摆布。现在的学生和年轻人很幸运，时代开放，视野开阔，题材丰富，方法众多。

宋　靖：您什么时候到北京工作的？

李前光：1983 年，翌年调入解放军画报社，后来又到地方学校中国人民大学去学习摄影，思想上受到很大冲击。1990 年前后地方的题材很吸引我，因为可以轻松地按照自己的想法去观察和拍摄。前些日子手机网络上广泛传播的一组反映人们艰苦生活的图片，其中一张农村爷爷在河边给孙子洗脸的照片《进城去》就是那个时期拍摄的。1996 年转业到中国摄影家协会工作后，拿相机的机会少了，主要从事图片编辑、摄影组织和单位管理工作，但用相机记录有意义瞬间的习惯没有丢，大到国家发展变化，小到自己出车祸上手术台，我都会留下照片。

摄影人关注时代，对重大题材一般都有自觉，对身边的寻常小事会常常忽视。最近网络上一组反映女人从怀孕到生育的图片很受关注，这是一位年轻摄影师的作品，题材是他身边人（妻子）的事，也是只有他能接近的人。思想观察比较独特，摄影语言很娴熟，照片效果十分感人。

宋　靖：对，我们经常忽略身边一些细微的东西。

李前光：教育工作很重要，要培养一代又一代我们国家的摄影师，学校对于学生的引导将会影响他们一生。觉悟得越早，作品的厚度就越重，越有时空资本。所以，摄影是“后悔莫及”的艺术，一定要活在当下，记在眼前！

宋　靖：对，艺术观的确立是最重要的。

李前光：老师是责任重大，使命光荣，你们影响着中国摄影的未来。

宋　靖：我经常跟学生这样讲，希望学生有些责任感，把学习的劲头拾起来。

李前光：个人的艺术追求和祖国的需要结合起来，一定能焕发出更大的成功和灿烂的魅力！

北京电影学院应该担当起推动中国摄影教育发展的责任，全国有 100 多所大学设有摄影专业，这块力量非常重要。

宋　靖：现在更多，将近 200 所。但一般是系里有这个专业，真正成为独立系的还不太多。

李前光：你们有优势，学校老领导吴印咸是从延安过来的，也是我们中国摄影家协会的老领导，他虽然是电影摄影师，但为中国摄影事业做出了重大贡献。希望你们发扬光荣传统，在新时期创造新辉煌。

宋　靖：谢谢前光书记对我们的厚爱，我们都努力吧。

李前光：你的这本书和教课方法很好。现在班上学员有多少人？

宋　靖：一个年级有三个班，四个年级并存在校，本科班有 180 多人，还有二十几个研究生，现在一共有 200 人。到宋庄以后，给我们的要求是扩大三分之二，我们系最终目标是在校学生 500 人，涵盖我们每年招收的进修班学生 30 多人。这事得慢慢来，慢慢开始进老师，有老师了再开始进学生。我们明年准备进两个老师，一个老师是做纪录片的，一个老师是做传统影像的，进来后这两块就踏实了。我们现在还在拓展纪录片，就像您刚才说的，影像记录是摄影的根本，也是电影的根本。以前纪录片在电影学院也发展得很好，但这几年就是不知道归属到哪个系更好，现在学校领导决定归属到我们这个系，让我们发展纪录片，这一块在未来还是想进一步拓展。现在，我们有三个方向，一个是商业摄影，拍人像和静物等，服务于商业领域的图片摄影师；还有纯艺术方向与新闻纪录方向的图片摄影创作；同时也有媒体影像制作方向。在没有明确纪录片专业前，我们的媒体影像制作专业主要是培养自媒体和网络媒体方面新兴行业的人才。媒介的不一样，同样要求我们在创作的时候角度和方法都不一样，所以现在我们尽量适应时代的发展，适应自媒体和网络媒体的蓬勃发展趋势。我们尝试着做，今年第一年有一个班毕业，在校的有两个班，将来看他们在这个领域会不会有一些进展。

李前光：听了你们的规划和发展令人振奋！

这场战争对我的人生观产生了重要影响

宋　靖：您刚才说的这点特别好，摄影不仅记大事，也记录了我们人生的一个过程，让我们的心往里聚，而不是都往外张。学生现在其实对一些作品拍摄的背景和故事很感兴趣，您能否介绍一点您作品拍摄背后的故事？

李前光：《两条路》这幅作品在 1992 年获奖，当时一万元的奖金还是很可观的。

我每次下部队采访途中都会十分注意地方题材。一次出差路上很偶然的机会，看到空旷的山坡上聚集了很多人，一打听是农村的庙会，也是集市，这在乡下是件很热闹的事。在去的路上有一个小河沟，地方组织者就用木棍搭了个独木桥。上午大家往

两条路 李前光摄

里走都是顺行，等下午我们出来的时候，还有人刚来要进去。这样独木桥上南来北往的人就顶上了。农村松散，大家也没什么事，农民们也都不着急，双方对峙，互不相让，站在桥上嗑瓜子闲聊天，我过不去，你也别过来。

当时市场经济已逐步向农村和西部地区传播，一个头脑灵活有商品意识的农民把自己的板车架在独木桥旁边的河沟上，对走其板车过河者一人收一角钱。当时过路收钱是新生事物，别说农村，在大城市也极其罕见。所以，农民对交过路钱是绝对不能接受的。在我现场观察和拍摄的近一个小时中，没有一个过河交钱的。一条桥上南来北往的人堵得满满的，另外一条桥上空无一人，形成鲜明对比，极具戏剧性。有人评论说，两条桥，两条路，两种意识，两种思想，一个是计划经济的产物，一个是市场经济的做法，可谓观念的碰撞、时代的写照。

宋　靖：对，就像这种故事，您要不说，媒体上报道的远没有这么生动。这是在哪拍的？

李前光：在甘肃临洮，偏远的西部山区。我在部队待久了，对地方的民生很感兴趣，集市上人物形象很生动，我是在去出差的路上巧遇了这个场面，当时拍完就很兴奋。

宋　靖：您参加了对越自卫还击战，也拍了很多东西，能和我们讲讲吗？

李前光：20 世纪 80 年代的老山战斗，当时我 23 岁，是到报社后的第一次采访，十分忐忑又满怀神圣，很是难忘。虽然是战地记者，但是摄影必须到一线、到现场。这点与文字记者不同，他们可以在后方的指挥所里，抱着电话机采访就能完成一篇精彩的战斗报道。战争题材很难拍，电影里轰轰烈烈的战斗场面在现实中是看不到的，特别是山岳丛林作战，士兵是分散和被淹没的，根本没有电影中千军万马冲锋的场面，我更多是关注战争的局部和士兵的阵地生活。在前线经受了血与火的考验，完成了 7 组专题报道，获得了报社年度最多的优秀稿件奖励。但今天看来有很多遗憾，精力都放在完成报社的采访任务上，一些当时也许不适合报道但具历史价值的镜头被忽视了，现在想想很后悔，这无论是对自己还是对历史都是罪过，是观念的落后，也是时代的制约。

宋　靖：《十五的月亮》就是那年唱的吧？

李前光：那年的中秋夜我就是在前线过的，叫“身披硝烟赏明月”。那是国庆节前夕，报社的领导电话通知我可以结束前线的采访，返回北京过节并参加“文革”后首次在

官兵同乐 1984 年 李前光摄

运送给养 1984 年 李前光摄

天安门广场举行的大阅兵。可以想象场面多么壮观，是无数摄影人的向往，但我婉拒了领导的好意，希望能和前线战士再多待一段时间。战场是一个很奇特的空间，人们的精神都会得到升华，你去也是一样的，绝不会在阵地上谈金钱、论房子、比工资，看到许多年轻的士兵、鲜活的人倒下，那时想，活着，完整地活着回去就是幸运，为战士多做点事就是快乐!

在聚焦战场上军事行动的同时，我还十分关注战士的情感生活，如拍摄的一张阵地上士兵和小狗的照片，得到同志们的热情赞扬，刊登在《解放军画报》的封面上。

这场战争不仅锻炼了我的摄影技术，丰富了我的报道经验，更对我的人生观产生了重要影响。

宋　靖：您在《解放军画报》工作了那么长的时间，实际上是您在纪实摄影上非常重要的一个阶段，后来您做摄影管理工作，我觉得那么多人佩服您，并且不管从您的人格魅力还是您的作品感染力来讲，都让人敬佩。这本书的意义和价值实际上就是让学生和我们摄影人感受到像您这样一位领导在这个岗位上怎么样让自己为社会服务，我觉得这是一个特别重要的事情，谢谢您！

为自己不断创造机会

刘香成

上海摄影艺术中心创办人

● 1951 年生于香港，从香港回内地上了三年小学后，于 1960 年回到香港，现生活工作于上海。

● 1971—1975 年在纽约市立大学亨特学院学习政治学。

● 作为《生活》杂志基恩 · 米利的助手，于 1976 年接到了第一份在中国的任务，后来成为《时代》周刊首位派驻中国的摄影师。

● 1978 年底《时代》周刊在中国设立了办事处，比 1979 年的中美正式建交要早。

● 1981 年加入美联社，被依次派驻北京、洛杉矶、新德里、汉城和莫斯科，报道了 20 世纪最后几十年中的重大事件。

● 1992 年，因报道苏联解体，与同事分享 1992 年普利策奖；因同一报道，他还获得了柯达海外新闻俱乐部奖。

● 他是《中国，一个国家的肖像》（2008 年）的作者，并与凯伦 · 史密斯合著了《上海 1842—2010：一座城市的伟大肖像》（2010 年）。

大连理工学院年轻的溜冰者 1981 年 刘香成摄

讲评：

在中国，华裔摄影师刘香成头顶着太多的光环：首位获得普利策新闻奖的华人摄影师、《时代》周刊驻华首席摄影师、时代华纳集团中国首席代表、新闻集团常务副总裁、上海摄影艺术中心创始人……他的经历也足够传奇。20 世纪七八十年代，作为美联社驻外摄影记者，他的足迹遍布世界热点地区，改革开放初期的中国、战乱中的阿富汗、巨变解体的苏联……

我们访谈中的好几位摄影家在谈及自己的摄影理念的转变时，都谈到了刘香成和他的第一本画册《毛以后的中国 1976—1983》，可见他的摄影观察有多么敏锐和深刻。刘香成在 30 多年前拍摄的中国影像，对于摄影师如何观察今日持续变革之中国，仍能提供历久弥新的洞见。

刘香成的中国影像，是给了解中国社会又具备相当视觉修养的人读的。年轻情侣间看似不经意间勾在一起的双脚，传递着那个时代中国人特有的含蓄情感；从大卡车上一棵棵扔下的冬储大白菜，作为物资匮乏时代中国人冬季的主要蔬菜，在空中远近高低错落地划着一道道弧线，不正是那个时代特有的旋律吗；毛主席像下张开双臂单脚滑旱冰的青年，舒展着轻松的姿态，迎风起舞。他记录下的这些画面，让熟悉中国语境的人隐约觉察到私人空间开始萌芽。朴素的影像丰富耐读，处处透着看似不经意却实难捕捉到的视觉隐喻。而恰恰是这些见微知著的视觉隐喻，为那个变革的时代做出了最好的注脚。

比起同时代的外国摄影师，刘香成的优势在于对中国文化传统、社会历史的认知与判断。相比同时期的中国摄影师，坦率地说，良好的教育和充分的视觉训练使刘香成具备更好的视觉修养，使他能够用丰富的现代视觉语言对事物进行解读，对画面进行组构，而非落于简单的所见即所拍的窠臼中。

刘香成是幸运的，当他在中国的同龄人在为着返城而奔波，为着无大学可上而惶惶然之时，身在世界最繁华资本主义大都市的刘香成，在图书馆里研读着汉学家的著作，了解中国正在发生的变革。当彼时的中国普遍认为报道摄影是个体力活，身体强壮扛得动机器能跑能冲即可时，刘香成在《时代》周刊跟着当时最著名的摄影师之一的 Gjon Mili 学怎么读照片。白天他为 72 岁的 Mili 整理资料，傍晚听老爷子讲评满墙的见报照片，为什么这张好那张不好，为什么解读事件比抓住事件更重要。在《时代》周刊 28 层的档案室，刘香成一头扎进底片和样片库，海绵一样吸收着大师们的养分，布列松、艾森斯塔特、马克·吕布，那个时代熠熠生辉的名字。

刘香成用作品阐述了一个时代。彼时他拍摄的中国照片，与同时代中国官方摄影师的“新华体”照片，形成了鲜明的对比。

刘香成访谈

这个判断影响了我一辈子

宋　靖：我今天过来跟您聊摄影，主要是在做一套教材，就是访谈整理中国摄影界的知名纪实摄影师，影响中国的。就像我在微信里跟您说的一样，好几位重量级的摄影师，不约而同都提到了您对他们的影响。

刘香成：什么样的影响？

宋　靖：就是影像方面的影响和拍摄观念上的影响，比如说他们之前注意的总是一个主要人物的大事件，从来不关心这个主要人物的大事件给老百姓的生活带来什么。您有句话我觉得说得很好，您说中国的特点就是政治环境是影响每个人的生活的，那您在 30 年里头，捕捉的基本上都是每个人的生活，然后在这个时代背景下，它是个什么样的状态，用它的行为折射出来这个时代的一种痕迹。

您的作品我也看了很多，刘香成这个名字一直在我们的特别记忆里。我写教材的目的就是想让后来的学生，不仅仅看到您的作品，看到您最终呈现的结果，也要知道您产生这个结果的原因和过程。

那么今天我就是想让您讲一讲您的成长经历，比如说您 16 岁之后学摄影，然后您 70 年代决定来中国，来到中国以后，有哪些地方让您充满了兴趣，并且哪些事情让您觉得不能离开中国？您记录的这 30 年中国的变化可能是西方走过 150 年的历史才能有的，我觉得您真的是很幸运的，而且把一个时代记录得这么完整、这么好。

刘香成：我可以想象你想说什么，就是 16 岁也好，当初从香港回到大陆也好，这个有本身的偶然性。因为 1949 年中国很多的知识分子离开大陆，去香港的、去台湾的、去国外的，不一样。我的父母离开之后，我的父亲还是觉得那个时候还是有机会可以从香港回到大陆去受教育的，有这个可能性，所以后来他就回来了。

为什么会在福州？福州是我母亲的家，我原籍是湖南，我父亲是湖南人，湖南邵阳。母亲家是福州的一个大家庭，她的舅父是一位叫陈壁的先生，“墙壁”的“壁”。

陈壁当时在福建考第一，全国考第一，他是光绪皇帝时管交通邮电的尚书，他一生做了很多事情。最近我找到他一张图片才知道，当年跟美国人谈“庚子赔款”是他做的。

宋　靖：是吗？“庚子赔款”送了好多留学生去美国。

刘香成：而且北大、清华、协和医院都是出自“庚子赔款”，美国人说你不需要赔钱了，你就把该赔的钱在北京办教育，等等，这个是陈壁先生所做的事情。后来因为家庭是当时所谓的“和平地主”，家里的地都是皇帝给的，不管你是“和平”还是“不和平”，你都是属于“黑五类”。

我们在福州时我印象很深的是 50 年代中期，两岸还炮轰，后来我离开福州去香港家里，也是为了离开这种炮轰的危险。但我印象很深的是皇帝给陈壁的那块土地门前有一个很大的印刻，是皇帝说这块地是你的，刻印。

宋　靖：那您走的时候才 9 岁？

刘香成：对，我是高中毕业后去了美国上大学。

宋　靖：那您 1960 年去了哪个地方？

刘香成：又回到香港，上中学，高中毕业。我是 1970 年去美国上的大学。所以即使“文革”时期我也有机会回到大陆探亲，会看到一些“文革”的情况。1960 年的时候，刚好是“大跃进”结束的时候，那时有饥荒，很多人吃不饱，我看到邻居都是脸肿手肿，这些场面给我留下了很深刻的印象。

另外，在学校里面我就发现，同学中的部队子弟个个都是红领巾，我就感觉到不是滋味，因为我也想戴红领巾，但那时候老师总是给我政治表现打 3 分。所以在我小的时候，虽然我不明白是为什么，但我明白它的结果。（当时除“四害”）所以我就爱打苍蝇，我比谁都要积极，一盒一盒的苍蝇打了交给老师，但是政治表现总是 3 分。结果我 1960 年准备回香港的时候，全校办了一个典礼，校长给我戴红领巾，欢送我回香港。

一夜之间，从凭着打苍蝇，礼拜三去捡石头铺马路、铁路这种努力的学习劳动都戴不了红领巾，到一旦我决定离开大陆要去香港，全校竟办了典礼，校长给我一个人戴红领巾，这是我最早的一次政治教育。

这几件事情给我留下很深的感受。在大陆我一点苦都没有吃过，除了一年级、二年级戴不了红领巾。因为我们家在福州父母算华侨，华侨有那个华侨券，所以我们粮食什么都没问题，但是我的母亲跟父亲结婚时家里给她盖的一座很大的四合院被居委会主任分了，剩下一边房子是我们的。我小时候看着家里周围住的其他人，都是手肿脚肿。那个时候粮食非常非常紧张，他们也没有油。我曾经有一次排队去买猪肉，我排了两个小时的队，结果切了一块二两的肥肉给我。后来年纪大了我跟朋友开玩笑说起这件事，朋友说："刘香成，人家给你的二两肥肉是照顾你，因为那个时候肥油比肉还要重要，他照顾你给了你二两的油。"所以小时候那个生活给我留下了很深的印象。

其实我父亲 1949 年离开的时候，是被中共地下党邀请去香港办报纸的，所以他一直都跟北京保持着很好的关系。回到香港后，暑假他就说你去翻译路透社、美联社的稿，从英文翻成中文，我替你改，所以小的时候我的暑假是这样学的。然后他去编这个报纸的国际版，编编编，编到突然有一天他回家，板着一张长脸孔。我们也不知道老先生为什么不高兴，他说今天美国人登月了，还说我们的报纸不能够登这个消息。

宋　靖：香港报纸也不能登？

刘香成：他是要跟内地保持一致，不可以登。

而且我记得我去美国之前，1966 年、1968 年探亲，到了广州，我看到了"文革"时人与人之间的关系。我记得去理发，理发师带着这种所谓阶级的情绪，说："站起来。"我说："站起来干吗？我要理发。""转过身来，跟着我念……"所以我跟着他念完语录他才给我剪头发。去饭店，整个广州都没有几家饭店，人们都要排队，排很长的队，一个人吃完了第二个人就马上上来，然后服务员就把筷子"啪"一下扔到你的桌面上，很响很吵。这些东西都留在我的视野里面。

到了美国，因为我也是学国际关系的，所以我很快就知道中国人的这种教育、这种思想是从上至下的。美国人的教育是横线的教育，他要问你什么东西，都要问你为什么，为什么，为什么，而中国的教育是不要问为什么，你就照着做，该背的你就背下来，是这样子的教育。

我为什么要回中国？因为我很早就知道了，中国是世界上很大的一个文明古国，有跟西方很不一样的文化，所以说我如果对这种工作有兴趣的话，我不去中国去哪里？

20 世纪 70 年代的中国在西方人眼中是一个最神秘的国家，有很多很多西方学者写的书都是关于毛泽东的政治，另外好多大学都有中国问题专家，他们都是这样写的。后来慢慢懂事以后，我觉得要回中国。1976 年，当时正值毛泽东去世，有一个机会我就回来了。回来后，我发现当时我看到的中国人相比我童年时看到的中国人已经发生了变化，人的肢体语言变了，人开始比较放松了，过去的人看到谁都很警惕，脸部的语言、眼睛的语言、肢体的语言，都是很警惕的。

所以，我觉得教育非常重要。像我这样在中国待过又出去的人不少，为什么教育还是不一样？我觉得因为我当时正是十六七岁，正是可以接受不同文化构想、结构的时候，如果你去得太晚或者太早，它不一定会影响你。所以我考虑事情的时候，我会说，一看到中国人肢体语言的变化，我敢说新的时代要来了。这个判断影响了我一辈子，你明白吗？

每一个机会都可以说是我自己制造的

宋 靖：是的。

刘香成：就是那么一次看看人，在珠江旁边散散步，照几张相片，就影响了我的一生，因为我说中国在变化，一瞬间我就看到了。所以当时我来了之后，1977 年，我的图片也影响着整代的西方人那个时代怎么看中国。有民主墙，有责任制，有这个那个，中国开始变了。

那个时代的开放是客观的，所以我说在中国你如果不懂政治，是没法工作的。如果我没有前面在福州的那段经历，没有到香港、到美国，又回到内地工作的经历的话，我不可能有这个事业和对这个事情的彻底理解，也就不可能记录生活里面的很多很多细节，而这就是摄影的独特性。

比如我有一张照片反映的男女谈恋爱，他们就是脚碰脚。当时手托手都不可以，这就是中国人怎么谈恋爱，两个人坐得离远一点，但是脚碰脚，这是很细很细的东西，这是当时的中国人。

所以 1975 年我就说我要回中国，这就是一个很早的判断，那个时候中国还没有改革，所以说一个人的判断很重要。那个时候物质条件没有，什么都没有。

宋 靖：什么都没有，对。

20 世纪 80 年代，现代时装开始影响中国的年轻人 1980 年 云南 刘香成摄

两个人在分享亲密的一刻 1981 年 月坛公园 刘香成摄

刘香成：我说为什么要去呢？因为人类五分之一的故事在那里。

宋　靖：对。

刘香成：这个判断使我回来了。所以我一直说一个概念，就是说你要尽早做好准备，当时如果我没有做好准备的话，美联社也不会给我这个机会的。当时在美联社，我是唯一的华人记者。他们把五个分社交给我，北京、新德里、洛杉矶、莫斯科、汉城，当时连白人都没有这么大的机会，五个分社给你，其中莫斯科、北京、新德里是它最重要的驻外分社，都是大的国家。为什么会让你去做这件事情？这就靠你的成绩来替你说话，而不是用口说。

我那本《中国梦》，是我 2013 年做的一个展览，我是说到了这本书出现的时候，中国人，新中国的基本的梦已经实现了。

宋　靖：对，吃、穿、住。

刘香成：对，从二两肥肉到今天，已经实现了，从物质上这个梦已经实现了，对不对？至于更大的中国梦，还有待努力。

宋　靖：明白。

刘香成：在学习这件事情上，不是说你说了就有，你努力了就有。很多人都很努力，中国人够努力，但是很多时候问题在于思想结构是错的，一错错到底。

所以我非常尊敬你们的工作，但当老师的要了解西方的一些教育方法。你去哈佛大学学习，最重要的是老师就给你个书档，你今年把这些书都看了，看完之后你再提问题再来找我。

宋　靖：对。

刘香成：现在我们的教育不是这样子，就跟你说一些话，说不到点上去。

宋　靖：这里面有各种原因。

刘香成：中国有很多很奇怪的现象，比如毕业留校，国外当教授很难的，怎么叫毕业留校？

1982年，尼克松在杭州开往上海的火车上，搭着一条毛巾，拎着青岛啤酒给随行的记者（附尼克松在刘香成作品上的签字）

刘香成供图

宋　靖：对，都得是在各个领域已经有成就了的。

刘香成：对，但是中国毕业留校很普遍。这个东西我不是批评，它是中国的现象，因为50年代、60年代只有这么几所大学，你能够读大学就很了不起了，那你就留下来当老师，因为去别的地方也找不到老师。但是时间过了，变成一个系统，问题就来了。那个时候说这个教授，那个教授，你够不够这个底，你文化的底蕴足不足够让你去把学生带到一个让他有成长的空间里面去，我是指这个意思。

再比如我做一个展览，我就是不把它分类，但人们一看见我就问，刘老师什么是新闻摄影，什么是这类摄影。这个就回到我刚才说的中国的教育和西方的教育上，他希望你说这个是什么摄影，那个是什么摄影，那他就按照你这个档案去做了，这种做法只会使学生的想象空间、思想这条路越走越窄。

你说看到一个图片是新闻图片，还是人文图片，还是纪实图片，你说好了。说完以后你觉得其实也没有意思，问题是那张图片打不打得动你。

宋　靖：这个挺关键。

刘香成：它跟你有没有一种情感的互动，这个是摄影的力量。

宋　靖：对，我认可这个观点。

刘香成：所以我们现在很多东西就是错的，一天到晚跟你分，越分越细，越细越好。

宋　靖：就是，越分得细，人的触角就少了，他不关心跟他这个方向偏离的东西。而就是因为您的触角都放开了，无论什么样的摄影只要是当下的都有去记录。

刘香成：对，客观上我也很幸运。我为什么幸运？因为《时代》周刊、美联社是鲜有的能够把一个人派到一个很远国家去的新闻单位，而且三年、五年，他们对我什么要求都没有。

五个春夏秋冬，他们相信我去中国一定会把中国介绍给他们，会告诉他们中国发生什么事情，告诉他们中国什么事情有意思。这是一个空前的机会，一种信任，也是当时客观的环境能够做得到的。当然这个过程中不是我怎么样，而是我在不同的时间段，都在替自己创造下一个机会。

比如说我从中国调回美国，准备去印度的时候，在南加州洛杉矶有很好的天气，有大海、沙滩，有很安静的生活。某天我的美国同事跟我聊天，他说：“刘先生你为什么

1978 年，刘香成与作家白桦在吴祖光先生家吃饭

上图：2014 年，刘香成与著名摄影师大卫 · 贝里（David Bailey）在后者伦敦的办公室合影
下图：刘香成 30 岁生日之际，著名摄影大师马克 · 吕布在他家中吃饭

要去印度，全美国的美联社记者都希望有机会来南加州工作，你来了，你这么容易从北京来到南加州，你现在又要去，而且去一个鬼地方叫印度。”但是我不正面回答他，我说：“我在中国的工作很出色，社长把我调回来，目的是让我了解一下美国的报纸是怎么运作的，他说你回来了解一下，我再派你出去做特派员。”当然，我的目的并非如此，我要去印度，是因为印度是大家公认的最难搞的地方，是最穷的国家之一。

所以我就要去把自己放在一个大家都觉得很难的地方，看我怎么表现。我去了印度，我在孟加拉，在尼泊尔，在巴基斯坦，在各个小城市搭建了摄影帐篷。当时没有人报道苏联进军阿富汗，进军以后我是第一个进去的，我花了六个月的时间弄到了一张签证，我就去了。那个时候苏联还驻兵在阿富汗，我就去了。

因为在印度的工作表现好，美国人说这个姓刘的人，你派他去哪里都可以了，如果没有这个经历，以后就不可能有在苏联的工作。冷战时期，莫斯科是美国人最重要的分社，怎么会让一个中国人去主持工作呢？所以这个就不是运气了，没有一个人有这么多的运气。所以我就说一个人的思想结构决定了很多的事情，往往学校就是为学生准备思想结构的。

这是一个认识的问题、结构的问题

宋　靖：您刚才谈的这些对人生的几个阶段太重要了。

刘香成：每一个机会都可以说是我自己制造的。我从来都没有说需要人家替我找什么工作，我很明白我在做什么，包括今天做这个摄影艺术中心。我觉得中国人喜欢摄影，但摄影要走向下一步的话，中国人还要去多看看国际上的摄影到底是怎么样。中国人特别聪明，特别务实，他看看就会明白原来摄影是这样子，原来这种摄影的技术、创意的理念 50 年或者 70 年前就有了。

宋　靖：对，他就可以想他该怎么做。

刘香成：他就知道很多事情，他就可以认识一个事情。第一是要把这个事情摆在一个准确的框架上面，这个框架不对，所有的认识就都不一定对。

宋　靖：对于现在的大学生来讲，他们缺少的就是这个东西。有时候你觉得学生自己本身的素质没有问题，但就是这个架构，会觉得太个人，特别的局限，这都是现代教育产生的一批学生。

刘香成：但是我们不要让学生去埋怨这个体制。很多时候，包括我当年来的时候，有的中国摄影记者都跟我说："刘香成，我们这里很难的，这个不可以拍，那个不可以拍，我们拍什么事情都要打擦边球。"我说："那不打擦边球的事情你可以做好吗？"生活就是摆在你面前的事情，做摄影记者，不仅仅是拍摄大人物、领导人等。

宋　靖：对。

刘香成：所以这是一个认识的问题。我一定要去新疆、去西藏拍图片。我那个时候在香港，安哥当时也在香港，他经常找我看照片。我就说："你为什么一天到晚说要去西藏？你赶快回中国，就回广州，拍你身边的你熟悉的事情。凭什么你要去西藏，你对西藏的文化懂吗？你要把这个事情当作很严肃的事情，你去那儿知道藏族的佛教是怎么样吗？你会说藏语吗？如果这两个都是NO，那你去了干吗？"

宋　靖：对，现在很多摄影人都局限在这条胡同里，一提摄影就是在天边，一提摄影必须远行。

刘香成：中国人现在也出国，但你没有语言，也不知道美国的文化。但是反过来你有没有发现，那个瑞士人，罗伯特·弗兰克，他作为欧洲人去拍美国，开始美国人也不认账的，但是1954年之后，美国人说这是拍美国人最深刻的一本书，叫作《美国人》。所以我觉得他们骄傲。刘香成是华人摄影师，我说什么叫华人摄影师？我在中国的时间比很多人现在活着的时间还要长，你为什么要把我当外人？因为我拍的是中国人的生活，因为我是华人，我是中国人，我在这个版图上面工作。我从1976年在中国一直拍到今天，是不是比很多人年龄还要大？

宋　靖：对，而且这些年是中国变化最多的。

刘香成：所以这是一个认识的问题。我们的很多结构有问题，这也是结构的问题。我一直都跟他们说，你拍照片是你思想的结果，要是你没有思想你很难做好这个事情。

宋　靖：对，是这样的，尤其是拍生活的照片，我觉得这里边也有生活给您的启发，对您的影响。

刘香成：是，摄影很可能受音乐影响，因为音乐跟诗词一样，它是有韵律的，那你在画面上怎么会有韵律？你视觉上怎样找到韵律？你要去读别人的书，作者的思考和观察能力会影响你。所以严格来说，摄影的知识不是在摄影，在中国的问题就是我们老谈摄影。

宋　靖：对，我知道您说的意思，所以现在我们也希望不总是谈摄影。
刘香成：老谈摄影不说，又谈什么相机，这是一个禁区，我不进去。

宋　靖：对，很多人一谈摄影都是这样。
刘香成：现在很多工科的大学校长都明白了，你现在是理工的学生，如果你对艺术，对其他创作毫无认识、毫无知识的话，你怎么会更新！现在硅谷的美国人是用技术来更新。所以为什么理工科学生现在要去学艺术？

宋　靖：这也是整个教育体制的问题，他们没有弄懂作为艺术或媒介的摄影，应该怎么样去做，去服务这个社会。
刘香成：但我还是乐观的，我永远乐观，永远是一杯水里面半杯满的。你要提高教育、提高媒体、提升摄影评论的水平。

宋　靖：对。
刘香成：做评论、做媒体，都要熟悉文化、艺术、生活，你以为你就是在专门一个范围去做报道，是不足够的。因为你的知识面太窄了，不足够去做这个事情。新闻，最好最难的一点就是深入浅出，深，包括了知识面的深，很深了以后你才可以用简单的话表达出来。

宋　靖：对，这也是所有事情的重点。
刘香成：所以我这么多年来出了五六本书，我都不跟大家谈摄影，我能做的，就是做几本书，你们喜欢看就翻一翻，看看图片跟图片的关系，看看编辑怎么编辑的。

摄影者自身在编辑自己的照片时是不客观的，你自己拍的图片你总觉得都好。你注意一下，有个很奇怪的现象，中国摄影家的书多是自己编的。你拿到一家出版社他也不一定会给你编，因为中国出版社要出的一定是某某人的书，某某人的书你不好去编，让他自己完成，但是自己完成他又不会编。

宋　靖： 对。

刘香成： 你翻，翻，翻，会发现图片重复性太高。

宋　靖： 您提醒了我，其实我们的新闻摄影课程有一个后期编辑，就是对自己的图片进行编辑，以后我们可以让他们交叉着编。

刘香成： 我在国外这 20 年，感觉这个训练很重要。无论多大的新闻，我们要发一张图片，发得对或不对，6 个小时后就会知道结果。因为我们的竞争性很强。比如苏联解体、阿富汗战争，你这张图片发回去，总社 6 个小时后就告诉你，这个新闻采用美联社的报纸有多少份，采用路透社的有多少份，采用法新社的有多少份，很及时地就把结果告诉你。所以这种选片、编辑经验是相当重要的。

宋　靖： 对，照片的这种表达力要一下子让人知道事件的核心。

刘香成： 在美联社，再大的新闻，头版也只有一张图片是国外的，那是全世界最昂贵的“地皮”，你要占住这个“地皮”，这种训练是长期的。咱们国内目前几乎没有这种压力，中新社发中新社的，新华社发新华社的，谁也没有告诉我今天图片竞争之下，50 份报纸用的是新华社的，15 份报纸用的是中新社的，还有什么社什么社的，对不对？没有这种每天给你的一个回应，所以你做的事情是没有监督的。

宋　靖： 对，可能中国的新闻界一直是属于那种垄断单位，没有真正的绩效考核影响。

刘香成： 但是在美联社这种地方很客观，你做不好就不会被派到国外去。一般要进美联社得有三年的日报工作经验，到了美联社，慢慢慢慢再派你到纽约的国际部工作，这个过程一般最少要 10 年时间，到了国际部再派你到国外去，这也是个过程。

宋　靖： 是，一定是这样的。后来我看您又到了华纳？

刘香成： 时代华纳新闻集团，还做新闻记者。为什么苏联解体工作报道完，我 1995 年就要回来，我还是说我要回中国，因为我知道中国的媒体改革才刚刚开始，那里有很多很值得做的事情。在西方作为一名驻外地记者我已经做到头了，他们该给我的荣誉都给我了。

他们说为什么每一个重要的新闻你都在场？还是那句话，这个机会你要自己创造。所以做摄影也好，做其他的工作也好，道理是一样的，就是你可以创造你的机会，而不是说你要等别人去替你创造这个机会，别人不知道你能做什么。

宋　靖： 对，这个很关键。

刘香成： 你自己最知道你能做什么。

宋　靖： 但现在有很多学生不知道自己做什么，这就是刚才说到的那个问题，他在他需要得到众多信息的时候太封闭。

刘香成： 我看现在很多年轻人也看书。多看书，多阅读，这个是最基本的。

宋　靖： 对，或者是走出去多看一看，才能知道自己真正想做什么。现在新闻记者这一块您已经彻底不怎么做了？

刘香成： 是，我转眼就 64 岁了。

宋　靖： 在西方不是没有退休年龄这一说吗？

刘香成： 是没有退休的年龄，但是我可以根据我自己的兴趣做事情，我有选择性。

宋　靖： 现在主要是做摄影艺术中心了？

刘香成： 对，所以我等待我们下一个展览吧。

胡同里走来的交通摄影家

刘英毅

北京摄影家协会副主席
北京新闻摄影学会副秘书长
中国文联文艺志愿者协会理事
中国摄影著作权协会理事
中国摄影家协会会员
全国公安摄影协会理事
北京市公安摄影协会副主席

● 1959 年出生于北京。

● 1979 年进入交通警察队伍，正式从事摄影工作。

● 20 世纪 80 年代末 90 年代初开始拍摄北京的胡同。

● 2007 年荣获中国摄影金像奖。

● 2009 年《大马路》出版。

● 2012 年被全国公安文联评为全国优秀摄影家。编写出版有《名人车事儿》、《行驶的影星》、《我的胡同生活》、《大马路》、《边走边拍》等图书和画册，其中《行驶的影星》获得文化部“中华全民读书推荐活动知识工程奖”。

● 2013 年专题摄影《胡同少年》被首都图书馆收藏。

●曾荣获“北京首届中青年文化艺术工作者德艺双馨奖”、中国摄影家协会“德艺双馨摄影家”称号和中国摄影家协会颁发的“突出贡献摄影工作者”称号。

在北京沙河朝宗桥下，警方首次使用酒精检测仪，当时所有司机对这种新仪器都很好奇 1981 年 8 月 4 日 刘英毅摄

讲评：

刘英毅这个人很“正”，为人很有原则，丁是丁，卯是卯，很有人民警察的气质。从他的简历里可以看出，他也是在自己的工作岗位上做了一辈子的摄影工作。他的照片很少出现在北京以外的地方，多数作品都是我们现在俗称的“扫街”作品。刘英毅在交通队工作，属于公安系统。他的作品不像美国的维吉那样关注事件、拍摄新闻现场，他更多的是拍摄正面的、积极的内容。讲刘英毅的故事，也是想告诉喜欢纪实摄影的同学们，什么时候都有东西拍，什么东西拍多了也都有它的价值。生活是由各个方面组成的，我们很需要有更多的摄影师从不同的方面去呈现。

我觉得他对摄影的发展是很有热情的。我们曾一起去特警学院，作为志愿者给那里的同学们讲解摄影知识，拍摄志愿者的故事，在为摄影做着自己的一点贡献。

我们还一起讨论过关于会议拍摄的一些想法。会议摄影并不像大家想象的那么简单，也有它的难点。刘英毅就给我们讲过他自己的一个故事。有领导来单位视察，刘英毅信心满满，觉得自己肯定能拍好。当结束后看到底片，才发现自己拍得并不好，甚至可能完不成工作任务。所以会议拍摄还是我们的学生需要认真学习的内容。首先，事件发生得很快，是不是能够抓住关键瞬间。其次，能不能准确把握现场光线。最后，能不能选取最好的拍摄角度呈现事件。现在不像过去的胶片时代，自动化的机器可以帮助摄影师省去不少麻烦。数码的宽容度也比胶片大了不少。即拍即看，能立即发现不足然后做出修正。所以，我们要把更多的注意力放到被摄对象的身上，抓取他们的最好瞬间。

赛。当时的比赛我都关注，根据人家的要求去拍一些东西，人家要什么我就拍什么。当然也取得了一些成绩，也为自己进一步发展奠定了一些信心。但是后来经过一个时期以后，看了国外摄影家的作品，就感觉自己东一下西一下地拍摄，作品除了获奖之后昙花一现，其实没有什么意思，留不下自己可以回味的东西。在这个时候，我就逐渐开始有一种意识，开始拍一些我感兴趣的东西，就是脱离了完全围绕展览、比赛这种要求的内容去拍，而拍感兴趣的东西了。

这应该说到了80年代末了，那时候开始着重两个方面，一是拍我职业的东西，因为我当时在公安交通管理局，我在那里的工作就是专职摄影师，很方便，那个行业别人接触不到的东西我都可以拍到。比如在路上我想拍哪个桥，我看哪个角度合适打个招呼就可以上人家楼顶拍摄，比如说国家领导人去哪里搞重大活动，因为都有交通警卫，我可以到最核心的地方拍摄。

说个笑话，有一年当时国家领导人接见一位外国元首，在大会堂那里，好像是早期刚开始在大会堂搞欢迎仪式，所有的记者都在铁梯子上，在大会堂广场南侧，全集中在那里。我就跑到台阶上拍，台阶上有什么好处？可以直接拍国家领导人。但是也闹了笑话，等拍完了，晚上一看新闻联播，那个画面里，我比领导人还突出。因为在台阶上，镜头拉过来，正好。第二天领导找我说，第一下回不要这么拍，第二别再穿警服了。从那以后，我就很少穿警服拍摄了。

为什么想起这么一档子事？就是说工作当中很多东西都可以提起自己的兴趣，对自己所拍的题材也能有重新的认识，可以充分利用自己独特的优势，去留下一些珍贵的资料，包括后来的像国宾护卫、摩托车护卫，全套资料都留下来了。那时为什么拍这类照片特别多呢？当时是八几年，因为武警要接管这个事，过去是交警的事，交警有个直属队，只要有国家元首来，国宾车队从机场出来到了三元桥那个位置，交警的9辆摩托车就开始列队为国宾车带道，一直到钓鱼台或者是大会堂。这些图片，现在回过头来看是一套很珍贵的资料。我们单位以前搞博物馆，好多东西没有，就从我这里填补了很多空白。

但是当时经验不足，因为毕竟不是职业记者。比如说有一次金日成访华，金日成一般都是坐火车，从北京站出来，夹道欢迎以后车队直接奔钓鱼台。他来那会儿很隆重，记得是胡耀邦、邓小平去迎接，我当时使用的是理光CR10相机，70—150mm的镜头，还跟人借了一个广角镜头，器材很差，胶卷用的是大盘的305米的电影胶片，自己缠，完了一点一点装。当天，两辆敞篷车都是记者车，一辆是朝鲜方面的，一辆是中国方面的。

北京站前街，北京市公安局交通管理处直属队交警骑摩托车护卫金日成访华国宾车队 1982 年 刘英毅摄

领导给了我一张工作证，大头针别的纸，我别在衣服上就去拍，拍得很过瘾，很尽兴，车也是一会儿前一会儿后，各种角度都拍下来了。

到了钓鱼台，该转弯的时候，那里的人就开始拧镜头，我当时还琢磨着这些人要干吗，但也没多想，人家干人家的我还拍我的。一直到车进了钓鱼台，到了一个楼的门口，记者"哗"就全进去了。我当时就想人家都有记者证，我这大头针别的工作证可能不管用。我站在楼门口犹豫了一下，这时候主车就上来了。陪同要绕一下去开车门，需要几秒钟的时间。金日成距离我稍微远一点，他冲我点头笑了一下，我也冲他点头笑了一下，当时想拍下来，可能觉得有些不礼貌，一犹豫之间这个镜头就过了。一过去，那个警卫说你怎么不进去，他意识到我这个证可以进去。我赶紧往里走，打听从哪个方向过去，因为有很多岔道，这时所有记者都出来了。邓小平回去了，我没拍着。那一天印象很深刻，两次失误，错过了两个极好的镜头，非常有历史价值的镜头。

说到这里，我就说一个观点，后来我拍东西，无论是拍什么，从纪实的角度，一定要毫不犹豫，觉得该拍就拍，多拍一张没有关系，拍少了就没有了，永远就留不下了。所以从那件事之后我就给自己立了这么一个规矩，拍片子永远都是先有再好。

拍摄是一个由多到少的过程

宋　靖：对。这之外您还拍过很多普通老百姓的生活吧？

刘英毅：对，我给自己定了两个题材，交通是一个题材，还有一个是我最熟悉的题材，就是北京的胡同。我从 20 世纪 80 年代末 90 年代初开始拍北京的胡同。但是我拍胡同跟徐勇不一样，他用慢门把动的东西全都虚掉了，我是拿胡同做背景，做大环境，拍胡同里的人。我从小出生在胡同，在胡同里长大，而且我拍就拍熟悉的胡同。我原来住在北京前门附近一条叫北芦草园的胡同里，那是北京最核心的胡同之一，我对那一片的胡同非常熟。

怎么想起拍这个？就是因为要开亚运会，在这之前很多胡同就要拆迁了，拓展马路。忽然有一天我发现 23 路公共汽车经过的那条路两侧都拆了，也就是现在两广路东珠市口那一带，整个就没有了。我很多朋友同学就在那条街上住着，有的是小时候的小伙伴，结果后来谁都找不着谁了，全拆了。我当时就想，为什么不拿相机把这些都拍下来呢？可以留下好多回忆。从那时候开始，我工作时间拍与交通相关的片子，休息的时候没事就背着机器进胡同了，一走就是一天、半天，拍了两万多张黑白胶片。多少年之后，

草厂七条玩轮滑的孩子 2001 年 5 月 3 日 刘英毅摄

草厂七条 2001 年 刘英毅摄

南深沟胡同拆迁 2001 年 刘英毅摄

薛家湾的“小脚侦缉队员” 2001 年 刘英毅摄

出了两本书，一本是跟工作有关的《大马路》的画册，还有一本叫《我的胡同生活》，拍了胡同里的八个人，这也是非常具有代表性的人，其中包括我的一个同学。这里面全是生活在最底层，但是非常有激情、特别阳光的人。他们有自己的爱好，从小生活在这胡同当中，男女老少都有。当时拍的时候，脑海中的画面不能完全表达出来，有些东西需要写，就连写带拍，这些年就做这些事情。

宋　靖：当时您拍胡同的时候，就是想着拍这八个人，还是在拍摄完之后整理的？

刘英毅：不是，都是在拍摄当中整理的。包括我后来参加金像奖，评选《胡同里的奥林匹克》，也是在拍摄中归纳出来的，并不是我一进去就拍这个。其实有些东西我是有感觉，进到胡同以后，马上就跟现在城市的节奏和氛围不一样，马上像时光错位似的，又回到了那种状态之下。但是那些人又跟过去的年代不一样，完全是现代生活，这种感觉特别好。其实有了这种感觉进去以后，画面很多。

宋　靖：那除了胡同之外，北京这30年的变迁您是否拍了？

刘英毅：这个其实跟我工作的时间也有点关系，我是1979年参加工作，当时标志改革开放开始的十一届三中全会才开不久，1979年是改革开放真正起步的第一年，所以正好是一巧合，我从那会儿开始拿起相机，来记录北京这座城市交通的发展。从我的角度，用相机留下了很多东西。这里有很多节点，比如说历史上的很多第一次，北京的第一座立交桥、第一条公交专用道，类似这些东西，现在看起来就很珍贵了，但那会儿还不觉得。其实，纪实摄影的很多东西并不是你带着目的性去拍的，而是觉得这画面应该留下来。在时代变化特大的背景之下，很多画面都是历史，都值得拍。当然，这种拍我觉得并不是简单的记录，还应该把我们所学的画面构成和审美等元素加进去，来体现你所要拍的这些东西。

宋　靖：当时拍的时候，是有什么感动您了，您才去拍？还是觉得这个有意义，就把它拍下来？比如咱们行业里，很多人说出去拍一趟，看到什么好的都拍，拍完后回来再想它的主题。那您在拍的时候，是主题先行，还是感受先行？

刘英毅：我觉得可能都有。但最主要的是，脑子里储存了这些感受，碰到合拍的画面，我肯定要拍。还有一点，过去在单位搞新闻宣传，负责跟各大媒体打交道，《人民日报》、《中国青年报》、《法制日报》、《经济日报》等，全是摄影部。我当时有任务，一个月得发多少稿，那就得带任务出去。比如领导说了，现在北京弄假牌的很多，你拍点这个去，那我路上肯定就最关注这个。当然，碰上其他的，我也拍，但主要目的是为这个。有任务性的东西，我肯定得主题先行。但是，在生活当中，我肯定是只要有感觉，就先拍下来。

宋　靖：那您在拍摄过程中，是否有多少天必须拍多少量的积累要求？

刘英毅：倒没给自己这么定过，我一般都给自己定大任务，这一年要做些什么，一定要完成什么，这么多年，我都是这么给自己定任务。

宋　靖：有些学生就有这些问题，拍得太少想得太多。当他想得很成熟的时候，他又找不到合适的方法去表现他的想法。所以，有时候我就对学生说，你别想了，先去拍吧。你拍两三万张之后，也许就知道该拍什么了。所以，在这种关系上面，您有没有过什么体会？

刘英毅：我觉得这是一个由多到少的过程。比如说拍胡同，我也跟很多朋友搭伴去拍。不常去胡同的人，按快门的频率肯定比常进胡同的人要多，因为他感受的东西多，他看到新鲜的东西多，频繁地按快门，但是不深刻，有些东西抓的点不是特对。另外，跟这个类似，就是去陌生的地方拍东西，拍得很多，比如说我去国外，我也拍得很多。这里有一个潜意识，就是我好不容易来到这里，能拍的先拍下来，先有再好。但你积累到一定程度之后，再去这个地方，再去拍，可能按快门的次数就少了。但是少并不等于有价值的东西少了，而恰恰是有价值的东西多了，但是一定要有基础，有一个过程。

很多纪实摄影大师都是从新闻摄影师做起的

宋　靖：您在编这两本书的时候，是怎么提炼主题的？

刘英毅：《大马路》正好是2009年，改革开放30年，再加上我这些片子被很多地方约过，我后来也搞不清都是哪儿了，包括北京电视台、中央电视台，它们不少专题片的片头都是我的照片，我都不知道是怎么拿走的，我就想着还不如干脆自己编一本得了。几种理由，最后编出了这么一本画册。

胡同是我特别喜欢的，作为一个北京人，这是自己的根，是自己所熟悉的，是有感情的东西。胡同，虽然是轻描淡写两个字，但其实这里面包含的东西很多，是几代人记忆的载体，尤其是像我这种从小生长在胡同的人更是如此。所以，有时候和朋友聊起我拍摄胡同的体会，我还真不是仅把胡同当作一个景，我是拿它当一种生活氛围、一种生活环境，实际上我关注的还是胡同里的人。

宋　靖：那对这些人进行拍摄的时候，您都是以采访的形式深入地拍摄吗？

刘英毅：对，都是采访式的。后来都成朋友、哥们儿了。有时候我去拍，走得差不多了，到饭点了，打一电话，就约好到哪儿喝啤酒，到哪儿吃饭去了。

宋　靖：那您拍的那些胡同现在拆了吗？

刘英毅：胡同拆了一批，也毁了一批。毁了就是把原来的拆了再盖新的。还有的没有变，但是胡同的年代感没有了，全刷了一层崭新的灰，像拍电影的道具一样。拍电影合适，但它不是原来的胡同了。

宋　靖：您在北京工作这么长时间，就没有人建议过怎样把胡同保存住吗？

刘英毅：有人建议过，我写这本书的时候和冯骥才老师聊过好几次，我的书名就是他给我写的，他非常赞成保留这些东西。

宋　靖：但真正现在还住在胡同里的人也抱怨，也不想住在那里。因为他们生活条件没有什么改善，比如厕所和厨房是最关键的，他们都希望能改善得和楼房一样的，包括采光各方面。

刘英毅：其实这些客观地说，都是历史遗留问题。胡同的四合院从历史上，我觉得应该是独门独户的，后来因为历史原因都变成大杂院了，一家的院子变成几家人居住了，所以环境就慢慢不适合人们居住了。

宋　靖：有些住在那里的人也挺想拆的。可是咱们做视觉文化的就希望不拆，拆了就不是北京了。但拆不拆不是我们说了算的，我觉得最重要的是您把这段历史和回忆留下来了，我们能做的就是这些了。您在摄影的过程中受到过哪些人和作品的深刻影响吗？

刘英毅：影响的人很多，比如有一段时间我特别欣赏亚当斯的作品。那时还是胶片时代，我特别喜欢暗房，我们单位那时候也有暗房。那时中国图片社的赵巷老师还搞过暗房制作作品比赛，我还拿过奖。那时候就特别喜欢这种后期，有时候单位找我，我要是

京郊农民赶着毛驴走上京城的立交桥 1980 年 7 月 刘英毅摄

北京第一位个性化自选车号牌的车主 2002 年 8 月 12 日 刘英毅摄

不在办公室的话就给暗房打电话，我一去就扎里头了。有时候礼拜天看到一张照片，看到哪里不对，勾出几个地方来，回去就进暗房了，一进去就几个小时。那时候也挺有乐趣的，但是现在就完全变了，变成数码的了，变得轻而易举了。

宋　靖：但是可能也失去了摄影很多的乐趣。您说喜欢亚当斯，但亚当斯的风格和您拍的纪实影像相差很多。

刘英毅：是，亚当斯拍风光，我拍人物，但是对他的作品也琢磨过很长一段时间。再后来接触多了，像马克·吕布等那个时代的纪实摄影家的作品挺影响我的，我突然发现生活中的东西其实恰恰是最珍贵的，也是最精彩的。

宋　靖：马克·吕布看中国和我们看的感受是不一样的，他总能抓住那些你可能习以为常的东西，但是他拍出来以后，你一看就会觉得太经典了。

刘英毅：尤其是拍中国的，拍出来一看，才感觉到怎么这些咱们自己都忽略了。

宋　靖：我看他最好的作品就是改革开放时拍一个司机把鞋脱了，坐那里看报纸，看不到人脸，但是看到鞋在那里晒太阳，觉得真的是入木三分。

刘英毅：所以现在我也在自己几个大的主题之外，有意识地去想人家拍的东西来参照自己的所见所闻，也喜欢拍这种。我最近刚写了一本书叫《边走边拍》，就是我在欧洲几个国家转了一圈，全是自己这么想着去拍的，在一个陌生的地方去抓拍。

宋　靖：很多纪实摄影大师都是从新闻摄影师做起的，比如说像美国的维吉，您在这个岗位上有没有拍过像维吉那样的照片？

刘英毅：拍过。那时我在单位负责对外宣传，给新闻摄影提供照片，我拍了很多历史上的第一次，实际上就是这些第一次才有新闻价值。比如像 2002 年我国第一次实施自选车号，自己组合号码，才实施了 10 天就叫停了，当时就是想怎么抢拍到第一个拿到车牌的人。我记得北京第一个摇号的人排了一宿队，摇了一个京 A123456，举着那块牌子，那张片子新华社都发通稿了。包括警察的几次换装都是第一时间拍的，这些其实就是新闻照片。

天桥茶摊老人张启征和往日一样协助交警义务疏导交通 1980 年 12 月 1 日 刘英毅摄

学摄影第一步要把基础打扎实

宋　靖：那您拍过记忆最深的一组照片是什么？

刘英毅：我想还是和交通有关，是 1980 年在天桥拍的。当时那里有个中华电影院，现在拆了，电影院门口有个茶摊儿，有个老爷子在那里卖茶。当时都是花玻璃杯，泡完茶拿那个方片儿玻璃盖着，两分钱一杯。那个老爷子我现在都还记得，他名字叫张启征，有一个爱好，喜欢帮着警察去维护交通秩序，每天早上起来，喝茶的人不多，他把茶摊儿全料理好了以后，就跑马路上帮着维持秩序。领导就让我拍这个人，我还是通过这个片子跟王文澜认识的。当时《中国日报》搞“北京一日”摄影大赛，当时没评一二三等奖，就评一个优秀奖，入选就算优秀奖，我当时入选的就是这个片子。《中国日报》一开始发消息的时候发了一幅小的，第二次发了一幅大的，就是同一张报纸发了两次，他们觉得那片子特别好。现在看这片子也确实有历史价值，背景是一辆老式汽车，当时是在天桥电影院对面，现在应该是北京自然博物馆对面一带，这给我印象挺深的。其实印象深的片子很多，这是其中一张。

还有一张，因为我也写过两本书，跟名人、电影演员有关的，也采访过电影学院的几位老师，就是名人谈车谈交通，一本叫《行驶的影星》，一本叫《名人车事》。期间，我专门去天津采访过马三立。当时马三立身体已经不太好了，正在天津的疗养院住院，但是经过朋友联系，老爷子也非常客气，接受了采访。那次印象深，不仅是片子印象深，实际上片子之外的事情印象更深。马三立嘛，相声大师，出口就是相声，他给我们讲了一个段子，讲了一个关于交通队的故事：他特喜欢为交通队维持交通，还给我拿出那个袖章来，以这个为证。但是那天他一出去，马路马上就堵了，乱了，最后交通队队长亲自把他给请回来了，说您别帮忙了，说您不出来就是最大的帮忙。当然这些语言用他的话说就是相声，没录音，所以这是给我印象特深的，一看这照片我就想起来。其实那时候我采访过很多的名人，包括刘炽，写《一条大河》的；姚雪云，讲毛主席怎么让他写《李自成》。可惜当时都没有录音，现在只有这些老艺术家的照片和他们亲笔写的话、签的名，就是没有声音，很遗憾。有时候一想起来在拍摄当中印象深的事儿挺多的。

宋　靖：您从 1979 年到现在都拍了 40 年片子了。

刘英毅：不到 40 年吧。

宋　靖：几十年了，好多摄影家都盯着一个主题去拍，实际上您在拍摄过程中，还是在工作岗位上把和工作有关系的东西慢慢梳理成一部比较核心的作品。还有一个就是您生活的背景，就是拍胡同这样一个想法。在这之外，比如说，咱们学摄影的 30 年，实际上也是中国变化最大的这 30 年，各种文艺思潮、文化方面的东西不断涌现，您从来没有想过去做别的跟影像相关的事吗？

刘英毅：其实也犹豫过一段，说起来还是在电影学院那会儿，张益福老师想让我留校。我考虑来考虑去觉得自己不是这块儿料，我说我还是拍我的片子吧，让我天天到课堂上讲课，可能够呛，误人子弟。所以那会儿也动过心思，也想过离开那个位置，因为确实我们那个位置就是太政治化，领导一声令下，有点儿半军事，24 小时随时有事儿就得走，类似部队又不如部队的那么一种状态。刚才您问我出没出过交通事故现场，太多了，有时候夜里一两点钟，两三点钟来个电话就得去现场。

宋　靖：您没有觉得那样的照片也可以成为作品吗？

刘英毅：我不喜欢，从心里说我不喜欢。因为我从刚参加工作就接触交通事故，那是在我拿起相机专门拍照片的前夕，我在事故科，那会儿叫北京市公安局十一处事故科，干过一个月。后来我说什么都不干了，最后就把我调到宣传部门。当时全北京市就这么一个负责出重大交通事故现场的部门，什么现场，都是死亡事故现场。我在那一个月北京所有医院的急救室、太平间在什么地儿，我一闭眼就能想起来，就熟到这种程度。天天奔这些地方，我觉得这是人类的阴暗面儿，我不喜欢，我喜欢阳光的东西，所以我一直就回避这些东西，也拍，拍完了我就忘，不往深刻了去想。其实这也可能是我的一个缺陷。

宋　靖：您看维吉拍的都是这些，但是他从来没有正面拍过死人，到后来这些作品都成为艺术价值很高的作品。

刘英毅：是，但是我可能做不到。

宋　靖：一般人可能拍不到的，这可能是个人兴趣不一样。

刘英毅：我那时候拍是工作性质的拍，哪面儿都得拍。因为现场嘛，包括痕迹，包括场景，大场景、小场景、局部都得拍，全方位。因为它是要进卷宗的，很严谨。而且那会儿拍现场有个要求，不能使广角，不能使长焦，就是一个 50mm 的标头。拍什么都是程式化的，比如夜里拍大场景，拿一个新闻灯走一圈，B门开着走一圈，把主体拍亮，环境照亮就行了，这都是规范的。拍痕迹也是，必须把尺子放出来，那种撕的尺子，标出来比例，就拍这些东西。

宋　靖：现在可能很久不拍这个了，实际上没准儿您把这些片子收拾收拾也很有意思。现在我不知道公安局干这个事儿的人是否仍然是指定的，就是到这个岗位上了你是公务员，你是在交通队工作，就让你来干这个。

刘英毅：指定的，现在除了局以外，还有下属的交通大队、支队，都有事故科，他们就是盯现场。比如说咱们报警，打110或者122，接通以后是属于哪儿的马上就有人到，重大现场就是他们出去，一般现场就是巡逻的民警，他们骑的摩托车都有卫星定位，一看定位图，张三李四离现场最近就去了。大现场就得事故科去，重大现场就得局的事故处去。

宋　靖：原来北京市车也少。

刘英毅：现在多了，500多万辆，事故很多。而且不接触不知道，一接触到很残忍，就类似马航客机MH370失事，你想想那些家属，他们是什么感受。其实交通事故现场也一样，一场事故破坏几个家庭，人瞬间就没了，特别惨。我出现场最惨的一次，是北京军区去哪儿演出的一辆车，在火车道被火车撞了，人都撞碎了，脸都没有了，就拿布给盖着。我们一人发一袋儿拿夹子找去，你说哪儿有心情拍啊，就是拍也全是为工作。那种感觉就是说，到不了能给它升华成艺术那境界，反正我现在也做不到，看了这些东西，我现在也做不到。

宋　靖：不久前在五道口附近就有一辆车把一个学生撞死了。那个学生骑一辆自行车被撞的，清华的。结果一查这个学生是少数民族，而且他们那个民族居住得特别边远，在云南贵州一带。你说，一个活生生的人一下子就没了。

刘英毅：这就是城市生活，交通便利了，现代化了，但也有负面的东西。而且其实哪儿的交通事故都很多，城市里车越多事故就越多。

宋　靖：对学摄影的学生您有什么建议吗？

刘英毅：我觉得学摄影第一步要把基础打扎实，在对客观事物的认知上与时代同步，培养自己善于用摄影的眼睛和视角观察生活，善于运用手中的摄影器材把现实世界转化为摄影语言的能力，在自己熟悉的领域找一个切入点，多拍。借用别人一句话，“好好学习，天天拍摄”，就是多拍，总有找到感觉的时候，拍的少感觉就少。但多拍不是盲目地拍，而是要带着想法去拍，对生活的认知啊，还有一些经验，与自己学到的美学知识融到一起，会有很大的收获。

长安街复兴门 1986 年 刘英毅摄

奔跑在铁路上的东北摄影人

王福春

知名自由摄影家
成名作《火车上的中国人》为广大民众熟知

● 1943 年出生于黑龙江省绥化市。

● 1963 年考入哈尔滨铁路局绥化铁路机车司机学校。

● 1965 年军队招兵应征入伍。

● 1970 年退伍后分配到哈尔滨铁路局三棵树车辆段做车电钳工，经常到北京、上海跑车，后调到工会任宣传干事。

● 1977 年“文革”结束开始技术大练兵，开始用工会的一台海鸥牌相机给劳模拍照，从此爱上摄影，并开始了火车题材的拍摄，持续至今。其间创作了《东北人》、《黑土地》、《东北虎》等著名作品。

● 20 世纪 80 年代就读于哈尔滨师范大学摄影专业，曾任哈尔滨铁路局科研所摄影师、编辑。

● 2002 年全家迁居北京，由于出行办事经常乘坐地铁，便开始拍摄《地铁里的中国人》。

● 2002 年《火车上的中国人》画册获平遥国际摄影大展中国优秀摄影师“阿尔卡特大奖”一等奖。

● 2004 年《东北人家》获第四届平遥国际摄影大展优秀摄影师大奖金奖。

● 2006 年《东北人》获山东济南当代国际摄影双年展最高学院大奖。

● 2006 年购买了第一台数码相机——松下LX2，从此热衷于用数码卡片相机拍摄纪实作品。

● 2007 年中国铁路第六次大提速，开始拍摄新的动车高铁里的中国人。

● 2008 年《黑土地》获山东济南当代国际摄影双年展世界杰出职业摄影师奖。

● 2010 年被《文明》杂志评为“文明经典·杰出摄影家”和“文明中国·杰出摄影家”。

● 2012 年荣获国际摄影学会“金龙奖”终生成就奖。

● 2013 年初在五棵松展出了自己的幽默摄影作品。

●第十七届全国影展金牌获得者，第三届中国摄影金像奖获得者，中国摄影家协会德艺双馨优秀会员，曾多次赴丹麦、法国、巴西、意大利、英国、俄罗斯、美国、荷兰等国家参加摄影展。

通辽—集宁 1998 年 王福春摄（选自《火车上的中国人》）

讲评：

看王福春那种走路的姿势，还有对任何事情都有那么大的兴趣，那种矍铄的精神，觉得他根本不像70多的人。为什么？我就觉得王福春内心从来不觉得自己是一个著名摄影家，他没有这个包袱，也没有这样的一个奢求，他拍东西也是他喜欢。

他原来是绥化铁路机车司机学校毕业的，后来也是入伍了，就这点我想谈谈，为什么这么多的纪实摄影师都是退伍兵？我想当兵还是会使人有一种精神，而且有一种行动力。摄影同样如此，搞纪实摄影第一要有境界，有精神，第二要有行动力，没有这两条肯定不行，所以为什么这些人都是有这样一个背景，这肯定是有共性的。

就说王福春吧，他描写的是火车上那些形形色色的人，大家都似曾相识，自然对他的作品就特别有一种亲近感。而且跟他接触聊天，也能感觉到他是一个非常有亲和力的人，给人一种能沟通的感觉，特别好。

我觉得王福春最重要，也是值得大家学习的是，你在哪个领域，你就把那个领域拍好，你在哪个地区就把那个地区拍好，这也是近水楼台。王福春拍完《火车上的中国人》，又拍了《地铁里的中国人》，都是轨道交通，然后他还拍了《青藏铁路》，所有这一切，他都没有离开过车厢的事。拍《地铁里的中国人》，他还研究用什么相机，最后他发现用莱卡的感觉是最舒服、最好的。

简言之，他已经把他工作的舞台和他要表现的车厢里的社会化舞台融为一体了，如果每个摄影师都能做到这一点，我觉得哪个行业都不会缺好摄影师。就摄影系的同学而言，将来工作了，怎么能利用你的工作岗位，把事情做起来，建功立业，王福春是一个特别典型的学习标杆。

他还拍了《东北人》。他也是所有的机器都用了，最后用8×10拍的，拍的是那种冰天雪地的感觉。跟他聊天，你会感觉他从来不假，没有一点儿陌生感，所以他才能拍出来这样亲切的照片。

个人认为王福春的作品也是出自一个普通人的视角。那天铁道部被撤，微信里发的全都是王福春的照片——《火车上的中国人》。后来铁道部变成了铁路总局，很多人怀念，那天发的也全是王福春的照片。所以我觉得一个摄影师能在这么平凡的岗位上做出这样一个成绩，是最值得学习而且最有借鉴意义的。王福春在绥化那么小个地方当文化干事，居然能拍出这样的作品，我觉得是很厉害的，这需要坚定的信念、对本职工作的热爱和对那方人的热爱，这都是可以在作品里体现出来的。

王福春访谈

逢凶化吉，圆了我的天路之梦

宋　靖：王老师，您现在在拍摄什么主题？

王福春：我没有特定的主题，主要是坐火车拍火车，坐地铁拍地铁，走到哪拍到哪，不放过一切机会。

宋　靖：您是不是也拍了一组《青藏铁路》？

王福春：2007 年中国铁路第六次大提速。我也“提速”了，开始拍摄新的动车高铁里的中国人，总觉得不拍青藏铁路既不完整更是缺憾，在青藏线修建的时候铁道部曾两次派我去拍，我都没去。

宋　靖：为什么呢？

王福春：因为青藏线属高原缺氧，我觉得身体不太好，为了安全就没去。2006 年青藏线开通，2007 年 10 月我第一次去，去之前，先回老家哈尔滨做了全面的身体检查，血压高，心脏也不是很好。检查后医生让我住院，我说我要去青藏线，给大夫吓了一跳，他们都不理解，说这太危险。后来我还是硬着头皮踏上了北京—拉萨的火车，开始我的天路寻梦之旅。为了适应高原反应，我第一站到的西宁，休息了两天，结果出现高原反应。当时测量了血压，高压在 150、160 左右，低压 90，我就心里发虚，真想打退堂鼓，打道回府。可一想，这不是就白来了吗？心想到格尔木看一下再说。到了格尔木一看血压不但不降，反而升高了。这让我为难了，去还是不去？去身体不行，不去就差一步了。最后决定先去解放军医院住院，到了医院后输液、给氧，住了一周后，大夫说没问题了。

选自《青藏铁路》 王福春摄

宋　靖： 大夫准您去了？到拉萨有什么感觉？

王福春： 是的，当我真的踏上去拉萨的列车时，我兴奋不已。当我面对那满脸刻着沧桑、手摇转经筒的慈祥老人，对视那一双双穿透心灵的明亮眼睛，看到那身穿紫红色袈裟诵读经文的虔诚喇嘛、那玩手机打电脑的时尚青年、那天真好奇顽皮的孩子、那洁白的哈达、那优美的舞姿，听到那动听的歌声，这些都深深地感动着我，我兴奋地忘掉了自己。当列车穿越海拔 5072 米的唐古拉山口站时，令我惊奇的是，我竟没有任何不适的感觉。后来我就从格尔木到拉萨、拉萨到格尔木，不知疲惫地一次次往返，沉醉地穿行于一节节车厢，捕捉一个个让我感动的画面。

宋　靖： 拉萨到格尔木多长时间？

王福春： 要一整天时间。我主要是白天去，因为白天可以拍片。这是我第一次去。第二次是 2007 年 11 月末入冬时候去的。当时铁道部给我开了免票，我先在北京洗了个澡，因为到了西藏是不能洗澡的，高原洗澡犯忌，易患肺水肿和脑水肿，随时有生命危险。

宋　靖： 对，怕缺氧。

王福春： 后来我在浴池里洗了澡，浑身还是汗，出门一着凉风，就感冒了。感冒了去青藏线也是犯忌的，加上我心脏供血不好，血压也高，都六十开外的人，已不再年轻了。这让我犯了难，去有危险，不去票作废了。我凭第一次进藏的经历，壮着胆子冒险启程了。也许，我的真诚感动了上帝，也许，有佛祖的保佑，我逢凶化吉，圆了我的天路之梦。

当我准备第三次进藏时，拿到的是 2008 年 3 月 16 日北京至拉萨的车票。不巧，15 日在中央电视台看到拉萨“3 · 14 事件”，我的心不由地紧张了一下。这次，我的勇气真的没了，失掉一次机会。

小机器可以拍大专题，小机器可以大制作

宋　靖： 除了铁路，您还拍了现代轨道交通，比如说北京的地铁。

王福春： 1998 年我 55 岁提前退休了，2002 年全家迁居北京。

我来北京，每次出行办事都乘坐地铁，于是便想拍《火车上的中国人》姊妹篇《地铁里的中国人》。可两年多在地铁里就是找不到感觉。那躁动拥挤的人群、那弱光晃动的车厢，令我的莱卡 M4-P 无能为力。而我在地铁里拍片子怎么拍都不满意，可能

选自《地铁里的中国人》 王福春摄

拍摄激情都一点儿不减。而且摄影让我享受快乐，不是那种刻意追求的快乐，而是就在你眼前突然出现的快乐。经常是我出门去办事，不管我走多远，一摸发现相机没带，马上回家取。发现手机没带，我都不考虑，爱带不带，我爱摄影就到这种程度。所以这台卡片机 24 小时伴随在我身边，不放过一切机会，有些镜头就是不经意间出现在眼前，顺手拍下，非常难得，都是生活中的小碎片。

现在老百姓都知道我了

宋　靖： 但是您可以整理出来一些专题性的作品。

王福春： 我把 20 世纪 70 年代、80 年代、90 年代还有新世纪拍的火车题材，分为普通车、动车和高铁三个系列。从蒸汽机车拉的绿皮车，内燃机车、电力机车拉的红皮车、蓝皮车，到今天动车高铁的白皮车，它承载了整个铁路的变化，还有火车里人的变化。70 年代、80 年代那个时候，人们都戴解放帽，穿解放服，千人一面，千人一服装。80 年代中期时装开始出现，什么喇叭裤、蛤蟆镜、留长发、跳街舞等，手拎三洋录音机听邓丽君的歌。90 年代人们追求时尚很普遍了，奇装异服人人穿。2000 年新世纪进入数字时代，手机、电脑满车厢，上网聊天的、看电影的、听音乐的、炒股的、玩游戏的、玩 IPAD 的，从老人到小孩全是玩手机的低头族，而且他们也不再看车上的电视节目了。我在 1987 年拍摄了电视机第一次上车厢，那时全车厢的人都在看电视。现在车厢电视无人看，都低头看自己的手机或电脑。这是时代的变化、车的变化、人的变化，也是国家的变化。而且我拍摄时也没想到铁路发展这么快。

我对铁路感情太深了，我一踏上列车就兴奋，不知疲惫地一次次在车厢里来回走，有座也不坐，有铺也不休息。说来也神了，那时我患神经衰弱，吃安定五六片睡不着觉。可躺在列车上，列车左摇右摆，五脏六腑都要颠出来的感觉，车轮的隆隆声，就像一首交响乐、催眠曲，很快让我入睡。可是一回到家，一静反倒睡不着。

宋　靖： 您一上火车就忍不住想要摄影？

王福春： 对，2001 年我的《火车上的中国人》画册出版了，我深深地呼吸了口气，心想：我这么多年在车上奔波，从没好好休息过，这次坐火车一定老老实实当回旅客，享受旅客的待遇。可在卧铺上躺了不到一个小时，心里就像长草一样，没办法又拎着相机到车厢里窜。我真的说不清楚，我患上了职业病，上瘾了。

在火车和地铁里拍片离人最近，而且你会有心理障碍，人家眼一瞅你，你就不敢拍了。很多人问我你怎么跟人协商啊，我说不能协商，一点商量的余地都没有，你一商量瞬间都没了，所以只能偷拍。好在现在地铁里大家都是低头族，还真不注意你，我在地铁里拍了上千张打哈欠的照片，现在手机照相更方便，如果手机能把照相功能放在第一位，手机拍照就更精彩了。诺基亚出的手机 4000 多万像素。我最近为诺基亚手机做广告，北京地铁各线都有我的广告大头像。因为机器越小越隐蔽，拍的东西就越鲜活，在别人不知道的情况下拍最好。我利用职业之便，跑遍全国铁路各线，如果不在铁路工作，连想都不敢去想，也没想过铁路发展得这么快。所以火车基本成为中国改革开放的符号了，它代表着国家发展的速度。最近我在微博上看到《火车上的中国人》上传非常火爆，几天工夫上传数量就达到十几万次。因为铁道部都撤了，绿车皮也消失了，人们对过去坐火车的经历变成了一种怀念。尽管那时坐火车很痛苦，也很无奈，但是看了我的照片以后大家觉得挺有趣的，带来一种回忆，所以上传得特别火，这是我没想到的，我觉得过去在摄影圈都知道我就挺好了，现在老百姓都知道我了。我现在在火车上拍片，总有人认出我来：“你是上电视那个拍火车的摄影师吧。”并主动和我留影纪念，我就觉得特别欣慰。

宋　靖：有一天我有一个朋友给我发来一张照片，说这个人拍得真好，我一看就是您的照片，还在微博上传得很迅速。

王福春：所以我也在想，我是借了铁路的光。铁路成全了我，我也给铁路留下一部作品，跟火车有关的作品，这其实是挺有意义的一件事。

宋　靖：请您谈谈您开始接触摄影的时候是一个什么基础，是什么机会，或者是做了什么样准备让您有了机会能够接触摄影，让您有了收获很多快乐和荣誉的这样一个工作。

王福春：首先说说我的人生吧。我的童年是痛苦的，三岁没了母亲，五岁没了父亲，是个苦孩子，是我哥哥嫂子把我带大的。我哥哥嫂子有五个孩子，加我六个，我是老大，他们管我叫小叔。我没有小叔的概念，感觉跟他们是一样的。我哥是老大，中间还有几个都没活下来，就剩我最小的一个还活了。所以我哥哥嫂子对我非常好，我嫂子从小也没母亲，她对我就像对亲孩子一样。

我 1962 年初中毕业，就想找工作挣口饭吃，我一个大小伙子靠哥哥嫂子养活，一点儿面子都没有。我家那时从黑龙江老家绥化搬到哈尔滨，后来铁路工程队招工，我就报名了。回家后哥嫂说你这体格怎么能修铁路，挑石头钢轨把你压也压坏了，就执意不让我去。这是哥嫂对我的疼爱，但是我心里就是受不了。就在这时绥化铁路机车司机学校招生，哥哥在铁路局工作，没和我商量就给我报了名。我哥拿一堆报纸让我复习考试，我不想考，因为考上后又得上三年学，还得让哥嫂供三年，我就特别不想考。但哥嫂就逼着让我去考，那时工作也非常不好找，我只好去考，结果考上了。

既然考上司机学校，我就想当火车司机，开火车挺神气的，离地三尺活神仙，工资又高。我上初中时家搬到机务段附近，每天拉着爬犁去机务段捡煤核烧，天天听火车叫，看火车奔跑，对蒸汽机车有着特殊的感情。但是我被分到了车辆班，就是拿小锤检车的，所以没开上火车，这是我一生的遗憾。上司机学校念了两年多，还没等毕业，1965 年部队来招兵，我当时也不想去，觉得路走得太长。同学们不想去就找借口说视力不行，我是很单纯的人，参加了体检，各方面都没问题，就应征入伍了。

一当就当了五年兵。因为我画画写字不错，到部队不到一个月，新兵训练刚发枪，我就被调到军区里学习。后来留在师里宣传科帮忙搞宣传，军里也调我，团里就是不放，最后留在团里在俱乐部放电影画幻灯，写毛主席语录，画毛主席像，那段时间对我的锻炼非常大。而且部队为了提拔我还强留我多在部队里当一年兵，提我当电影组长，我却死活不愿意，就想回家到铁路工作。当完兵回来后，分配到三棵树车辆段做车电钳工，就是检修客车电气设备，经常到北京、上海跑车。后来因为我做宣传做得好就把我调到工会了，成了工会宣传干事。正好 1977 年“文革”结束，拨乱反正，开始技术大练兵，我们工会主席交给我一个任务，让我去拍劳模照。我说没相机，他就让我去技术室借一台海鸥相机。所以我是从一台海鸥相机“起飞”，一直“飞”到今天没停下来（笑）。

宋　靖：*在这之前您也喜欢摄影吗？*

王福春：在这之前我也照过相，但对摄影不感兴趣，总觉得摄影不是艺术。那次拍光荣榜劳模照以后，我开始觉得拍照片比画画来得快，立竿见影。从此我们单位开的大会小会什么会我都拍，民兵训练、技术比武等，疯狂地拍。现在回头看以前拍的那些照片，尽管胶卷曝光不准确，有厚有薄，冲印技术也差，但这一张张老照片即使拍摄技术不好也都看着好了，因为是那个时代的记忆。这期间我们工会主席为了提拔我，不能总当干事，就下令让我到车间当书记。两次下令我连看都不看，我说干不了，我没这水平，我就喜欢摄影。后来正好铁路局科研所有这么一个摄影编制，我就被调去当摄影师了。其实是广告摄影师，单位研制出了新的产品，我就拍。那时为了在报社发稿，我拍车站服务员扶老携幼、列车员端茶倒水热情服务。那时都是摆拍，公式化、模式化的拍法。后来我利用每天坐火车通勤上下班的机会拍火车上的生活，那时候是无意识地拍火车，觉得拍火车挺好玩的。所以我和很多学生讲课时就说你干啥拍啥，我干铁路工作就拍铁路题材，拍铁轨上奔腾的蒸汽机车和车厢里的人。我把蒸汽机车一直拍到退出我的视线，退出历史的舞台。我拍火车上的中国人30年，一直坚持到现在。

你生在哪，你就拍哪。我生在黑土地，就拍了《黑土地》、《东北人家》、《东北人》等，拍家乡父老、儿时记忆，这是最好的选题。

宋　靖： *您是怎么想到把铁路当作一个题材来拍的？*

王福春： 我是铁路职工，享受铁路免票，就利用坐火车的机会拍火车上的故事。没人让我拍，都是无意识的。一开始就是拍着好玩，时间长了拍多了，发现这是一个系列，那时候还没有纪实摄影和专题摄影一说，后来我就以它为题了。之前我也拍过风光，我是最早拍摄“雪乡”的摄影师，曾经有13个春节都是在“雪乡”过的，可以说是我把这个小山村给开发出来并把它推向了全国，我的第一张作品《雪乡》参加了上海第一届国际摄影展，这个名字是我最早叫响的，对其倾注了我大量的精力和情感；我也是最早拍摄东北虎的摄影师，用了近十年时间，同样积累了大量的作品。1998年虎年，我的“东北虎”系列作品风靡全国，着实与虎火了一把。但这两个题材与我的“火车”与“东北人”系列相比，我还是更喜欢拍“人”。权衡再三，我决定放弃风光包括东北虎等题材的拍摄，专心致志地投入到纪实摄影领域中去，拍摄我更加熟悉与热爱的《火车上的中国人》和《东北人》。

由于我学过美术，所以我的构图技术比较熟练，一次性构图，很少后期来裁剪。此外我还喜欢漫画，我画过漫画。《讽刺与幽默》我从创刊一直订到今天，现在我的床头全是漫画书。因此，我把漫画中幽默搞笑的元素融入我的摄影作品中，这是我的影像最大的特点。现在幽默摄影在中国都没形成气候，每个摄影师有十张八张很正常，拍出上百张上千张的在中国摄影界一个都没有。2013年1月1日，我在五棵松展出了我的幽默摄影。开始想展我的《火车上的中国人》、《地铁里的中国人》和《黑土地》等专题，片子是现成的，结果我的展品从外地发回来一看，已经破烂得不能展了。我不想走老路展老片，就想拿点新片给大家看看，我就把我的幽默摄影展出来了，很受欢迎。幽默摄影讲究对比添彩、错觉出奇、巧合生趣、以趣生情、以情动人，画里之意、弦外之音，融幽默、哲理于一炉，严肃的主题，幽默化的处理，那幽默，灰色幽默、冷幽默和黑色幽默更具辛辣味，也就是作品的思想性和艺术性、作品的深度和内涵。幽默是一种智慧，带给人苦涩笑的同时，也能引发对人生哲理的思考。

我觉得换个角度看世界其实也挺有意思的。因为我们生活中幽默处处都有，但我们活得不幽默，看不到这些幽默，反而活得很累。我拍《火车上的中国人》也有幽默的元素，但我现在从社会生活中去专门拍了一个幽默摄影的系列，大家看完以后都笑了，我就高兴了。

东北人和铁路是我的两大主题

宋　靖：纪实摄影有两种方式，一种是先拍，最后整理，另一种是主题先行，拍摄过程中再不断修正。就您的《火车上的中国人》而言，在车厢这个特殊的空间内把一张张照片串起来，可能它们本来并没有特别紧密的联系，但车厢里中国人表现出的特殊的状态就是一个广义的主题了。

王福春：火车的车厢是一个小社会、一个临时大家庭，中国人出行首选坐火车，实惠、安全。中国人坐火车从20世纪80年代“民工潮”开始以后，常常人满为患，乘车难，买票难。那时我在火车上拍片，遇到很多危险，可以这么说，我的摄影作品是用生命代价换来的。我这人活得比较单纯，头脑也简单，除了摄影以外什么都不行，两件事三件事放在一起做，就是一锅粥，成了“东北乱炖”了，一件事也做不好。所以摄影成了我一生的最爱，也是付出代价最大的。

我的肋骨曾两次骨折，左腿胫骨骨折，三九天掉进松花江、镜泊湖、兴凯湖，几次大难不死。1995年7月10日我乘坐哈尔滨—北京—西宁—格尔木—武汉—长沙列车，一路从低海拔到高海拔，头痛得厉害，整宿睡不着觉，又从高海拔到武汉至长沙高温火炉。我是北方人，在冰雪里长大的，耐寒不耐热，车厢里人又特别挤，车外温度38—39℃，车厢里超过40℃，汗味、烟味、臭味，熏得我喘不过气来，全身都湿透了，头跟水洗似的，哗哗流汗。那时绿皮车没有空调，风扇吹的都是热风。后来实在受不了就到餐车要点盐面冲水喝，就这样还是虚脱了，晕倒在车厢里。半个多月时间掉十多斤称。让我刻骨铭心的一次，是90年代初在哈尔滨—上海的列车上，也是夏天，车上超员百分之二百多，座席底下、行李架上、厕所里、过道中挤得满满的全是人，我夹在人群里，想挤也挤不过去，想出也挤不出，卡在中间一动不能动。趁列车来个

选自《幽默摄影》系列 王福春摄

紧急制动，好不容易才挤出人群。我要走过另一节车厢，可是过不去，我想下车走过另一节车厢，可我还没能走到那节车厢门，车就开了，我赶紧跑两步，顺手抓住车门栏杆把手，列车运行在站内速度还很低，身体还能保持垂直，等到出站后，车速快了，我的身体开始倾斜，就在这关键时刻，车门“咔啦”一声打开了，列车员和几名旅客把我拽上车，我坐在地上呼呼喘着粗气，苍白的脸上淌着虚汗，在地上坐十多分钟站不起来，到现在我也没记住那是什么站，一想起这些就后怕。很多人说，你可以不上，乘下趟车走，我说不上不行啊，我的摄影包在车上，里面有镜头胶卷等好多用品。那是我摄影人生中最刻骨铭心、最危险的经历。

宋　靖：您几十年坚持拍这一个题材已经算是中国第一人了。

王福春：不敢说第一。在这期间我还拍了《东北人》，所以东北人和铁路是我的两大主题。我把它比喻为我的“自留地”，我要把它耕种好，不能荒废。后来80年代我在哈尔滨师范大学学习摄影，我记得语文老师上的第一堂课，第一句话就说“文学是人学”，后来我才知道是高尔基说的，《中国摄影家》杂志采访我的时候我就说：“纪实摄影也是人学，离开人就没有意义。”此外我还把纪实摄影形容为报告文学，它既真实、生动又感人，还具美感。

宋　靖：王老师，您刚才讲了您有了“海鸥”起飞，飞到现在，中间怎么飞的也给我们讲点有趣的故事吧。再讲讲您的《东北人》吧。

王福春：那我就从20世纪80年代、90年代拍《黑土地》说起。我是东北人，我像走亲戚似地走乡串屯，挨家挨户地串门，进了张家，又进李家。因为我从小在农村和城市交界的地方长大，在大野地里奔跑，到瓜地偷瓜吃，对农村特有感情。不知是在城里待久了，还是因为年龄的关系，思念家乡的情感与日俱增。梦中常忆起儿时在林中打鸟，在草丛中捉蝈蝈，在河里洗澡抓鱼，骑猪逗狗；常想起家乡的茅草房、大火墙、热炕头、糊满报纸的土墙，老太太围着泥火盆，抽着大烟袋唠着家常，老头穿着厚厚的大棉袄、二棉裤，头戴狗皮帽子，脚穿靰鞡鞋；常回味家乡的黏豆包、冻饺子、猪肉炖粉条……那剪不断的思绪、抹不去的情怀，总使我魂牵梦绕，无法忘却。

宋　靖：成为一种情怀了。

王福春：对，实际上也是在拍我童年儿时的记忆。现在老土房子扒掉盖成新砖房，墙刷大白，家家都有电视、冰箱，和城里一样。过去农村孩子和城里孩子差距挺大，穿的衣服都不一样，现在你再看一看，农村孩子和城里孩子穿的一模一样，有的穿得比城里孩子还要时尚，已经没有距离了。这就是时代的变化。而且过去农村人祖祖辈辈是农民，你想进城都不行，现在农民可以进城，到城里当工人了。像现在农村为啥有很多留守儿童，这也是个社会现象。我拍《黑土地》，拍黑土地的原生态，同时又拉着大白布为背景拍东北人家，一家一家拍。我用爱普生打印机把照片打在宣纸上，把摄影、书法、篆刻、国画融为一体，在平遥展上获十万大奖。后来我用 8×10 大画幅拍《东北人》。因为我 2002 年来到北京，正好看到 798 陈光俊和绿影室钟旭东还有何崇岳都拍大画幅，觉得拍大画幅挺好玩的，一下就把我的情绪调动起来了，我觉得我也需要改变，也需要玩一玩大画幅。先到五棵松去买器材，一看不合适，最后在绿影室买了一台金宝单轨机。我就背着 8×10 机器在北京转，天安门、故宫、天坛、颐和园等，拍了一圈，冲出来一看，自我感觉挺好。看看别人拍的，比我还好，我觉得 8×10 挺大了吧，别人还有 10×20 的，还有更大的 24 英寸的。一瞅，一点儿感觉都没有了，就很困惑。我买这台机器一是想尝试下大画幅，另外也是有意识地和数码抗衡，我认为要将传统影像进行到底。

宋　靖：不是，是因为拍的题材不一样。

王福春：我在北京转了一圈找不到感觉，后来意识到，这块土地不属于我。

宋　靖：这句话说得好！

王福春：还是距离产生美啊，我回家乡一看，冰天雪地，美丽“冻”人啊！还是家乡好啊！我背着大机器就回老家了，我也没车，不像别人有车开着，我就赶上啥车坐啥车，沿着黑龙江流域 3000 多公里沿线，辐射到黑龙江各地。我从北极村到北大荒，找黑龙江人特点，因为大画幅是摆拍，不允许抓拍，当时因为受亚当斯的影响，小光圈，慢速度，拍风光行啊，拍人真就不行，1/8 秒人稍微一动都是虚的，最高的 1/15 秒，光圈还收不到 f/32，也就 f/22，而且大晴天还不行，大画幅必须是在阴天散射光，光比不能大，那种黑白效果才好。现在回头看这些照片，那时候真是凭一股冲劲，拍了就拍了，走了就走了，人生就是这样，这一步你不能犹豫，迈出去就迈出去了，现在回头让我再去拍，打死我都做不到。

哈尔滨站 1994 年 王福春摄

武汉一长沙 1995 年 王福春摄

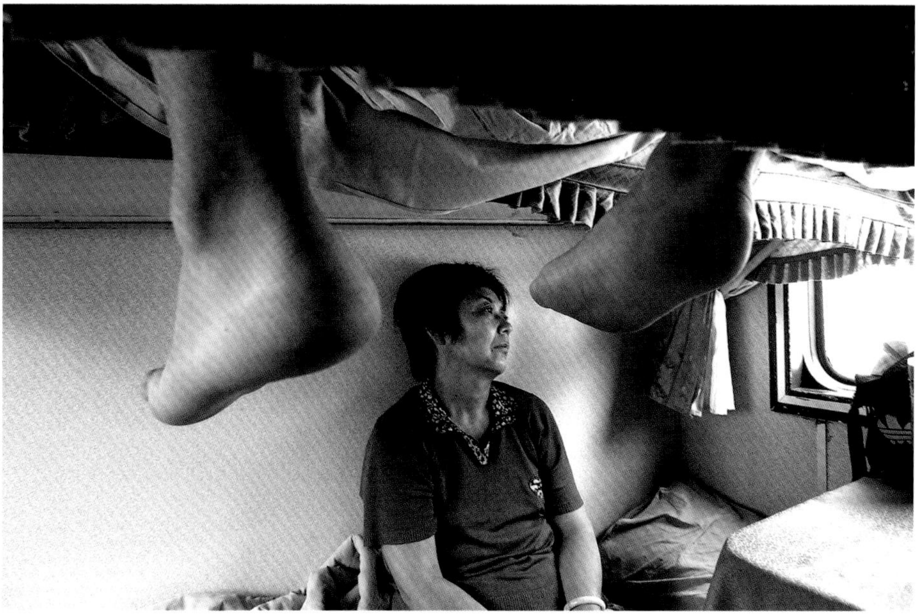

西安—昆明 2009 年 王福春摄

北京—上海 2010 年 王福春摄（以上四图均选自《火车上的中国人》）

宋　靖：为什么呢？

王福春：就是那种激情没了，那时我 12 月 20 日背机器回哈尔滨，到来年 5 月 6 日回北京，一冬天在黑龙江拍，一拍就三年多。那都是走到大山里啊，我一个 60 多岁的老头，搭坐着汽车说翻沟就翻沟，走到雪地里经常一个人，前不着村后不着店，非常可怕。走在那些少数民族地区，像鄂伦春那些地方，我都觉得不可思议。当时我患感冒、发烧，没人照顾我，在那个小村子里打点滴，进那个鄂伦春村落，连大夫都找不着，住的地方有 5 块钱的、10 块钱的，什么条件都住了。那是 2005 年到 2008 年，实际上我就是在黑龙江这么走着，我还想再拍一年，那故事多了，日本遗孤、慰安妇都拍到了。

宋　靖：那还有慰安妇呢？

王福春：有啊，当我透过毛玻璃取景调焦时，看到 84 岁慰安妇李凤云老大妈刻满沧桑的脸上，流淌着两行诉说她苦难人生岁月的眼泪，让我感慨万千。她是个韩国人，那时和日本人到我们东北来，后来就留在了这边，特别悲惨。取景调焦时我感动得两眼常常是含泪的，调焦都是模糊的，时常忘拔插板、忘按快门。

宋　靖：有多少这样的人呢？

王福春：很多。还有抗联老战士、北大荒人。这本画册是上海比极影像画廊尚陆先生支持出的。

宋　靖：画册叫什么名字？

王福春：我叫“大东北”，他改为“东北人”。

宋　靖：画册里有这张照片吗？

王福春：没有，以后自己出再添加进去，后来画册一出我就再没拍，放弃了，这玩意没完没了，这就画句号。本来我还想再拍一年，再补拍一些，少留遗憾。我拍的东北人以冰雪为主，冰雪用以区别于其他地域的人。中国人是靠服饰来区别地域的，中国人的面貌基本都是一样，只是服装不一样，所以我主要是在冬天拍，要是夏天，就基本和中原人一样，所以我抓住这个特点。我之前拍的叫“黑土地”，为啥呢？因为辽宁的林永惠拍过一个叫“东北人”，他拍我也拍，我俩选题撞车了，而且他先在《中国摄影》杂志发表了，中国摄影界就是谁先发认谁，后来我不能叫“东北人”就叫“黑土地”，和“东北人”区别开。“黑土地”我觉得挺好。后来这本画册，尚陆也没和我商量，就直接叫“东北人”，其实叫什么并不重要，重要的是影像，当时我就是想玩一把，玩半天没玩明白，最后还是回老家黑龙江拍摄完成。

宋　靖：最后还是在家乡找到了感觉。

王福春：对，这片土地是属于我的，我形容是自己的“自留地”。

光指点不够，他还要有这种愿望才行

宋　靖：您拍黄土高原肯定拍不过侯登科。

王福春：肯定不灵。

宋　靖：所以我那天想问杨延康：“您是贵州人怎么去拍陕北？”最后发现是有点机缘巧合。

王福春：你属于哪就拍哪，1998 年我陪《人民摄影》去江西南昌讲课，后来发现“江西老表”一词，我以为“老表”是贬义词呢，就像我们东北说“山东棒子”一样，后来一问才知道表达的是一种亲情，我觉得这个题材太好了。我在会上就说，“江西老表”这四个字就价值连城，你们谁能够把“江西老表”拍出来，拍出来发给我看，我给你指点，跟我拍《东北人》是一样的，很经典。到现在“江西老表”也没人拍出来，而且这个主题内容也很好，是一种原生态，把“老表”过去的历史文化、民俗风情拍出来，到大山里一家家拍，过多少年后，老人没了，叫什么“老表”都没用了，到现在也没有人拍。

90 年代初我还有个选题，叫“北大荒人”。因为我拍的东西太多了，精力不够，我把“北大荒人”选题先后给了不下五个人，谁都没拍出来。十万转业官兵到北大荒，还有百万知青，选题非常的精彩，到现在都没人拍，我也不能再拍了。我给一个人拍，拍拍就不拍了，我问怎么不拍了，他说没感觉。在我摄影人生中我还指导了不下十几人，都挺成功的。有个叫赵刚的，他爸是铁路职工，去援建坦桑尼亚铁路时，买回来个理光 7 相机给他玩。1991 年他考上长春光学仪器学院，毕业时应该分配到哈一机工作，我拿他的作品找到黑龙江新闻图片社我的领导，是我的好朋友，看完作品后他被录取，当了新闻记者。后来他先后到北京《新京报》和《新周刊》工作，现在自己干了。

选自《东北人》王福春摄

选自《东北人家》 王福春摄

宋　靖： 对，现在多了。一个《东北人》，一个《火车上的中国人》，然后是《地铁里的中国人》，您刚才也说了点，这就是您来到北京之后所关注的？

王福春： 对，因为我觉得这个选题是属于我的。

宋　靖： 都是车厢里的事。

王福春： 对，你看一个地上，一个地下，一个长途，一个短途，空间都是一样的，用胶片相机怎么拍都不成，最后用数码相机拍，找到感觉了。我拍地铁以北京地铁为主，又先后跑了南京、上海、广州、深圳和香港地铁，用一年多时间把全国地铁跑遍了。到现在我又拍了近七年了，内容丰富多彩，什么都有，我都编辑好了。所以我拍片主要追求生活化、趣味化，不追求大事件，都是百姓生活、人生百态。

宋　靖： 这对一般的人是最有意义的，因为像大事件啊，必须得有一个平台，得服务于一个大机构、大的媒体，才能接触这些大事件。另外像杨延康老师那样的，就得有一种传教士的精神，十年十年地关注一个主题一件事，他的生活方式已经变成摄影了。

王福春： 他就跟传教士一样了，一步一叩首，虔诚地按快门。

宋　靖： 所以这也不是谁都能做到的。

王福春： 特别是年轻学生，觉得拍纪实比较难，无处下手，改革开放三十多年纪实摄影已经形成气候了，每个题材都被人占领。很多年轻学生都去玩当代艺术，玩观念摄影。观念摄影就像流行歌曲一样，兴一阵，长不了。真正能传世的还是纪实摄影，它的社会价值、历史价值远远大于它自身的审美价值。最后摄影拼的不是长枪短头，而是镜头后面的头脑，就是我们常说的文学修养、艺术修养和丰富的人生阅历。现在年轻学生知识有了，艺术修养也够了，可就是人生阅历太短，经历就是财富。所以，摄影师必须具备文学家的思想、哲学家的思辨、美学家的愉悦、漫画家的幽默，才能拍出生活化、趣味化，情理之中、意料之外的不同寻常的佳作。

现在拍片很多人都停留在简单地记录阶段，要遵循艺术来源于生活，高于生活的原则。生活中的闪光点，就是我们常说的作品的艺术含金量。纪实摄影美在内容，不在形式，内容永远大于形式，形式为内容服务，但愿内容与形式完美结合。现在能选好题，就能成功一半，但必须下功夫，不要急功近利。俗话说：放长线钓大鱼。今天的学生你真的选准主题，坚持十年二十年三十年后再看，作品的社会意义、历史价值该有多么重要啊！每个阶段、每个时期都应有年轻人去做，就像接力赛一样。

宋　靖：其实我觉得学生还是没有想着去做，他们现在如果拍火车，真能拍进去，也一样。

王福春：还得具备条件，得有经常坐火车的机会，一年坐几次肯定没戏。我也看到很多人拍火车，缺少深入，拍得量不够，质量就自然上不去。

宋　靖：但是作为符号，可能认可的人还是您。

王福春：摄影界谁先打出去就认谁，比如《火车上的中国人》，我之后也拍了那么多，却没急着出版，为什么？你出什么也超越不了原来的，后来我也不急，就先拍着积累吧。所以有一部就行了，把这个做好，做深，做透。当然除了有一个好的独特主题，还得有让人过目不忘的片子。

矢志半个世纪拍摄中国

王文澜

中国日报社总编辑助理、高级记者
中国摄影家协会第六、七、八届副主席
《中国摄影家》、《人民摄影》、《爱乐》杂志编委
《中国国家地理》、《财经视觉》杂志顾问

● 1953 年 9 月生于北京市，河北新乐人。

● 1968 年 12 月参加工作，至 1974 年 1 月作为知青在山西省临猗县插队。

● 1974—1980 年任解放军 51039 部队宣传科干事，参与报道“四五运动”、唐山大地震。

● 1980—2013 年先后任中国日报社美术摄影组记者、组长，中国日报社美术摄影部主任、摄影部主任，参与报道老山前线、抗洪救灾、亚运会、奥运会、残奥会、汶川大地震、两会等重大事件。

●其本人曾荣获全国十佳摄影记者（1986 年）、全国好新闻奖（1987 年）、全国新闻摄影金奖（1987 年）、全国人像摄影十杰（1991 年）、中国抗洪救灾优秀摄影工作者（1991 年）、全国十佳体育摄影记者（1992 年）、中国新闻摄影学术贡献奖（1995 年）、中国新闻奖（2002、2003、2004 年）。

●出版编辑图书有《京味》（人民美术出版社，1989 年）、《名人透视》（中国日报出版社，1996 年）、《流动的长城》（北京大学出版社，2000 年）、《瞬间》（北京大学出版社，2001 年）、《中国纪事》（浙江摄影出版社，2001 年）、《自行车的日子》（中国文联出版社，2004 年）、《动感亚洲》（中国书局，2006 年）、《偶然》（中国人民大学出版社，2007 年）、《地平线》（中国摄影出版社，2007 年）；2003、2008、2009 年和 2013 年先后在中国文联出版社编辑出版《百名摄影记者聚焦 SARS》、《百名摄影记者聚焦冰雪线》、《百名摄影记者聚焦大地震》、《百名摄影记者聚焦奥林匹克》、《百名摄影记者聚焦中国》、《百名摄影师聚焦台湾》；2009 年南方日报出版社出版《王文澜：家国细节》。

●其代表展览有“广场漫步”（中国美术馆，1985 年）、“肖像”（中国美术馆，1996 年）、“自行车王国”（中国平遥国际摄影大展，2005 年）、“爱乐”（中国鼓浪屿钢琴节，2008 年）、“生命在于运动”（北京金融街中心，2008 年）等。

上海光新路 1991 年 王文澜摄（选自《自行车王国》）

讲评：

王文澜一直在那里，最早他是个从北京大院出来混北京的孩子，事迹可参照《阳光灿烂的日子》，后来当知青上山下乡、参军、退伍回家参加工作都和那个时代的青年没有什么不同，尽管他手里时时拿着相机，却也没做出和那个时代的大多数相机拥有者有什么不同的举动。“四五运动”中他依旧无知无觉地随着人群来到了广场，唐山大地震他在九死一生中把镜头对准了获得重生的人。之后他开始反思，反思自己何以让那中国历史上史无前例的十年一晃而过、终无所得。直到此时，我认为他还处于自己生命周期的那个一定会经历的孩童时期，虽已睁开眼，但还不知道该如何看世界。但最终他还是觉悟了，一下子便站得很高，看得很远，访谈中他自己亲口道出了一些思想觉悟的变化，这些非常有说服力。

纪实摄影的魅力在于每天都有题材可以拍，不是说我们拍不到革命战争胜利的那一刻，拍不到像李振盛所拍的“文革”，就拍不出东西了吗？我说只要生活存在，题材永远都会有。自然，王文澜的摄影也不依赖于特定的时代背景。

王文澜 2014 年同我们的学生有一个对话展，对话展的交流过程中，你会发现他对中国摄影谋求发展一直持的观点就是后浪推前浪，他认为后面学生的思路、看法都有新鲜的东西，他也说就一张照片两张照片来说，学生有时候会比他拍得好，但是为什么他有这样的成就？那是因为他身处那个时代并且记录了那个时代，现在学生与他对话实际上应当对话这个东西，而不是评判哪张照片好哪张照片不好。

在对待自己的选题上，因为王文澜一直在新闻口，从开始一直做到现在，基本上有效的摄影活动都是在新闻战线上。他在新闻摄影上的成名作如《修长城》、《自行车王国》，包括他后来拍的《生命在于运动》、《爱乐乐团》等，实际上也是他在做新闻采访时延伸出来的专题，跟他平时的工作和平时接触的东西无法分开。

王文澜的人和他的作品一样对中国摄影有着深远的影响，不然他也不会被称为一面大旗。有些人到了一定阶段，就不一定有年轻时候创作的精力和冲劲了，这时候可能需要你给别人搭台，现在其实包括王文澜在内的一批摄影家都是在做给别人搭台的事，他们在推动这个事业的发展，而不是自己再去拍一两组照片。王文澜和李前光都是这样，如果国家愿意给他们这样一个位置，让他们去推动这个事情，他们都会义不容辞。

我觉得，有志于搞新闻纪实摄影的年轻人有王文澜这样一位良师益友应该感到幸运，他诙谐幽默又充满睿智，他善于把气氛营造得比较热烈、比较好玩。

王文澜访谈

如果用现在的思路去拍，那绝对是史诗一般

宋　靖：同样从您开始接触摄影说起吧。

王文澜：“文革”是 1966 年开始，那会儿我才十四五岁，之后开始造反，就不上课了，到处串联，之后到了 1967 年，自己家就被揪出来了，原来自己是“红五类”，变成了“黑七类”，然后是“走资派”。还有，那时候划分非常细，这样就属于造反未遂啊，应该是造反到底的嘛，但半截就给人挤出来了，你没有造反资格了。

然后就开始逍遥，想干什么就干什么。那时机关大院嘛，大院里的孩子就一起混，骑着车，去北京的那些景点、名胜古迹，十三陵、长城、颐和园，还有房山、十渡、云水洞，就是没法和人打交道了，就开始和自然、古迹打交道，玩嘛。然后就觉得不能光玩，得照点什么啊，说明你来过了，大院里面就有当时家长出国时从东欧、苏联带回来东德、苏联出的相机，比如基辅啦、佐尔基啊，就是这些仿莱卡的相机，那会儿放在家里都和宝贝似得，但是一“文革”，家里都乱了，所以这些东西孩子都能拿到。我拍第一张照片的相机就是借来的，用的暗房呢，就是家里的储藏室，黑的，然后自己动手做印相机、放大机，拿吃饭的碗、筷子调制显影、定影（液），用的胶卷呢，是保定代代红电影胶片，那会一米五的长度他给你缠个卷，用黑纸包上，可能是几毛钱、一块钱左右一卷，这样我们买一个盘的，几十米，就更便宜了，回去自己缠。

那时有吴印咸的《简明摄影知识》，都是小册子，“文革”前出的，那时还有《怎么拍风光》、《怎么拍人像》，信息量非常少，国外什么样都不知道。拍了两年之后，有那种《中国摄影》杂志的合订本，也是 20 世纪 60 年代初那会儿的。我从合订本上就看到了那时香港拍的一些沙龙作品，我觉得这些照片拍得特别好，觉得摄影能把这么真实的这种东西拍出来，就模仿着这些去拍自己。因为那会儿最关心的是自己，舍

北京永定门 1981 年 王文澜摄

北京八达岭长城 1984 年 王文澜摄

不得拍别人。印制照片呢也是利用毛主席像的边角料，那个纸边裁一下，一厚沓子，一包一斤一块多钱，回来印相啊，放大啊，所以放大也就放这么大（比画），印相也就印这么大，之后用放大镜看，自己穿着军装，拿着语录，后面的景不断地变换，颐和园啊，十三陵啊，到此一游，觉得是非常有乐吧。

摄影啊，非常神秘的，但是为什么想到摄影呢？我有一个舅舅，他是原来中国摄影家协会的第一批会员，叫韩学章，他和黄翔经常一起拍那些水利啊，电力啊，走遍了祖国的名山大川。黄翔就是那个拍黄山的，他（韩学章）呢也拍了好多，什么黄山、漓江山水的很多东西。那时我们小时候到他家，就看到他从简陋的平房里，从他那卧室里的自制暗房中，拎出来湿漉漉的照片，然后放在玻璃板上面，上光，贴在玻璃板上干了之后再取下来，就是觉得很神秘，从小就觉得，哎哟，从这个黑匣子里面暗无天日的世界里就能出来影像。我们哥四个全都照相，我舅舅就把我们哥四个从出生一直照到大了，所以我们也是被这个相机照大的。我想每个中国人都是这样的，满月、百天、全家福、毕业照，最后到结婚照，然后孩子又出生了，抱着孩子，又开始循环往复，就这么照下去。

以后，就开始上山下乡，买了一台八块钱的相机，华山牌。我们插队的时候是在华山边上。实际上你现在想我们知青的照片非常少，因为知青那会儿没有条件去拍这些，很多专业工作者也没有去把镜头对准他们，即使对准他们也是一些摆布的照片，很模式化的。我们知青自己拍的照片，也寥寥无几。现在那些反映我们知青、反映“文革”的照片，我要是用镜头去表现出来的话，比那个《阳光灿烂的日子》啊，比《梦开始的地方》啊还要精彩。

我们那时在八一湖什刹海的冰场上面，男生女生“拍婆子”啊，打架啊。那时候最流行的就是自行车，永久啊，凤凰啊，女生是带一个大口罩，围一条大拉毛围巾，当然穿的都是军装，国务院部委的都穿蓝的，一身时髦蓝，穿双懒汉鞋；部队大院就都是军装，穿双靴子，一看都能分出来。当时生活非常美好，如果用现在的思路拿相机去拍，那绝对是史诗一般。

那时红卫兵手里都拿着抄家抄得的西方名著，现在看到的所有西方名著，那时全有，看得已经是头也没了尾也没了，但是拿到农村还在看。以前家里弹的钢琴，因为备战备荒，也不值钱了，那时候一二百块钱就能买一架，全是进口钢琴。当时（知青）就把钢琴运到山西，用牛车把钢琴拉到山上，放到窑洞里，白天贫下中农一来，就钢琴伴唱《红灯记》、《黄河》，到晚上，这个窑洞就成了维也纳金色大厅，什么《蓝天》

啊，《颤抖的树叶》啊，《少女的祈祷》啊，《马刀舞》啊，还有手风琴、口琴、笛子、二胡，就开始了。边上那风箱“枯嚓枯嚓”，烟飘得哪都是，房顶上直掉跳蚤什么的，熏得乌黑，但是耳朵里享受的呢却是二百年前万里之外和这个灰色世界完全不搭调的人类共同的艺术财富。那时我是一个西方音乐的爱好者，朋友的父母从国外带回很多黑胶唱片，放在他们家床底下尘封已久，赶紧拿出来放在手摇唱机里听，改革开放以后才知道之前听的那些曲子是什么，那时候听也听不懂是怎么演奏的，当时我就觉得是经典中的经典，把它们带到农村里听，最后手摇唱机那个钢条都断了，就用手转着听，但是速度不匀，就像现在玩摇滚打碟似的在那听。所以很早期的我们就像在那里践行着一种行为艺术，现在想起来，那时候其实是一种挣扎、需求，因为没什么东西给我们，吃的喝的都没有，一天到晚劳动，晚上就吃点高粱米、玉米面，所以对于音乐的那种追求是炽热的。最后这个唱片听着听着就裂了，就只能扔了。实际上这种东西现在往那一放它都是文物啊，但是如果照下来也可以啊，也是个东西啊，但是那时候的相机舍不得照这个。

它就在那里，感动着你，这就是纪实摄影

后来我和几个知青一块儿过了黄河到华山玩去了，在上面拍了不少华山的风景，到现在已经过去 40 年了，选那时候的照片感觉这些都是废片，为什么呢？因为现在人也照，照得比你棒多了，因为华山没变，一点儿都没变，长空栈道，下棋亭，它还那样，反而呢，可能当时山上有个背夫，这个是有价值的，因为人变了。所以只有反映这个社会的人的生活，我觉得才是摄影的最本质的语言，摄影是依附它存在的。比如说后来在七八十年代有一阵形容一个人拍照片拍得好，说他拍得像画一样，这本身就说明你是在绘画之下，因为你只是像画，再后来就反过来说了：“哎哟，你这画画得像照片一样。”例如罗中立的《父亲》，我想他可能就是借鉴了一种强烈的纪实感的东西，他需要这样。但我们是满足于我拍出来的照片像画，不管是 PS 也好，怎么也好，却还是比不上人家国画那些大泼墨，因为你这个就是复制，摄影就是复制，绘画是就画出那么一张，它符合艺术品收藏起码的规矩。为什么版画不如国画油画，因为它也能复制，照片还不如版画呢，因为更容易复制。所以，当时不知道摄影最本质的这个规律，现在想起来拍华山的照片就吃亏了。

当然我们不是说拍风光不对，这是两码事，起码我个人对摄影有这几个分类：新

闻纪实是我现在正在从事的，我觉得是摄影的本质语言；艺术摄影就带有很多个人的东西；还有风光，风光包括了很多东西，但是只要那些黄山、桂林、九寨沟之类的风景没变化，所有人都去拍这个风光，后人就拍得比你更好，后人能代替你。有一次我去桂林，桂林一个摄影家送我一样十本画册，我一看都是拍得很好的桂林山水，一个比一个好，但是他们拍的都一样。《中国日报》桂林记者站站长也是摄影师，叫火炎，他到广西就问我怎么拍，我就告诉他，桂林的山水你花一辈子时间也拍不过这些摄影师，他们都是当地的，知道什么时候起来，什么时候有雾，什么时候光线特别棒，了如指掌。你初来乍到想往美了拍还是算了吧，就应该拍现在桂林的景观，因为城镇化、工业化发生了变化，要拍变化的东西，不要用旅游的眼光去看，要用社会的眼光去看，拍桂林的社会景观，拍一组新的桂林山水，完全不是从影调、美去反映，而是从景观的变化，比如背景是桂林的山影，前面的水里面有个麦当劳的倒影，或者是其他的什么建筑，或者是烟囱，或者漓江上面漂一个荧幕，上面什么也没有。这些东西就与桂林山水又不一样了，因为它不能重复，你拍完之后可能它又发生了变化。

其实拍什么都没问题，你可以说这是你家乡，我愿意把她的风景拍得很美，很艺术，我也愿意拍广告，愿意拍美女，愿意拍时装，这都是没问题的。但是一旦把摄影拉到新闻纪实的范畴来，就应该包容风光摄影、体育摄影、艺术摄影、观念摄影的语言。我经常去798和一些艺术家、作家、诗人、电影导演、戏剧家、舞蹈家、音乐家、画家交流，就是在想这些艺术门类的语言怎么能够运用到这种特别窄的摄影语言上来，因为摄影是有局限性的，你如果不到现场去，你是没办法拍东西的，不像作家可以坐在家里写，记者可以看着转播就写了，摄影就必须在第一线，而且摄影的一瞬间就决定你画面的生死成败。所以应该知道怎么能够在那一瞬间包容音乐的节奏旋律、电影时间的流动、文学的语言、诗歌的意境等等，让人觉得看了这张照片可能一千字都表达不出来，一图胜千言，有时候这种感觉是说不清楚的，但是它就在那里，感动着你，这就是纪实摄影，它也可以艺术，也可以观念，也可以很当代，这是很难的。

现在相机厂商拼命地追求快门速度，把马达设定在每秒可以拍多少张，我也拍过体育摄影，我也获得过体育摄影十佳，但是我对马达的速度没什么兴趣，就按一下快门，成就成，不成就不成，就得练这个东西。你快门的马达速度快了，一是耗电，二是耗卡，以前是耗胶卷，摄影是点到为止的艺术，我对于体育摄影那些动作的瞬间没什么兴趣，体育摄影里面的静态用不着600mm或者800mm去调，我有广角头有中焦头就够了，我同样可以和那些动作的瞬间媲美，我可能知道我拍那些特写是我的短项，我就用我的长项去对抗，就像田忌赛马一样，如果一味追求马达速度的话，你的摄影最后可能就变成了摄像，就成了电影。

在电影学院研究摄影是很难的，因为接触的都是电影，但是研究张艺谋你会发现，他是从摄影干起来的，当年他的《黄土地》你可以看到是摄影的语言占据着画面，都是静止的、凝固的画面，非常压抑，黄土地把人性压得透不过气，非常惨烈，然后突然在静谧之中冒出了腰鼓，动态的影像一出来，整个电影用画面表现出一种节奏。如果他没搞过摄影，他对静态的东西可能就不会有感觉，可能他就一天到晚烦乱地去调度各种镜头，他也不会这么成功地将摄影语言融合在电影语言中。所以我们在学习摄影的时候也不要觉得，我是学图片摄影的，你们是学电影的，我就要让你们三分。

我们的照片确实应该成为被历史车轮碾过的镜子

我 20 世纪 80 年代初到了《中国日报》，那里的人全都是从世界各国来的专家和中国在国外学习过的老专家、老教授，都是精英中的精英。那个时候我只是从部队来的大兵，那时新闻纪实摄影都是不起眼的，图幅只有邮票那么大，拍握手、大丰收、炼钢厂擦擦汗之类的照片，就给文章配个图，而且有的新闻单位选拔摄影记者都是从体育学院、部队里选，因为身体好啊，觉得摄影是个力气活。我在《中国日报》的三年，有一个很好的总编辑，他懂得照片在版面上运用要体现出世界的共通语言，读者就会觉得摄影是反映生活的眼睛，而且是大眼睛，照片里不但有领导人，还有很多普通人，夏天吃冰棍、吃西瓜的普通人也能上头版，这在当时看来是一大改革，前所未闻啊。当时那些照片放很大，大得吓死人，再后来又慢慢缩小，最后确定下来一个尺寸。后来《中国青年报》也跟着这样做。当时《人民日报》也用大照片，但都是毛主席的照片，放大到正版那么大，剩下的都是小照片。而且我们拍的照片在每天的编辑大会上都会确定好尺寸、内容，排好版，确定好照片的位置以后再写导语、头条，围绕着照片做，照片是一种独立的报道新闻的手段，照片本身就是新闻，文字记者是来配合你。

在《中国日报》，摄影记者的位置很重要，和国际上是接轨的，我就是从这里一步一步走过来的。回想起“文革”，为什么 1967 年拿起相机到了 1976 年才把镜头对准了别人。比如说那会儿悼念周总理去世，3 月底回来清明节，果真不出乎我意料，百万人参加了“四五运动”。然后就是唐山大地震、毛主席去世、粉碎“四人帮”，这五年每年一个大事件影响着中国的进程。后来自觉不自觉地一想：哎？这摄影怎么

北京天安门广场 1976 年 王文澜摄

北京前门 1982 年 王文澜摄

从到此一游变成了记录历史！也就是从那会儿新闻摄影前脚迈进了门槛。

宋　靖：当时是自己有这个意识去拍么？

王文澜：我没这个意识，因为那会儿我家里面有问题，父亲没解放，周总理去世那肯定就更没戏了。那会儿就觉得到广场去，折腾折腾，拍拍照片，并没有要把它记录下来。“文革”结束以后，我就想，我从 1967 年到 1976 年这几年一直拿相机拍“文革”多好，对吧？我为什么不拍？我为什么一直拍到此一游这些玩的照片？得反省自己。当时我就是当局者迷，就是用了一种静止的眼光去看待，觉得永远是这样，天经地义，不是用一种变化的眼光，没有这种旁观者清的眼光。后来一想，今后再也不会有如此挣扎的、剧烈的、惨烈的状况，这样的世界永远都没了。

到了《中国日报》以后，还是用这种艺术的、光影的手法拍新闻照片，追求艺术。那会儿呢刘香成在《时代》周刊，他是 1976 年以后有在中国拍摄的机会，因为他是中国人嘛，他就争取到中国来，从 1977 年 1978 年一直到 1983 年，我是 1980 年到《中国日报》的，凡是采访中央新闻都跟他在一起。中国人在一起就好交流嘛，他就说能不能一块儿聊聊、见见、看看片子。那会儿他拍黑白幻灯片，我们有一次在国际俱乐部，当时他就说：“要不你到我家里来。”后来我就请示领导，领导说不能到他家里去，因为那会儿他还是外国记者嘛，不能到家里去，要在公共场合。我说好，但公共场合又不能一个人，所以就叫了两个人一块儿。他选的地点是国际俱乐部，后来在他的回忆录里面也写到了这一段。那会儿还是我们国家刚刚开放的时候，还是有很多的规矩。后来看他片子，我就觉得：一般，没劲。要构图没构图，要光影没光影，要什么没什么，反正和我想的不一样，差远啦，一点儿也不艺术，就没当回事儿，交流完就完了。后来 1983 年他调到印度。他也挺逗的，他是美联社的，当时调到印度那会儿有佛教徒他就拍了；调到韩国，赶上韩国学生运动；调到苏联，正好苏联解体。哪儿乱他去哪儿。1989 年我一看，他又回来了，我就说他：“你真是哪儿乱你到哪儿，是不是？”他走之前跟我说：“我出了本书，我给你拿来。”我说：“你还出什么书啊？”然后他骑着摩托车，到中国日报社门口，门卫还不让他进，让我出去接的他。他骑的是一挎子，那会儿爽啊。我看他的画册《毛以后的中国 1976—1983》，这题目先把我弄住了，毛以后的中国还能拍吗？

首先是一个，咣当一下：我当时都明白“文革”的东西我错过了，但是我依然没有跳出来，就是你的眼光啊没有从历史的角度去切入。后来我出了一本书，我们报社

这半个世纪正好反映了中国改革开放。跨一千年两千年人类历史上也就这么两次，等三千年的时候还不一定怎么着呢，所以很珍贵，要给它抓住，而且我认为只有摄影才能完成这样的东西。

所以跨世纪的东西，我个人尽管拍不着很多这样的东西，但我不管走哪都有这么个心，我都拿着相机去拍，而且我在这个大的题材里面，会考虑怎么通过几个系列专题来体现。比如说中国曾经是个自行车王国，我们每个人都与自行车有不解之缘。当时我拍自行车的时候，那会儿人们几乎天天骑车，当时我就想拍个什么东西表现中国人的特点、中国人的生活方式，比如手表、缝纫机等等，最后我想自行车比较合适。哪会想到后来会越拍越多，你想中国每年生产多少自行车啊，这么多的人口。结果没想到，到了20世纪90年代，居然就把自行车给拍没了，你现在看越来越少，但反过来想它正好表现了改革开放后中国的工业化进程和城市化建设过程。这叫歪打正着，就是怎么从两个轱辘发展成四个轱辘——汽车时代。当然汽车时代带来了很大的问题，这时候我们就想怎么从丹麦、荷兰、德国等取经，研究他们怎么能够把自行车再给发展回来，因为这有利于能源的节约、环境的保护。但是你再回来是非常难的，因为自行车文化随着这个过程，已经被削弱甚至消失。你现在骑着辆自行车，人家就认为你是穷酸，没钱的表示。你开着车，这就是文化，所以让你去骑车，你还得解决很多问题，比如面子问题。要先解决这文化层次的东西，你才能解决别的。当然了，还有很多道路是不是给自行车开辟了，你别走哪，很危险，或者你车到哪给丢了，都是问题。所以表现改革开放自行车是一个线路。

还有肖像，原来我拍了很多名人肖像，从领导人、学者到艺术家，都是具体的人，通过他们十几年的人物变化来表现开放式的一个个节点。

还有我住在北京城，北京城的胡同怎么慢慢地从那会儿的两千多条变成现在的几百条了，越来越少。北京城的这种拆迁过程，就是全国的一个缩影。全国都看北京呢，哎哟那儿拆呢，这儿拆呢，我们这儿也拆呢，越老越拆，拆了盖新的，可是新楼还不如那老楼呢，残破点也没事。这里面，拆也有很多效益。所以怎么研究中国的问题，中国复杂的问题，摄影虽然不能跟文字似的那么淋漓尽致，但起码也得像一把柳叶刀，去一层层剥离，这个还是能够做到的。

还有很多其他的类别，像这个民间体育。体育嘛，专业的我能够拍些人物，但是民间体育在中国是个什么现状？NBA 在美国那么火，在中国的现状是什么样的？这个也很有意思。比如某个农村，篮筐下面的篮球场，是水塘，鸭子还在下面游呢，是不是有意思！各种各样的，特别千变万化，很有意思。这就是典型的以细节来表现一个大的专题。

还有音乐，我爱好音乐，从世界著名的音乐家、作曲家、演奏家，一直到音乐本身，我研究怎么能够通过“哆来咪发梭拉西哆”这几个音符构想成交响乐、歌剧。作曲家、演奏家对音乐的诠释使我们获得了不同的感受，其反映到生活当中、摄影当中，都是相通的。

宋　靖：王老师想问下您，像我们的学生在学习过程中，即使不是学生但是爱好纪实摄影，这个题材怎么去抓取？可能有的时候我们很多同学都觉得没什么可拍的啊。

王文澜：首先呢，从比较大的范围讲，就是你在电影学院就应该拍出电影学院的味，电影学院的学生和北大的学生就是不一样，哪点不一样？你要研究啊，这就是一个提炼、观察的过程。清华和北大还不一样，师大也不一样，电影学院肯定和其他大学也不一样，

河南新县 2006 年 王文澜摄

戏曲学院和电影学院也不一样。

宋　靖： 他们关注的点不一样吗？

王文澜： 气质就不一样，他们在课堂上的动作、姿势、穿着各方面都不一样，所以你不去观察这些细节，你当然觉得没有什么可拍的。要这样说的话，老舍当年也没什么可写的啊，不就一拉洋车的，就一个“破茶馆”，有什么可写的？但他正是把当时复杂的中国浓缩在这个“破茶馆”中了，它就不“破”了，而是经典了。所以艺术做什么的？不就是提炼挖掘发现吗！所以你既然进了北京电影学院就要发挥自己的特点，不然对得起你的校徽吗？！张艺谋当时不也拼命地钻研吗？越是这样的人才越容易出来，越是依仗着自己是世家而不努力的人越完蛋。比如我就看见烧锅炉的师傅有趣，上学三年我就拍他，这也可以啊。或是比如我们一个女生或男生特别有特点，我就拍他，这也可以啊。就看你怎么去表现了。

宋　靖： 如何训练拍摄组照或是编辑组照的能力？

王文澜： 我觉得呢，现在获得照片越来越容易，明明一张能拍好的一件事，却要拍十张来表现。而现在摄影比赛和评选也认可组照这种形式了，这不是不好，但作为你的专业，你首先要拍好独幅照，并把它作为你解决问题的重中之重，你的组照里没有站得住脚的独幅照，那组照也没用。全国影展有人投了六百多张，一张没用，所以不是拼张数。你们在电影学院不要受蒙太奇的影响，老爱用连续的思维来表现，不是不行，但这会影响你独幅照片提炼的能力。就是我在一幅照片中要拼命表达出来的劲就分散了，你会慢慢觉得在一组照片中，这张是表现这个侧面，那张是表现那个侧面。

宋　靖： 因为电影的叙事性和摄影的叙事性不一样吧？

王文澜： 完全不一样，你拍照片要对一个瞬间负责，而不是对十个瞬间负责，如果你对十个瞬间负责了，你就会对一百个瞬间负责，这样你就会对一部电影负责，那就变成摄像，而失去摄影的本质了。只有你拍好了那张照片，又拍好了这张照片，把很多张好照片汇成一个系列，你自然而然就成了。比如我拍一个超市，可能我拍了十张照片，有九张是废的，但有一张仍然是好的。而不是我拍了这张，缺了这张，其他也完蛋，那你还是改学摄像去吧。当然不是不能够学习摄像，我没事就看电影，为什么呢？我就看它的感觉、用光、人物的状态啊，但我都把它用到我的瞬间中去，不会把它用到我的组照中去。除了研究电影我还会研究它是怎么剪的，哪个放前面哪个放后面。比如，张艺谋的《活着》，葛优在这边唱秦腔呢，突然刺刀把幕布“嚓”地一下弄破了。看到这，我就在想要是让我拍的话，我就会让日本鬼子来拿刺刀“唰”一下，就不会在屏幕后边给观众制造一种突然的感觉。这就是剪辑当中导演要考虑怎么能够给观众一种不一样的感觉，这是电影语言。摄影可以借鉴其他方面的元素，都可以，但最后应该回归到摄影。就是单幅照片挂在那里，人们不断欣赏，一遍有一遍的含义。所以，我用 50 年时间，不管拍什么我都形成了一个大的专题，改革开放在这 50 年当中由单一的红色变成现在的颜色。现的中国是什么色？我理解的是特色。所以我的专题就是“从红色到特色”。特色里呢就包含了各种颜色，有点偏花（笑），因为说不出来到底是什么颜色。特色是反映了我们是摸着石头过河，走的是一条探索之路。以上是我的一家之言，也不用完全听我的，可能会有点极端，但这是我行事的原则方法，我觉得这样可以使摄影与其他艺术门类立于不败之地，并保持它永远的魅力。它不是像什么，它就是摄影本身。我觉得这就是我追求的东西。

宋　靖：请讲讲您觉得自己最有个人特点、最具代表性的作品。

王文澜：比如《自行车王国》里那张满画面都是自行车的照片。我以前一直想拍这样的画面，我在北京没发现，后来在上海发现一个路口，铁路两边火车过的时候就拦住了很多过路的自行车，一放行后各式各样的自行车都过来了。我为选择一个理想的画面也费了不少功夫。后来很多外国的摄制组想拍这个画面，问我哪里能拍到这样的画面，我说没了（笑）。上海的这个地址变成高架桥了，这就是摄影的价值。还有就是唐山大地震，卢桂兰被埋了 13 天，喝的是自己的尿，10 天以后侦察兵听到有人呼叫，她才被发现的。我当时在唐山，到那里一个礼拜之后患上了痢疾，一天拉二三十次肚子，觉得自己要死了。当时也没有药，后来是听山东医疗队的医生建议喝外伤用的碘酒，喝进去又喷出来，但为了要活着还是得喝。就这样喝了四五天，就好了。好了以后还很虚弱，刚出院就听说正在抢救挖掘卢桂兰，我一算时间已经有 13 天了。那时快晚上 7 点多钟了，我拿着海鸥双反相机到那里拍了这张照片。所以这个画面既记录了她的重生，也是我从搞新闻报道到开始用镜头有意识地记录生命个体的一个转折点，而我自己也涅槃般地重生了。

河北唐山大地震部队急行军进入灾区 1976 年 王文澜摄

摄影是那么的重要

王　瑶

中国摄影家协会主席、分党组书记

● 1970 年 4 月生于北京。

● 1975 年在父亲指导下拍摄了第一张照片，从此接触摄影。

● 1981 年在北京实验一小读书时拍的《穿着新制校服上学去》、《开学了》获 1981 年全国好新闻一等奖。

● 1987 年当选北京中学生通讯社社长，同年举办个人摄影作品展。

● 1988 年 9 月被北师大附中保送免试进入中国人民大学新闻系学习。

● 1992 年 8 月入职中国新闻社摄影部任记者，同年去桂林空难现场采访报道，其中一幅照片获 1992 年中国新闻奖二等奖。

● 1998 年 6 月至 2001 年 1 月任中国新闻社香港分社摄影部主任。

● 1998 年《特首董建华为香港回归首个赛马日开锣》获中国新闻奖二等奖，同年获“全国十佳青年摄影记者”称号，成为获此殊荣的第一个女记者。

● 1999 年赴荷兰参加乔普·斯瓦特世界新闻摄影大师讲习班（荷赛大师班）学习。

● 2000 年以《60 岁的舞蹈家重返舞台》组照获第43 届世界新闻摄影比赛艺术类金奖(荷赛奖)，同年当选中央国家机关杰出青年，中央电视台《东方之子》栏目对她进行了采访。

● 2001—2003 年任中国新闻社摄影部副主任。

● 2001 年应邀担任荷赛讲习班中国学员资格评审人以及国内摄影比赛和国际影展评委，同年当选中国文联全委，是该届全委会最年轻的委员。

● 2002—2003 年被中国新闻社派赴美国研修深造，期间拍摄完成《后 911》。

● 2002 年获第五届范长江新闻奖，并当选中国女摄影家协会副主席及中国摄影家协会第六届副主席，获“全国十佳青年摄影记者”和“中央国家机关十大杰出青年”等荣誉。

● 2003—2004 年任中国新闻社摄影部主任。

● 2004 年 10 月—2007 年 10 月任中国新闻社总编辑助理兼摄影部主任。

● 2007 年 10 月—2009 年 11 月任中国新闻社副总编辑，期间当选中国摄影家协会第七届副主席。

● 2007 年“粉墨人生”王瑶京剧摄影作品展在中国美术馆展出，同年《看不见的京剧》画册出版。

● 2009 年 12 月—2012 年 4 月任新华社副总编辑、摄影部主任。

● 2012 年 5 月—2012 年 12 月任中国摄影家协会分党组书记、副主席。

● 2012 年 12 月至今任中国摄影家协会主席、分党组书记。

重返舞台的陈爱莲在沙滩上起舞 王瑶摄（选自《60 岁的舞蹈家重返舞台》）

讲评：

一路走来，周围人都说王瑶一直是非常努力非常优秀的，她对任何事都能把握住要点。她是国内第一个女性“十佳摄影记者”，她的《60岁的舞蹈家重返舞台》其实也是深度的纪实摄影报道。这是她的荷赛大师班作业，也是她的荷赛获奖作品。

她选这个题材特别好，第一，60岁的人重新跳舞这本身就是大家爱看的；第二，这位舞蹈家跳的《红楼梦》是中国传统文化，那么用摄影这种西方的语言怎么表达。现在学生最可怕的就是画面没有想象力。王瑶选的这个题材为内容和形式找到了一个特别好的结合点。陈爱莲就算60岁，跳舞的身段、感觉，包括在去的地方、排练场、舞台上、汽车里的一招一式都很漂亮，这也是国外人容易接受的，因为视觉的东西首先视觉上得美，人家才愿意往下看。

这组照片一下奠定了王瑶在新闻纪实摄影领域的地位，而且年纪轻轻就当上了中国摄影家协会副主席，这是以前没有的，而且我敢说今后30年也不会有。现在她身为中国摄影家协会的带头人，重任在肩，她要带领中国摄影界研究如何繁荣，理论如何搞上去，行业如何搞上去，专业人士如何出成绩，如何能让那些自由摄影师或者那些就是喜欢摄影、用摄影陶冶情操的人玩得有意思，同时这个行业如何配合党的大政方针做宣传，等等，要做的事太多了。

作为带头人来说，我觉得她有特别好的一点，就是她会用人，善于团结周围能够推动摄影事业发展的力量。王瑶本身得益于摄影教育，而且她深知教育的重要性。她支持整个中国教育界，她认为一个行业的发展，教育是基石，教育发展不起来，实际上就等于这个行业后继的人才没有保障，人才没有保障，怎么发展这个事业？她整个的成长脉络告诉我们，第一，要把自己的专业做精；第二，专业做精以后要得到社会的认可。

由摄影教育培育而成的专业摄影记者成长为一位行业领袖，王瑶是一个特别好的范本。

王瑶访谈

现在没法想象，我是怎么挺过来的

宋　靖：我们这次访谈，希望能通过介绍一些著名摄影人的成长经历，来为一些没有能接受专业艺术院校教育的年轻人提供一些借鉴和启发，因此希望您能讲一讲您是如何一步步走来，如何发现并深入挖掘一个主题，并取得今天的成就的。

王　瑶：记忆中我拍摄得最早的一张照片应该是在动物园，我父亲帮我设定好快门速度以后，把镜头对准大狗熊拍摄的。那时我还很小，大概5岁吧。之后也一直接触摄影，到我从中国人民大学新闻系毕业以后，就一直在中国新闻社当记者，所以从事的一直是新闻摄影的工作。摄影是我从小的一个爱好，然后这么多年成为我生命当中的一部分，就像呼吸一样，就是即使我不拍照片，每天也是跟影像打交道，比如说一段时间我会做编辑，天天看着我们部里边的年轻记者们拿着相机出去，我会觉得手痒痒，但是我还是从事跟摄影有关的这种工作，所以我离不开摄影，从来没觉得厌倦过。

我觉得我非常幸运，能够有这么好的一个职业，让我去从事它，有一生的时间去爱它，我真觉得很幸福。有一年的情人节，我们当时正在开会，在放幻灯讲述上周的摄影作品，我就看到我们的小伙子频频地看手表，因为那天是情人节，着急出去会女朋友，我就非常体贴地，比较早地把那天的会议结束。但是最后一句话我说的是，今天是情人节，希望大家能够爱自己的挚爱亲朋，同时爱生活也爱摄影。因为这是我的心里话，我真觉得摄影是那么的重要。

宋　靖：可以说是一种对摄影执着的热爱和追求让您一直坚持在摄影的道路上走到了今天。那这一路走来，想必您也遇到了很多的困难和阻碍，能不能和我们讲一些这样的经历，以及您是怎样去克服这样的困难的？

王　瑶：我曾经在做记者第十天的时候，碰到过采访一场空难，当时一架飞机从广州白云机场起飞飞到桂林，但非常不幸的是飞机在桂林的上空爆炸，粉碎性解体，机上155名乘客和乘务人员全部遇难。当时我刚刚拿到记者证十天，得到消息以后，我们就从广西南宁乘汽车赶往桂林。在桂林我看到非常惨烈的情景，看到遇难者的亲属在现场祭拜亡灵。面对那种肝肠寸断的场面，我看到有的同行，做出了一些让人不能理解的举动，比如说他们用广角镜头，非常贴近遇难者的亲属，离得很近地去干扰他们对亲朋好友的祭奠，拍完以后还像没事人一样在旁边说说笑笑。那么被侵犯的人，就会从悲伤转为愤怒，然后就会追打这些记者。

当时我是用70—200mm的长焦镜头去拍摄，尽量不干扰他们，而且当时我想我能够被接受。也许是一种情不自禁，我感受到他们那种悲伤后，一直在流眼泪，一直在哭。我当时拿的是一台手动聚焦的胶片相机，泪水把取景器打湿的时候，几乎是无法工作的。我的文字记者同行看到我那种情景，过去非常善意地提醒我说："你别忘了自己是一个记者，你如果这样的话，根本就没法工作。"有一个武警战士也非常好心地过来劝我，说："小姑娘你们家什么人遇难了？你一定别太伤心。"我当时真的就是没法控制自己，我也知道我在工作时要客观，要冷静，但是我没法控制，我只是觉得真的是感同身受，他们的那种痛苦，就像自己痛苦一样。但也许是这种情不自禁反而帮了我的忙，那些遇难者亲属，不但没有追打我，反而接纳我，他们想，可能这个女孩子很善良，她拍照应该是没有恶意的，应该是希望让更多的人了解自己的痛苦，希望这样的悲剧不再发生吧。

上初中的时候，我曾经在北京市中学生通讯社做过记者，最大的收获之一就是老师说的一句话：当别人把你从门口轰出去的时候，你一定想方设法从窗户再跳回来。就是说你要千方百计进入新闻现场，一定要得到这条新闻。在这场空难的报道里，我也用到了这种观点。当时的空难现场，一层一层被武警包围着，因为一个突发事件发生以后，可能大家最先想到的就是保护现场，去搜救。现在有了一个新闻发言人制度，但当时并没有这样的一个制度，所以当时我就用了一种方式，就化装成农民。因为我看到农民骑车回家是可以进去的，只有外来的人、记者被挡在外边，我就给了一个农民十块钱，说："我能不能坐在你的自行车后座上，然后你把我带进去，当武警战士问你的时候，你就说我是你媳妇。"那个农民很高兴，觉得拿了十块钱，还拣着一个媳妇，就这么进去了。

新闻摄影是一项极为艰苦的工作。做三峡大坝截流报道的时候，我一个人提前到三峡截流工地去，为了第二天开工时能够爬上大坝得到一个高角度，我头天夜里找了一条小船送我到大坝工地上去。夜里到那以后，才发现那工地上根本就没有居民，全是工棚，那时已快冬天，天凉飕飕的，我没地方住，也不能露天待一晚上，就硬着头皮去敲那些工棚的门，几十个民工挤在一个房间里，人家开门一看是女的，马上就把门关上，不允许我进去，因为他们都睡大通铺。人家民工还说："你怎么能进来，我们睡通铺你睡哪？"我就央求人家，我说能不能在地上，就铺点稻草待一晚上，结果就那么在地上坐一晚上，因为那个工棚太小，根本连躺的地方都没有。这样睁了一晚上眼睛，就这么数星星，然后等着天亮，到天亮以后自己背着几十斤重的器材，一步一步爬到大坝上。然后等开工，等拍照，这期间几个钟头不能上卫生间。

宋　靖：新闻工作的强度和压力都很大，您作为一名女性，在这样一个竞争激烈的环境中，是如何坚持下来的呢？

王　瑶：我在做记者的时候，从来没想过这个问题，而且那段时间就没拿自己当女的看。比如说去奥运会现场采访，40 多度（℃）的高温下，每天背着几十斤的器材，奔波在各个赛场之间，经常是在一个赛场跪上几个钟头，膝盖都是破的。每天几乎就是睡两个钟头的觉，吃一碗方便面，将近一个月的时间都是如此，感觉那时自己的状态很像动物。一个通讯社当时只有我一个摄影记者，现在没法想象我是怎么挺过来的。好几次一上班车就睡着了，过点了，然后就自己背着包往回走。那个期间基本上就是每天奔波 10 个左右的赛场，全部都是用胶卷拍。1996 年亚特兰大奥运会的时候，几十个胶卷在新闻中心冲，然后要等很长一段时间，拿到胶卷以后，根本什么都顾不上，就跑回酒店，像晒咸鱼一样，把所有的胶卷摊在地毯上一张张地看，从中选择要发稿的画面，选完以后用手动的底片扫描仪扫描，扫描完拨通长途电话传回北京，已经是凌晨 4 点多钟，然后接着 6 点钟要赶下一场比赛。编辑也是，都在那争分夺秒，按秒计算什么时候拿到这张照片。不光是国内的报刊，还有国外的报刊，24 小时都有人等着你，随时随地，现在又有网站，网站在等照片的时候就更残酷。时效是生命，所以这个时效也要了我们记者的命。

我和她有一个君子协议

宋　靖：您怎么看待摄影评选？因为经常有实力很强的摄影人得不了奖。

王　瑶：这个非常正常，因为它不是一加一等于二的事，有很多其他的因素，评委的构成、参赛作品、你跟谁比，这也都很重要，所以并不是说没有拿奖就不是一幅好照片，很多大师可能他们一生都没有拿过奖，也许他们没有参赛，也许是落选，但并不证明或者决定他们的照片不是一张好照片，所以它不是决定因素，就像一个游戏一样，那么你参加这个游戏，就要尊重这个游戏的规则，同时不要看得太重。

宋　靖：《60 岁的舞蹈家重返舞台》这幅照片让您获得了世界新闻摄影比赛的金奖，也是从这个题材开始您受到了广泛的关注，能否给我们介绍一下这个专题的相关情况？

王　瑶：当时是非常凑巧。在 1999 年的时候，我从一份都市报上看到一篇豆腐块大小的文字报道，说是 60 岁的舞蹈家陈爱莲要重返舞台，出演 16 岁的少女林黛玉。当时我觉得这个消息非常有故事性，我就找到陈爱莲的舞蹈学校，前后两次跟踪陈爱莲报道，一共是两个星期的时间，然后完成了这组图片故事的拍摄。你想 60 岁的老人演一个 16 岁的少女，我反正从未听说这样的故事，非常有新闻性，而且她为什么要演一个 16 岁的少女？她能不能演一个 16 岁的少女？我想可能都是非常吸引人的故事，而且这个故事背后不光是一个个人的小事，很可能会映射出一些非常引人深思的背景和问题。一个小水滴能够映射出整个太阳，或者整个世界。

之前我和陈爱莲并不认识，我跟她女儿同岁，我第一次去采访她的时候，有很多新闻媒体都在聚焦她。所以当时她有点怕媒体，因为她重返舞台这件事，在舆论界是比较有争议的。有一部分人说陈爱莲 60 岁还出演 16 岁的少女，是中国舞坛的常青树，还有一些舆论说她那么大年龄还霸着舞台不让贤，所以陈爱莲自己可能更愿意安心去排演，不太愿意媒体过多打扰她的生活和工作。

我和她有一个君子协议，就是我拍她的时候绝对是抓拍，不干涉她，我自己隐藏在她工作和生活圈子最边缘的地带。我想可能当时因为这个君子协定，她能够接受我，而且我想也是因为虽然我们之间年龄差距比较大，但是好在都是女人，可能天生地比较容易产生共鸣，可以沟通的东西多一点，这样我们慢慢熟悉起来。在之前我都是每天观察她的生活，尤其最初一两天，基本上是不用快门打扰她的，只是默默地在旁边看，然后当我觉得真正有一点读懂她的时候，我们有一次交谈，可能是因为那次交谈，她才开始从心理上接纳我。就是有一次我们在饭桌上，我说陈校长（因为她是舞蹈学校的校长），您每天这么忙，有这么多人围绕着您，学生也好，工作人员也好，您又是全国政协委员，有这么多事务要处理，但是我觉得您内心是很孤独的。陈爱莲一愣，

60 岁的陈爱莲领衔主演 16 岁的林黛玉 王瑶摄

陈爱莲匆匆赶往下一个城市继续演出 王瑶摄

陈爱莲创办中国内地第一所私立舞蹈学校 王瑶摄
陈爱莲有时也感到力不从心 王瑶摄（以上四图均选自《60 岁的舞蹈家重返舞台》）

然后她看了我几秒钟，她可能当时觉得我在猜测她的想法，可能觉得你这个小丫头怎么能够看到我的内心，当然她什么都没说，从此以后我们谈的话题就更深一点了。

当然在拍摄中我们也会有很多冲突，因为我特别能理解一个演员，尤其是一个那么热爱舞台，把舞台当成自己的生命的演员，她当然愿意观众看到她的永远是一个非常有活力的、漂亮的、光鲜的外表，但是作为一个新闻摄影记者，我更愿意让读者看到的是一个有血有肉的、立体的、真实的、内心世界非常丰富的演员。像我刚才讲到的，她是一个外表非常柔弱，但是内心那么坚强的人，这两点实际上是一个真实的和一个表面的矛盾。我更希望大家能够看到她那种精神的魅力，而不仅仅是一种外表的魅力。当时我们也有过很多冲突，比如说陈爱莲是一个很情绪化的人，很有个性。艺术家嘛，她的情绪有时候会波动比较大，想到过去，或者说在生活当中、工作当中遇到一些特别难处理的问题的时候，她会流泪，然后会一根一根地抽烟，那种情绪就是你可以看到的很外露的那种。每当这时候我举起相机要拍她，她都会反应非常大，然后就说：“干吗要拍我这样，我希望别人看到的我不是这个样子的。”在这个冲突发生之后，我们又有了一个君子协定，我说：“我真的觉得观众之所以还这么热爱您，

以上三图均选自《后 911》 王瑶摄

喜欢您，您的故事还这么打动人，感人，是因为您内心世界的那种美丽。我希望大家能够看到这种深层的美丽，而不仅仅是一种浅层的表面的东西。那么您能不能就让我这么随意地去拍，真实地去拍，拍完以后如果您实在是不喜欢，我可以不发表，只当是给您的生活，真实的生活做一个影像的档案。”可能这是第二个君子协定，她觉得我还是挺值得信赖的吧。

我觉得作为一名摄影记者最可怕的一件事，就是不尊重对方的意图，随意地拿起相机去拍摄。因为做摄影记者的时候，这个机器在你的手上，往往会有人把相机形容成武器，就是当你把相机对准一个人的时候，其实已经有一种威胁，如果你是高高在上的，或者说想有很强的功利目的的时候，我觉得对被摄者来说是一种不尊重，是一种掠夺，那我觉得这是涉及深层的道德问题的。所以我不管拍摄什么样的题材，对待什么样的人物，都尽可能地跟他们形成一种沟通，虽然有时候生活当中只是一个瞬间的抓拍，但是在那一个瞬间里，我想我是非常尊重他们的。而一旦被摄者感到被侵犯时，那我就真的不拍。当时她不让我拍，我肯定尊重她的意愿，我没有拍，但是事后我会通过各种方式去沟通，希望她能够理解我。但是她真的不理解、不允许的时候，那我就放弃，我宁可放弃。

比如说我在美国做访问学者的时候，有一次在纽约街头，我碰到一个乞丐，他双臂萎缩得几乎没有了，拄着两根拐，用嘴叼着一个纸杯子在街头乞讨，纽约匆匆忙忙的人流就在他眼前流过，但是我观察的那几分钟里边，我没有看到任何人，即使是放慢脚步，即使是从他身边过的时候，抱以同情的、真正的注视，都没有。

我当时正在拍 911 之后的美国，我很想拍美国方方面面的人，当然也包括这种美国的弱势群体，所以我就轻轻走近他。我说我是中国的摄影师，我正在拍 911 之后的美国，我问他，我可不可以给他拍张照片。他说他不想拍照，他很饿。然后我就跑到附近买回一大杯饮料和一个大汉堡，因为他没有手，我就站在他旁边，举着汉堡一点点喂给他吃，他开始真的是狼吞虎咽，我就跟他讲，我说我不着急，你可以慢慢吃。等吃完以后，他说小姐我觉得你很美，我可不可以吻一下你的手背，我就把手伸给他，他就吻了我的手背。他很绅士，我觉得他真是世界上最绅士的人。然后我就背着包走了，我想那时候在那一刻，我们不需要摄影，因为他已经被尊重了，这种尊重对于他来说是最重要的，我也感受到个人心理上的一种高尚，我觉得这个高尚，会比真正的留在相机里边的那个影像更长久。

什么样的照片是好照片呢?

宋　靖: 在2007年时您做了一个关于京剧的展览，这组作品和您之前的创作有着很大不同，能否给我们讲讲您创作这组作品的原因?

王　瑶: 2007年我做了“看不见的京剧”的展览。拍摄这个题材的初衷，和2008奥运会有着直接关系。因为我原来一直在中国新闻社工作，潜意识里总有种“外宣”的情结。所以，我就想，这么多老外到中国来了，除了看体育比赛之外，他们还想看什么?他们会从中国带走什么?我觉得，作为一名摄影记者，我应该把中国美丽的东西传播给他们，比如京剧，真是老祖宗留下的非常民族化的好东西。老外对京剧是挺感兴趣的，但说实话，他们不一定看得懂。所以，我觉得应该有一本画册来让他们了解京剧，也能让他们带走。而我又正好晚上才有时间，所以，这个项目也有可操作性。因此，我大概用了一年的业余时间，拍摄了现在大家看到的这些照片。说是一年，其实也就是十几二十几次的拍摄，勉强凑成一本书吧，主要是赶在2008年这么一个契机。说实话，这个项目我肯定还会继续的，应该不仅仅就是现在拍的这些，现在只能说是一个时间段里把第一步完成了，以后我肯定还会从更深更多的角度去表现它。

宋　靖: 在您这么多年的拍摄生涯中，是否遇到过一些瓶颈和阻碍，您又是如何去寻求突破的呢?

王　瑶: 1993年吧，我陷入了一种苦恼。我觉得自己作为一名摄影记者，其实就像一部录影机——不停地从一个现场到另一个现场，到了之后，就打开机器开关，开始录制，录完了，发稿了，好像也就结束了。这样周而复始地重复着，在别人眼中不断获奖的我，似乎有些不知道到底什么才是好照片了。那时候，内心时而冒出这样的念头：哎呀，机器不想开了。

这个时候，我看到了尤金·史密斯的《天堂之路》。这张照片是尤金·史密斯1946年养伤的时候拍的，曾作为“人类大家庭”展览的结尾照片。可能有些人会觉得这张照片和他其他作品相比，显得甜腻，不那么重大，但当时却让我非常震撼，非常感动。在那样一片幽暗的树林里，这两个小小的孩子手牵着手，向前方那一束光亮走去。照片上出现的只是尤金自己的一对子女，很可爱，我觉得那正象征着人类本身。整个人类，不就是这样一代又一代地从黑暗中寻找着光明吗!我看着这张照片的时候，心中满是担忧。这两个小小的背影，是那么孤独无助，他们会走到哪儿去呢?等待他

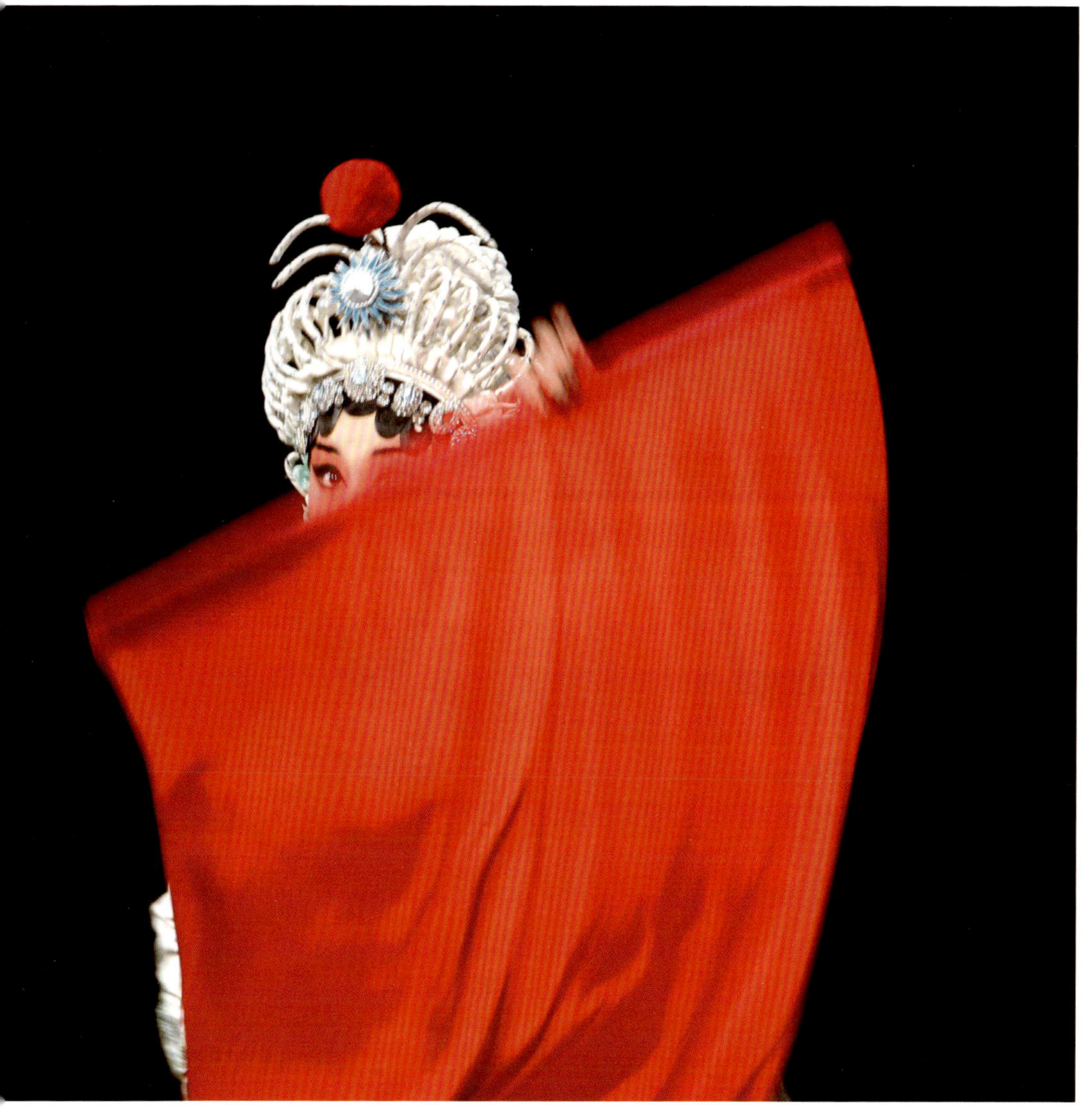

选自《看不见的京剧》 王瑶摄

选自《看不见的京剧》 王瑶摄

们的会是什么呢？我觉得他们就像是两个从坟墓里闪现出的精灵，在这条林间小路上，搜寻着不可知的未来。

这张照片也把我从摄影的迷惘中牵引出来了。什么样的照片是好照片呢？是“有意境”的照片，是耐人寻味的照片，是引人联想的照片。它一定不是那种毫无判断、有闻必录式的现场记录，而是带有某种精神和象征的丰富意义。在这种意义中，甚至就是摄影师自己的心灵在诉说。就像这张《天堂之路》，不也是尤金的心灵之光吗？他拍过那么多惨痛的灾难，可是他仍然满怀着对人类的关爱、对未来的希望，他的这种不放弃的乐观精神，其实是特别打动我的地方。

你说到自我突破，其实我一直觉得我不是一个特别聪明、悟性特别高的人，我就是“笨鸟先飞”，而我特别幸运的是，这么多年帮助我的人真的特别多。现在越来越流行西方的节日了，我觉得最应该吸取的就是感恩节。我真的想不出如果我不做摄影我还能做什么。

我拍陈爱莲，在荷赛中获奖。那个时候，可能大家觉得能从一个普通中国人的故事中去感受中国比较新鲜独特，但现在，这样的东西可能就见得多了。当然这是好事，说明社会在进步，但对于摄影师来说，就必须面对挑战，不断创新。

创新，真的是一件很难的事情。当你拍得越来越多，看得越来越多的时候，你会发现好照片都被别人拍完了。

怎么办？一个摄影师的作品如何才能保持深度、高度、温度和气度？我觉得就是真正地去尊重生活，尊重自己，并且不断地自我修炼。因为每个人的生活经历是不一样的，每个人都会有自己的特殊印记。在你的生活中，书籍、音乐、朋友、家人……生活本身会给你带来很多感悟。这些看似与摄影无关，但它们肯定会在影像中反映出来。我会尽量地去吸收生活给予我的，这是成长的方式。

站在金字塔尖的摄影师，其实都是具备“大爱”和“大悟”的人

宋　靖：最后，对于有志于从事纪实摄影的年轻人，您是否有什么想要说的？您觉得他们最应具备的能力或者素质是什么？

王　瑶：我觉得摄影人应当有审美的眼光、爱美的心灵、表现美的能力，在这种对“美”的表达中，完成自己特殊的使命。而对于纪实摄影人，我觉得他们更必须有社会责任感，

因为我们是“世界的眼睛”。可能对于非纪实摄影师来说，个人化的东西可以多一些，但纪实摄影师必须有所承担，要去拍真正能在历史上立得住的东西，而不是一些花拳绣腿、耍花腔的东西。所谓“令人惊不如令人喜，令人喜不如令人思”，我觉得真正好的照片，就应当是这样的。

我觉得摄影人不仅仅应该有优秀的专业素养，更应该有一种“大爱”和“大悟”。就是说，摄影人应该是满怀着人道主义情怀，关注世界、关注人类命运。摄影人的眼中，不应当只有眼前的那一点世界，应该有一个更高的高度，定位要高一点，不能就定在获奖这种个人名誉上。从摄影史上看，那些站在金字塔尖的摄影师，其实都是具备“大爱”和“大悟”的人。有大爱，才能去发现问题，有大悟，才能够表达出来。现在是视觉传播的时代，影像真是随处可见，急功近利的也不少，但我还是看到，仍然有许多摄影师在坚守着底线。我在担任尤金·史密斯摄影奖评委时也看到，在纸媒低迷、纪实摄影有些式微的情况下，还是有那么多作品在关注弱势群体，关注边缘人群。我想拍这样作品的人，一定不是只爱自己、爱名誉的人。因为你的爱在照片中是无法隐藏的，照片会像一面镜子一样将你的内心清晰地折射出来。尤金·史密斯摄影奖设立的目的，也是为了让这种精神不灭。曾经在荷赛中获奖的方谦华拍的那张楠树叶子的照片，也是我非常喜欢的作品。它讲了一个环境的问题，这不仅是中国的问题，也是世界的问题。“一沙一世界，一花一天堂”，这一片楠树叶子通过摄影师的表现，就不再仅仅是那一片具体的叶子了，它成为所有濒危植物的代言符号了。摄影师通过拟人的手法赋予这片树叶生命。我想，如果我们把这张照片挂在房间里凝视的时候，每个人都会感受到一种悲剧的力量，因为这么美丽的东西正在被毁灭，我们仿佛就在看着自己。这张照片能唤起人们对环境问题的重视，这就是它要达到的目的。

你看，在荷赛中获奖的中国人越来越多了。其实，从影像控制力上讲，中国人真的没有什么问题了，但是真正能用摄影去探索问题、解决问题，真正能了解中国国情，对这个国家的发展、前途、命运加以研究并能够表现出来的，类似于一种“学者”型的摄影人，还是非常欠缺的。

我觉得摄影最为独特最为本质的个性就是：它比别的任何手段都能更为真实地表现世界。当然，掌握相机按动快门的手是主观的，每只手都是不一样的，但是从摄影发展的历史长河去看，它仍然是一种最为真实的表达方式。

摄影师的眼光肯定是有色的，但是，摄影师要对自己诚实，以一种诚实的眼光去观察世界，以真诚的态度去拍摄，这对摄影师来说是非常重要的。因为每一个摄影师观察到的世界可能都只是他在那个阶段的一种认识，而且很多题材已经是前人有所涉及的了。在这种情况下，有些人总会自觉不自觉地模仿大师的眼光和角度，或者不敢表达自己的观点，比如玛丽莲·梦露，她的照片有很多，大部分是把她拍成一名艳星，但在马格南摄影师那儿，她清纯得如同邻家女孩。那么，当一个摄影师面对梦露的时候，他是拍出自己眼中的梦露，还是从众而行拍出一个别人都拍过了的梦露呢？

我觉得，摄影师应该诚实地拍出他眼中的人和事。比如在拍京剧的时候，我看过很多相关的资料，包括图片，但是，那都是别人的，是别人眼中的京剧，不是我的。而我要做的是，我眼中的京剧是什么样的。这应当是我最为真实的一种表达。或许按下快门的那一瞬间，思想和技术还不是特别成熟，但是，这些可以随着时间去成长，以后会拍出更为深入的照片。必须在每一个阶段都真诚地按照那个阶段的内心去拍摄，不急功近利，也不好高骛远。所以，我一直觉得摄影师应当修炼自己，应当让自己成为一个“好人”，这样才能比较好地解决两个问题：关注什么和怎么去关注。

以前我做摄影记者的时候觉得辛苦，但现在不得不待在办公室里的时候，我觉得以前的那种辛苦是一种幸福。我所坚信的是：摄影家应当做一个长跑者，他的前方，始终有一个长远的目标。

率马以骥的中国工业记录者

王玉文

中国摄影家协会第六、七届副主席
现任中国摄影家协会顾问、摄影教育委员会顾问
辽宁省文联副主席
辽宁省摄影家协会名誉主席
国家一级摄影师

● 1948 年生于辽宁。

● 1964—1968 年就读于辽宁省林业学校，“文革”期间，借相机开始业余摄影。

● 1968—1970 年到辽宁省盘锦市荣兴农场平安河大队劳动锻炼，期间被抽调到盘锦地区展览馆。

● 1970—1973 年任辽宁省盘锦市大洼县阶级教育展览馆专职摄影干部。

● 1973—1980 年任辽宁省阜新日报社摄影记者，开始主要负责工业方面的报道，到 1975 年又转向农村的摄影报道。

● 1979 年调入辽宁省摄影家协会，主要负责协会的组联工作。

● 1980—1983 年任辽宁省摄影家协会干事。

● 1983—1989 年任辽宁省摄影家协会副秘书长。

● 1988—1990 年在鲁迅美术学院摄影系学习。

● 1989—1990 年任辽宁省摄影家协会常务副主席、副秘书长。

● 1990—2004 年任辽宁省摄影家协会常务副主席兼秘书长。

● 2002 年任中国摄影家协会第六届副主席。

● 2004—2005 年任辽宁省文联文化产业政策信息处处长。

● 2005—2008 年任辽宁省文联书记处书记、副主席。

● 2012 年由中国摄影家协会、辽宁省文联举办的“时代印记——王玉文工业摄影展”在辽宁美术馆举行，展览记录了三十多年来作者拍摄的辽宁工业辉煌、转型、振兴的过程。

●其本人曾担任中国摄影金像奖、全国摄影艺术展览、平遥国际摄影大展等大型评选评委。

●其摄影作品集《影像背后》曾获 2006 平遥国际摄影大展“凤凰卫视杯”中国摄影家优秀画册奖；系列作品《东北老工业记忆》入选新华社策展的中国十位摄影家作品联展“观看中国”，2008 年在日本展出；2011 年中央电视台《见证亲历》栏目制作系列专题《为中国肖像》第二集《工业摄影家王玉文》，在中央电视台九频道及数字频道播出；多次联袂朱宪民举办摄影作品联展“工人 农民”。

沈重拆迁 2009 年 王玉文摄（选自《时代印记》）

讲评：

王玉文跟朱宪民关系很好。朱宪民曾经拍黄河流域的农民，王玉文则拍东北的老工业。他为人谦和厚道，培养了大批年轻人。在中国摄影界，最活跃最团结的就是他所在的辽宁省，其中王玉文起了很重要的作用。在辽宁，社会各界都很敬重他，听从他的召唤，这一点是我所见过的其他各省没有的。许多人都曾得到王玉文的帮助，他也给了许多年轻人进步的机会。就是这样，大家都非常信任他。王玉文七十大寿的时候，他的朋友们自发地从全国各地赶去给他祝寿。这就是王玉文的人格魅力所在。

王玉文受人敬重，很重要的一个原因是他率马以骥，为摄影界培养出了许多优秀的年轻人，推动了辽宁省摄影的发展，成就了一方摄影人。在平遥国际摄影大展上，在柴油机厂每年都有一个固定的位置是辽宁省摄影家协会和辽宁青年摄影家协会展出摄影作品的展场，由此也可以看出他对于当地摄影的发展、培养年轻人做出了许多贡献。

王玉文还创建了中国工业摄影协会并担任主席，带着一帮朋友积极呼吁，保住了沈阳铁西区一块老工业区，并建立了中国工业博物馆。他还领导中国工业摄影协会在中国工业博物馆举办了以“中国梦·工业情·劳动美”为主题的工业摄影精品大展，创设了工业摄影“金鼎奖”，他是在摄影界拥有话语权并做得很好的一个代表。

这些摄影界的前辈都是我学习的榜样。作为摄影学院的院长，我更多要做的也是搭建平台、推出新人的工作。能够把我们的学生推出去，能够提振摄影学院的精神面貌比自己去创作要有意义得多。

王玉文在一个传统纪实摄影师不太熟悉的工业领域里开创了自己的摄影事业，并取得了令人瞩目的成就。这再次启发了那些找不到拍摄题材的年轻摄影者，不妨从遥远征途、异国他乡的游走与迷茫中回到自己熟悉的环境，回到家，回到自己的本职工作中，悉心观察周遭的人或事，在完成本职工作的过程中深入挖掘。

黄河摇篮里长大的汉子拍黄河人，北京政治文化中心的大舞台上玩闹大的孩子拍风云际会的大事件，云南边陲的老实人便拍山里的乡亲，作为我国重工业基地的东三省，那里的摄影师如果把工业摄影这一充满力量与激情的“创作土地”荒废掉，把承载共和国成长初期宝贵记忆的工厂和工人们摒除在所谓的有价值的纪实之外，那岂不也是没能完成历史的一份重托吗！

王玉文访谈

我对工业题材的感情特别深

宋　靖： 我们这次访谈，希望能通过介绍一些著名摄影人的成长经历，来为一些没有能接受专业艺术院校学习的年轻人提供一些借鉴和启发，因此希望您能讲一讲您是如何一步步走来，如何发现并深入挖掘一个主题，并取得今天的成就的。

王玉文： “文革”期间，我从姐姐那借了一台国产的幸福牌相机，开始拍摄一些照片，从那时起我对摄影就开始感兴趣。后来下乡以后，1969 年，盘锦地区展览馆办一个农业学大寨的展览，我被抽调负责一个典型的报道工作。这期间我和两位老摄影师一起去一家典型单位进行采访，我主要负责整理文字材料，他们负责摄影报道。这两位摄影师都是省里来的 57 战士，都是专业搞摄影的。和他们在一起待了有一两个月的时间，从他们身上我也学习到了很多东西，看他们拍照、组织场面，包括根据一些典型的事迹来组织一些摄影画面。通过学习，我对摄影有了简单、初步的理解。后来我调到展览馆，做摄影干部，正式负责摄影工作，包括展览馆的日常事务和采风工作。1973 年，我调到《阜新日报》当摄影记者。最初负责工业方面的报道，一直干到 1975 年又转向农村的摄影报道。在报社的这四五年时间对我的锻炼是很大的，让我对新闻摄影有了新的理解，对摄影的认识逐渐加深。

1979 年，我到辽宁省摄影家协会工作，主要负责协会的组联工作，组织联络一些会务方面的事情。这段日子，我的创作时间比在报社时多，经常到工矿企业、农村去拍摄，从生活中去发现、拍摄自己比较感兴趣的东西，尤其是工业纪实摄影。因为我从小生活在矿山，我的父辈就是矿工，所以这种感情非常深，对于矿山、工业这方面的情况我也非常熟悉，对巷道、煤车、掘进的过程等等，我都很了解。在当记者的时候我就经常到井下去做报道，斜井啊、竖井啊，还有露天矿我都经常下。那时候年轻，身体也好，经常跟着工人下井拍照。所以，我对工业题材的感情特别深。

大家都知道拍摄工业题材非常艰苦，比较枯燥，不像风光摄影那么丰富，那么美。尤其是拍老工业，工厂里环境不好，还有危险。但出于新闻工作者的责任感、使命感，我始终坚持拍摄这个题材，即使到了辽宁省摄影家协会工作，我仍没有放弃，拍摄了包括鞍钢、本钢以及沈阳铁西的一些机器制造业，还有一些造船企业，拍摄了大量作品。虽然吃了很多苦，可我对工业摄影的这种感情却逐渐加深，在工业影像冰冷坚硬的表面下有我对工业的感情的存在，这样拍起来我就感觉始终很有兴致，所以就这样拍了将近四十年，一直到 2013 年。之前主要是拍东北的煤矿、钢铁、造船等老工业，后期我又开始拍摄了一些新工业。

另外我觉得我的工业摄影还有一个特点就是我一直喜欢拍人，拍工业当中的人物。有位哲人曾经说过：“艺术学是人学。”我就一直喜欢拍摄在工业场景中的人物的变化，包括他们的生产、生活，他们的喜怒哀乐，这是我一直试图去表现的。而单纯的工业场景我拍摄的并不多，我认为老工业当中的人物，他们工作中的那种劳苦与艰辛，那种无私奉献、无怨无悔的精神，对我的启发、对我的触动很大，也不断激励着我去表现他们。

关于《我的父老乡亲》这个专题，早在辽宁省摄影家协会工作期间，我就经常在节假日去农村拍摄。和我的工业专题一样，大多数都是在辽宁这块土地上拍摄的，我基本上没有去更远的地方拍摄，我觉得我生存的这块土地上的故事，就足够我去表现了，而且对于这片土地，我了解它、熟悉它、理解它，我能理解这种环境下的人们的情感，这样我拍起来也更得心应手。

1979 年，党的十一届三中全会之后，在辽宁东部山区、西部贫困地区开始实行农村分田到户，农民那种喜悦确实感染了我，《在希望的田野上》就是当时那种情况的一个很好写照。所以那时一有创作假我就下乡去，尝试在不同时节、不同区域去拍摄，其中冬天下雪的环境我拍摄的比较多，因为这更有东北的地域特色，更能反映我们东北农民生产生活的特色。最近我把这些作品整理了出来，在几个地区办了展览。

这就是我摄影方面的一些经历，比较简单，贯穿始终的还是我对摄影的一种热爱，摄影已经成了我的一种生活方式。其实在几十年的人生中，我也有过很多次从事其他工作的机会，包括从政，但我都没有去，其他的东西都动摇不了我对摄影的感情，我认定了摄影这条道，就想一直走下去。因此，这些年我也一直工作在摄影战线上，把自己的创作和这些与摄影相关的工作结合在一起，这也是我一生中最快乐的事。

选自《时代印记》 王玉文摄

工人兄弟 2003 年 鞍山 王玉文摄（选自《时代印记》）

沈重 2008 年 王玉文摄（选自《时代印记》）

选自《时代印记》 王玉文摄

选题就像挖井一样，要坚持下去

宋　靖：您刚才提到了在工业题材的拍摄中，存在着很多的危险和困难，在您一路走来的过程中，想必也遇到了很多的阻碍与瓶颈，能否请您结合您的一些具体经历，谈一谈您在遇到这些困难时是如何克服的呢？

王玉文：我觉得，只有拍过工业题材的人，才能更真切地了解其中的困难和不易。要克服这些困难，首先你一定得要爱好摄影，当你真正热爱它的时候，你就会愿意付出，不管碰到怎样的困难、问题，你都能越过去。对于一些业余爱好者来说，摄影入门的门槛比较低，可进来以后，拍到一定程度的时候，想要继续提高，难度就会比较大，就觉得怎么都提高不上去了，比较痛苦。而在这个过程中呢，有的朋友就泄气了，逐渐就放弃了；但有的人因为热爱摄影事业，就会想方设法地去学习，向专家学习，向生活学习，而且不断保持创作的热情，不断去发现新的领域，这样可能就逐渐走出了最困难的那个阶段。

关于提高我觉得最重要的就是要选题。这就像挖井一样，不能东挖一下西挖一下，这样泛泛地去“挖”。在确定一口井挖下去以后，就应该坚持，不断地去挖掘，去探讨，一定要见着水才行，这样才能提高，作品才会获得认可。

我们生活的这个大千世界丰富多彩，变化很大，可拍的题材太多了，而当你选定了你要拍摄的一个题材之后，就要对这个题材不断地拍摄，不断地挖掘，不断地自我否定、自我反思，这样才能不断地进步。

宋　靖：那能否请您再结合您的具体作品，给我们讲一些这些作品背后的故事？

王玉文：记得2004年5月2日我到本钢去拍摄，当时那里有很多烧红的钢锭出来，很高很长，在空中一个一个地过来，这是一种比较老的生产方式，现在已经不用了。当时我在拍摄的时候，那个钢锭从我头顶划过，其实它和我的距离还很大，但那种下意识，我突然抬头一看这钢锭过来了，右脚一下插到钢板里，往后一仰，当时为了保护机器，一下就摔倒了，右腿在两个钢板的夹缝中被别折了。别折以后，我当时还没感觉怎么样，就是很疼，但还能走。后来上医院一照相，医生就问我：“你这怎么还走呢？腿都折了！”然后就把石膏给我打上了。之后完了本来准备就回沈阳了，但几个当地的朋友还非得留我吃饭，也很有意思，四个人把我抬到一涮羊肉的小饭店，把我的脚架在凳子上，要瓶二锅头，还喝呢。喝着二锅头，我还疼得直淌汗。后来半年多才好，也是个挺有

在树洞中等车 1981 年 新宾 王玉文摄（选自《我的父老乡亲》）

收割 2009年 盘锦 王玉文摄（选自《我的父老乡亲》）

2014 年 吉林 王玉文摄（选自《我的父老乡亲》）

意思的故事。所以工业摄影的确比较危险，可能会碰上很多类似的事情。

还有一次我大年初二去农村拍摄过年的一些内容。到了那边的一个公社，当时还叫公社，那里有位女同志就问我："你来干什么啦？"我说："我想来拍照片，这不过年了吗，我想拍点具有咱们东北风俗的过年的东西。"她说："这过年了都放假了，要到正月十五以后才上班，我是在这值班，公社的招待所也都不开了，食堂也没有，谁管你啊？"我当时也挺为难，觉得这咋整啊？我说："这样吧，我这么远来也不容易，也不能就这么回去了，你帮我想想辙。"她看我态度挺诚恳，就说："你跟我回家吧，我家离这有个几十里地，翻个山走过去就到。"这样我就跟着她到了她家，吃住都在她家，后来他们上山去河里扎鱼我都和他们一起去，那段时间我觉得特别好，老百姓也特别真诚，很有意思，那段时间拍了很多东北农村非常淳朴、非常朴实的照片，那时拍照片感觉特别的轻松，一点负担也没有，一点功利的东西也没有，也没想着去获奖还是什么的，就是想拍照片而已。我最近展出的这组《我的父老乡亲》里面有好几幅就是那次拍的。后来有的朋友就问我，你这组照片看得出来拍得非常轻松，是为什么呢？我说不为什么，就是因为没有任何其他的想法在里面，什么参加展览啦、获奖啦什么都没有，就是想拍照片而已。现在我年纪大了，有时候还想有机会能回去看一看，当时我给他们拍照的那些孩子现在也都是三四十岁的人了，我还想重新去拍拍他们，现在我也在想这个事情。

你一定得和他们成为朋友，并且真的懂一些相关的知识

宋　靖： 您刚才提到您在拍摄工业题材中，最关注也最常表现的是工业场景中的人物，这其实涉及我们摄影者与被摄者之间交流沟通的问题，这点上能否请您讲一些您的经验和体会？

王玉文： 这点我其实特别有体会，自己也动了很多脑筋。每次去拍工人时，我都会在兜里揣几盒烟，把这些烟作为我和工人沟通的一个工具。见到这些工人们，我先把烟拿出来分一圈，这样就很好沟通了。比如去拍蒸汽机车，因为我熟悉生产过程，所以就会在语言上选择一些和他们接近的东西去交流。工人在休息、交接班，或者上水的时候，我就和他们去交流、去拍摄，这样拍出的东西就特别真实、自然。

这些年工业不断发展，老式蒸汽机车逐渐消亡。有一次我去阜新拍照，就遇上了这样一个节点。当时一个蒸汽机车工人主动和我打招呼，要我给他们班组拍张合影，他说：“我们明天就要进学习班去学习内燃机了，就想拍个合影，留个纪念。”后来我给他们拍了合影也给他们邮去了。他们拿到照片也都很高兴。一年后，我又去拍了，他就喊我，说：“师傅，你还记得我吗？”我说：“记得啊，去年不还给你们班组拍了合影吗，你怎么样啊？”他说：“你看到那辆内燃机车了吗，那就是我开的啊，我考上啦，有几个没考上的他们下岗啦。”看到他们发自内心的那种喜悦，我觉得他们为了工作、为了生存，真的也是不容易。

所以我就是用这样一种方式来和他们进行沟通，一方面是我熟悉工业相关的情况，能和他们有共同语言；另一方面我和他们一起抽烟、唠嗑，聊聊钢厂的情况、家里的情况、孩子的情况等等，进行这样一些深入的沟通。人嘛，都有情感，这样深入地沟通之后就更容易接近了，这样你拍起来也就更容易、更自然，特别是工业题材，有的场景如果没有工人的配合你根本就拍不了。所以你一定得和他们成为朋友，并且你也需要真的懂一些相关的知识，这样聊起来才亲切。有的朋友和我一起去拍摄的时候就很好奇，

觉得我怎么能和工人们聊起来呢？我说这就需要基本功，需要拍摄工业题材的基本功，和他们聊聊应该说是一个必要的过程，只有通过和他们的沟通，工人们才不会紧张，否则动作、表情都会发假，容易夹生。所以我还是愿意去拍摄生活中最真实的、最自然的、最淳朴的人，这样的人才有血有肉，才鲜活。

宋　靖：在您这么多年的摄影历程中，有没有一些摄影师对您产生过较大的影响？

王玉文：对我影响比较大的是朱宪民。我们老哥俩的友谊有三十多年了。虽然我们在艺术上的看法可能不尽相同，但是这种友谊却越来越深，像亲兄弟一样。他在摄影创作上对我的影响很大。以前新华社给我们俩搞了一个展览，我谈了我的一些想法，我认为我的作品没有朱大哥的作品那么深刻，在拍的时候也没想那么多、那么复杂。他的作品比较深邃，尤其在关注时代、关注百姓的过程中，拍得非常深刻。像他的黄河系列，那种母亲河两岸人的生活状态被他表现得非常深入到位，尤其他对典型瞬间的那种抓取，看似非常随意，但却非常体现功力。我和朱大哥的创作风格迥异。他的作品对生活的思考与理解比我透彻，对现实更具批判性。而我则更喜欢浪漫一点的东西，喜欢在作品里寻求和呈现生活中的这种浪漫。可能是因为我们俩生活和成长的轨迹不一样吧。

宋　靖：最后，对于有志于从事纪实摄影的年轻人，您是否有什么想要说的？您觉得他们最应具备什么样的能力或者素质？

王玉文：有人曾经说：“艺术是一条小道，不要都拥挤在这条小道上。”我觉得这话有道理，摄影也是一条小道，但是既然你已经走上了这条小道，就要义无反顾地走下去。摄影能给你的人生带来很多趣味，而且在你的生命过程当中，也能带给你勇气和快乐。摄影和生活是紧密相连的，我们热爱摄影就应该深入到生活当中，去体验、感受，有一种挖掘的精神，这样就可能离成功不远了。

守住阵地　沉下心来

王　悦

高级记者
山西省文联副巡视员
山西省摄影家协会主席
中国摄影家协会第六、七、八届副主席
中国文联全国委员会委员
中国摄影家协会艺术委员会主任
中国文化产业促进会副主席
世界摄影界组织同盟副主席兼秘书长
北京电影学院客座教授

- 1950 年生于山西。
- 1968—1981 年任山西省左云县学校教师、宣传队干事、文化馆干部。
- 1981—1983 年任山西省左云县委通讯组组长。
- 1983—1988 年任山西日报社记者。
- 1988—1992 年任山西日报社摄影部副主任。
- 1992—1995 年任山西晚报社副总编辑。
- 1995 年 3 月起任山西日报社摄影部主任。
- 1995 年当选山西省摄影家协会副主席。
- 2002 年当选山西省摄影家协会主席、中国摄影家协会第六届副主席。
- 2004—2006 年任山西日报报业集团编委，兼任山西日报社摄影部主任、山西省摄影家协会主席、中国摄影家协会副主席。
- 2006—2015 年任山西省文联副巡视员、山西省摄影家协会主席、中国摄影家协会副主席。

黄河之水天上来 王悦摄

讲评：

王悦从一名学校老师转变为通讯员，再慢慢成长为《山西日报》的记者、摄影部副主任，直到和朋友一起创刊《人民摄影》，创办平遥摄影节，为中国摄影界培养了很多人，做出了很大的贡献。

王悦也是拍自己本土的东西。他生在黄河边，拍在黄河边，并且是拍摄黄河壶口的专家，所以他对于当地的景色变换时间非常了解，这也是他多年经验积累的结果。不过他拍的黄河与朱宪民拍的不一样，朱宪民是拍黄河边的老百姓，王悦则不仅拍人物，也拍摄黄河边的景观和人与环境的关系。他们都在自己的家乡做摄影文化的推动。

王悦参与创建的平遥国际摄影大展给摄影界带来的震动也是非常大的，不仅给了很多年轻人展示自己的机会，也极大地推动了中国摄影与世界的交流和自身的进步。很多摄影院系的学生每年都会在平遥有一个专门的展场展示自己的作品，并且学生们每年都很认真地准备自己的作品。从打印到运输，再到现场展示，全程的参与与实践对学生来说也是另外的一种学习方式，而对老师来说，推出学生的作品是最大的心愿。但如果不能保证展览的质量，也会让组委会对学生们失去信心。就北京电影学院来说，让人欣喜的是，我们的展览效果都非常好，得到了观众的认同，也展示出了我们自己的风采和水平。

以上五图均选自《守望脊梁》 王悦摄

以后才知道是山西日报社主办的。

王　悦：办摄影报就是山西最早有这个想法。当时山西日报社摄影部的工作在省里是有一定位置的，时任省委书记非常关心摄影事业，并在多方面给予很大的支持。可以说，当时山西日报社摄影部的工作和记者的摄影器材在全国来说是比较好的，所以办一份全国性的摄影报是大家的共识。

宋　靖：新闻在摄影领域占有很重要的位置，这也是敢说真话的表现，实事求是，因为图是不能造假的。

王　悦：报纸和新闻摄影两翼齐飞，为中国摄影发展创造了良好的机遇，当时各省市摄影记者的地位开始提升，山西办了一份有影响力的摄影报，培养了不少编辑人才。

宋　靖：太多了，现在中国摄影家协会的骨干力量好多都是《人民摄影》培养出来的，还有这几个摄影节的创办者也都是从《人民摄影》出来的。山西、河南都是文化大省，摄影节在这里诞生不是说不可能，觉得好像能够存在诞生的可能也是挺吸引人的。平遥摄影节被誉为国际上规模最大、影响力最好的，您在这儿主持了6届。

王　悦：2001、2002年主要是《人民摄影》负责承办，2013年中国摄影家协会作为主办单位，我作为中国摄影家协会副主席担任了组委会副主任和艺委会主任。

宋　靖：省报主任是搞新闻摄影的，一般当不了省摄影家协会主席呀！

王　悦：是的，省报摄影部主任是搞新闻的，所以全国各省摄影部主任当主席的很少，前年湖北日报社摄影部主任也担任了省摄影家协会主席。

宋　靖：那您是从什么时候开始拍有关大同的工业题材《守望脊梁》的？

王　悦：我拍大同工业题材是有历史原因的，因为我父亲就是煤矿工人，同时因为山西是能源重化工基地，在煤炭、钢铁等方面为国家的建设做出了非常大的贡献，但是之前关于这方面的报道很少。我以前在县里工作时对工农业方面介入比较多，等我到了《山西日报》当记者后，就介入了这方面的题材。一开始只是新闻报道，后来才开始记录一些过程。所以，我举办的“守望脊梁”展览和出版的画册，也是想引导大家关注这方面内容。现在，山西很多国家一五、二五的大企业都开始搬迁，在我的倡导下很多摄影人开始关注这方面的题材了。所以这也是一个情结，我循着父亲下过的井寻找父亲工作过的巷道和工作面，去寻访与父亲一起工作过的老工人。我觉得就是因为有这种情节才能使你深入下去。我不会因为下矿井危险就不下矿井了，我下过很多危险的小煤矿。

宋　靖： 那些老的厂房到现在还保留着吗？其实这也算是一种文物。

王　悦： 现在被搞房地产的建楼房的拆了不少。

关键是文化底蕴和艺术修养

宋　靖： 您从事了这么长时间的纪实摄影，您觉得作为一个年轻人要是想从事纪实摄影的话，应该具备哪些条件？

王　悦： 我觉得关键是文化底蕴和艺术修养，这是肯定要具备的，同时选择题材也是从事纪实摄影很重要的一点，选不好题材你就不能讲好一个故事，这是不行的。比如我要拍壶口，我就必须认真仔细地把有关黄河壶口的历史、文化、人文、四季变化都认真地研究，并用艺术的手段坚持数年不停地完善。我把这个“箱子”里头的东西装得满满的，就能拍出别人拍不出来的照片和作品。比如有一张照片我想了 25 年，才终于如愿了（笑）。古诗里讲的“黄河之水天上来”，怎么能够表现出来？像壶口就不是水从天上来的感觉，但因为壶口有奔腾向前、一泻千里的气势，是民族的象征，我就一直琢磨着怎么拍出《黄河之水天上来》这张照片。2012 年，我在航拍黄河的时候，选了一个角度，确定拍摄点必须在山头上，这就要求有 800mm 的长镜头来完成。我用这 800mm 镜头在壶口水最大的时候爬上山头拍了这张《黄河之水天上来》，并把它打印成一张 2.5m × 7.0m 的照片，在“美丽山西摄影展”上展出之后受到大家好评。

宋　靖： 您刚刚说守着自己的土地也很重要。

王　悦： 非常重要，有的人总是模仿别人，想真正创意出大作确实很难。所以我始终忠告大家，摄影就是坚守住一个题材，那你就能挖掘出东西。比如，你关注工业、化工、煤矿，那你就能成为这个领域的专家。你对它相当了解，对它的时间、它发展的脉络都非常清楚，那么你自己拍摄的脉络也会很清楚，比如拍摄壶口。

我说早晨 6:40 必须到，是早晨拍摄的最佳时间；下午 4:00 就没有太阳了，太阳就落山了；上午 10:20 分开始有彩虹，时间很准，人家一看确实是这样，因为我拍摄

山西吕梁石楼县“天下黄河第一湾”鸟瞰 王悦摄

壶口这么多年，对壶口非常熟悉。你去壶口一次两次，是达不到这个水平的。我是通过研究、琢磨、分析的，只有把详细的情况琢磨透了，才能得心应手。

宋 靖：这个是世世代代多少人总结出来的，我想要是讲给学生听肯定特别有益处，太好了。那您《守望脊梁》这个题材，还准备继续往下拍吗？

王 悦：是的，继续往下拍，现在山西的机车车辆厂马上就搬迁。

宋 靖：估计这个机车车辆厂也挺漂亮，做那个内燃机车，我记得小时候车上写着山西大同。

王 悦：你说的那个是428大同的那个机车，山西有三个机车车辆厂，运城的永济有一个，太原有一个，大同有一个。

宋 靖：那现在这个机车车辆厂是因为有高铁就不生产了吗？

王 悦：它就是生产高铁的，重载的火车、车皮，还做修理车这些。我觉得新厂房和50年代的车间不一样，得抓紧时间去抢拍这些马上就要被淘汰的企业。比如小炼钢厂，以后老厂房、老工艺、老工人就没有了，要为他们留影，有记录历史的意义，再不拍就消失了。

宋 靖：这个想法相当好，以后的孩子都不知道什么叫翻砂车间了。

王 悦：因为3D一出现，这些马上就没了。

宋 靖：这些是革命性的，应该把这些赶快记录下来。

王 悦：所以我们不要每天去拍夕阳西下、小桥流水，但是往往很多人在拍这些。

宋 靖：每个人的理想与想法不一样。

王 悦：必须有人去引导大家，给人以启迪。像我们当时当记者的，成天拍照片就是到公园里，拍唱戏的、拍放风筝的、拍情人，太没意思了。其实我们生活当中有很多东西值得拍摄，比如太原，现在还有送煤球、送蜂窝煤的，这个你到北京是看不到了，你把这个记录了，既有画面，也有历史。比如太行山里面的石头房，你做一组石头房的组照多好，有画面，有人物，有生活。

宋　靖：好多人说不知道拍什么，但我跟您的感觉一样，觉得题材太多了。问题是为什么看不到？可能有的人心不在这，没有兴趣。

王　悦：没有兴趣，不理解那个东西，他沉不下去。往往有些东西你要沉下去才能有感悟。没有感情，肯定视而不见。

宋　靖：我有个学生，毕业以后在清华大学，专门拍文化遗产，要申请世界文化遗产。好像在长治附近，还有晋城附近，很多大院还都保留着，现在整片的地域都要申请。

王　悦：山西大院多的是，晋城、长治古堡也不少，前些天跟省文物局的人聊天，说晋城有个湘峪古堡，要重点扶持，给了 2600 万元。

宋　靖：现在欧洲的古堡也留了很多的影像，只要是文明发展比较早的，基本都有古堡，像安第斯山脉，刚开始人类居住的时候都是山洞，石头砌成的，也算是古堡了。

王　悦：在平遥摄影节的时候，外国驻华使馆有好几个参赞，我跟他们交流这些想法，他们非常高兴，更关注农村古村落、古堡。

宋　靖：这个太好了。

王　悦：这是一种人文艺术，因为如果只有单纯的影像就没有意思了。

宋　靖：而且它的深度要比其他的艺术形式更广，我们要利用。

王　悦：我就想一定要用做大文化的概念去诠释，不能单一，出一本画册也要有大文化的概念。

宋　靖：多方位地展示，让人们去理解，影像其实是最直观的，背后的内容是什么更应该去探讨。

王　悦：就像喝茶一样，要慢慢地品，认真地品，感受就进去了，就让人喝得更有味道啦！

从摄影本身去创造更多的可能

徐　勇

自由摄影师

北京 798 艺术区的主要创始人之一

● 1954 年生于上海。

● 1978 年毕业于河南科技大学（原洛阳工学院）。

● 1984—1988 年任北京广告公司摄影师。

● 1986 年在北京第一次举办个人摄影展。

● 从 20 世纪 80 年代至今不断地进行摄影媒介的艺术创作。

● 其系列化代表作品有《胡同 101 像》（1989 年）、《开放北京》（2001 年）、《小方家胡同》（2002 年）、《布景与背景》（2006 年）、《解决方案》（2007 年）、《十八度灰》（2010 年）、《这张脸》（2011 年）。

柳巷胡同 1989 年 徐勇摄

讲评：

徐勇是798的创始人之一，他原来是在广告公司当摄影师，第一个合作的就是北广。他有这个意识，像胡同旅游，据了解就是他先提出了这个概念，弄了几辆黄包车。

简言之，徐勇特别会做跟摄影有关的一些社会活动，包括他做的时态空间，也是最早在摄影界做展览展示的一个地方。徐勇的摄影当然也是跟他的工作一起慢慢成长起来，从刚开始拍，到抓住生活的有效资源，将之呈现出来，最后得到社会的承认，进而开发作品的商业价值及其衍生价值。

徐勇还特别善于与人合作，比如说聘请青年策展人、视觉文化研究者舒阳担任时态空间艺术总监，比如说与《解决方案》的拍摄对象俞娜合作，他是一个非常善于策划活动的，有目的、有组织性的人。

不仅如此，徐勇还是一位艺术家，他对当代艺术的认识，不是我们平常的认识，而且他认为纪实是主观的，记录是客观的，二者差别很大。所以徐勇做各个系列作品是转型，一定程度上也是过渡，而且他不局限于早年的声名显赫，似乎永远处于不断创新的状态，不给自己包袱，这种主动的创新是值得我们学生学习的。

徐勇访谈

“记录”和“纪实”区别很大

宋　靖：我一直在说作为教育者，能培养出一批靠所学的手艺吃饭的人就很不错了，但是这样都是相当困难的。我写这本书不光是要探讨一个艺术家的创作理念是什么，还要让艺术家谈谈他自己的成长经历，在这个过程中，摄影对他的成长起到了什么作用，当这个机会来到的时候是怎么做的，又是怎么做成功的。

徐　勇：每个人的经历都不能复制，社会发展的阶段环境也不同。我开始做摄影时，国内摄影的信息和经验非常缺乏，西方的摄影资料极难找到。20 世纪 80 年代初搞创作，基本上是在没有外来资料参考的情形下进行的，国内只有一些画意摄影和宣传摄影的资料，还有一些技术层面的资料。我去听过狄源沧的课，那个时期只有他给摄影人传递一些西方摄影信息。但那时搞摄影比较容易产生影响，像四月影会在中山公园的第一次展览，虽然展出的作品放到现在看比较幼稚，基本上都是风光小品小情调的记录，但当年却引发轰动，成为国内当代摄影史的开端性事件。那个时期拍小品本身就是了不起的事，是对“文革”图式、政治宣传摄影的反叛，也证明“文革”结束后摄影从政治层面走进真实生活，显示了人性的一面。那时拍张稍好看点的照片获个奖，很多媒体都报道，摄影圈甚至文化圈里的人都知道。那时爱好摄影的人比现在少得多，主要是媒体记者和家里条件比较好的人搞。所以说那时候和现在做摄影的环境是不一样的。

宋　靖：这确实是一个辩证的关系，一些环境不能复制了，但也能从他们身上借鉴到一些东西。您一直是在城市生活，有的人可能在农村生活然后到了城市，有的人在城市生活然后到了农村，这些都是不一样的经历。但是在这样的经历中也许他们的一两个字就能启发一些不一样的想法，一两句话就可能带来转折。我也就是从这样一个出发点去开始写这本书，也不知道能不能对学生产生影响。

徐　勇：好。如果我从创作谈起，就相对比较简单。我个人来说，1971年从父亲的河南干校回北京后开始爱好摄影，至今已经有40来年，算半辈子吧。从《胡同101像》、《小方家胡同》到《十八度灰》、《这张脸》，发表了不少作品。我认为迄今自己的摄影是直接摄影，就是拍摄后不做暗房或电脑重新处理。直接摄影不等于是直接记录摄影。从《开放北京》那本影集以后，我的作品大部分也不属于直接记录的摄影作品。我对直接记录摄影也很喜欢，并且认为如果摄影对象方法处理得当，直接记录或抓拍也可以是当代摄影的一种观念性语言，如沃尔夫冈·迪尔曼斯的一些作品。

说实话，我对“纪实摄影”这个概念是有不同理解的。这个概念太中国式。中国曾经有过“报告文学”和“纪实文学”的概念或提法，现在已经没有了。现在有“虚构”和“非虚构”文学的提法，“非虚构文学”听起来也是怪怪的。电影只有“记录电影”，从没听说过“纪实电影”。其实西方只有“社会记录摄影”或“档案摄影”、“证据摄影”的提法，和“纪实摄影”在概念语义上其实有很大出入。“记录”和“纪实”区别很大。我们“纪实摄影”的概念是1981年由当时《国际摄影》杂志的林少忠和电影翻译家王惠敏从美国翻译过来的。社会记录摄影是美国20世纪30年代经济危机以后兴起的一种摄影，由于经济危机引发的社会动荡，原本的“档案摄影”、“证据摄影”变为以自觉追求改变社会为目的的摄影，这也契合当时国际共运、左翼运动的需要，契合中国的人文精神。这里其实包含着一种政治正确的价值判断，用政治标准来判断摄影价值，但在这种标准之下摄影的客观记录性是可疑的。证据或档案还是真的吗？这其实涉及摄影普世价值和审美价值的思考。我们总喜欢谈“关怀”，特别是做摄影的人。尽管我的血液同大家一样，但我不认为自己拿起相机就站在道德的上方，有权利去“关怀”别人。拍照是一种权利，“关怀”是一种优越在上的姿态，结果就可能把摄影当成主观的宣传，而不是客观真实的信息传达。这只是我个人的见解，对“纪实摄影”这个概念有兴趣的人可以去了解当年林少忠和王惠敏翻译这个词的详细情况。

宋　靖：“四五运动”的时候您拍了么？

徐　勇：那时候也拍了，但当时我不认识四月影会的那些人。

宋　靖：没参加四月影会？

徐　勇：对，没加入四月影会，摄影上只是同路过来的人。

宋　靖： 我看您的简历中显示您在洛阳工学院学习过，您在那儿学什么？

徐　勇： 我在机械制造系学轴承专业。轴承工艺里有铸造、热处理、机械加工等工序，我是学习设计制造轴承的全过程。

宋　靖： 您是学轴承的？那中国最大的轴承厂就在那儿？

徐　勇： 就是洛阳轴承厂，然后是哈尔滨轴承厂、瓦房店轴承厂，是这三个。我是"文革"以后比较幸运的一代，就是没有去插队，但是去了父亲的干校，当时社科院干校在河南信阳。我在干校待了一年。

宋　靖： 工农兵学员？

徐　勇： 对，最后一届工农兵学员。现在洛阳工业学院叫河南科技大学，我在那里学习到 1978 年毕业。

宋　靖： 就分回北京了？

徐　勇： 对，又回到原来北京的工厂，就在三里屯。

宋　靖： 那您是怎么接触到摄影的呢？

徐　勇： 接触摄影就比较早。记得二三年级的时候在太阳底下用爷爷的玻璃底片在相纸上直接晒照片，相纸一变色留下景物影子，觉得新鲜好玩。还去上海少年科技站听摄影原理课。我小时对机械的东西都很有兴趣，参加过上海少年科技站的很多活动。那时有一些提供给青少年的科技读物，我记得有《少年电工》、《少年无线电》，还有《照相原理》等，都是很薄的那种书。我还装矿石收音机，后来装半导体收音机。相机也是我喜欢琢磨的。我爷爷年轻时家里的条件比较好，喜欢旅游摄影，20 世纪 40 年代在上海参加过摄影比赛，有两台蔡司相机，家里有很多玻璃底片。所以对摄影的兴趣我从小时候就有了，但是第一次接触摄影是在父亲的干校里。

父亲有个同事叫蒋和森，他是北大新闻系毕业的，是个多才多艺的人，在研究红学方面非常出名，文学所里的人称他"小俞平伯"。他有一台莱卡相机，常常带他儿子蒋迪和我去野外拍风景，晚上就用红纸罩着煤油灯洗照片。那太有意思了，我不会忘记。所以我真正接触摄影是从那时候开始的。回北京后我被分到工厂，学徒的工资第一年每月 16 块，第二年 18 块，第三年是 21 块。我第一年就攒钱到北京前门劝业场

白塔寺东巷 1989 年 徐勇摄
草厂胡同 1989 年 徐勇摄
前井胡同 1989 年 徐勇摄
忘记名字的胡同 1989 年 徐勇摄

买了台旧相机，苏联佐尔基牌的，大概花了 40 多块钱吧。攒这四五十块钱对那时一个学徒工来说非常不易了，我在工厂食堂吃饭只买一毛钱一份的菜，还把家里爷爷奶奶的旧衣服拿去旧货店卖了，凑够 40 多块钱买了那台相机。那以后我就开始到处拍照，用的是廉价的黑白胶卷，甚至裁剪保定产的黑白电影胶片装到相机里拍照，处于自发业余的摄影状态。所谓摄影创作大概是从 1980 年开始的。那时《北京日报》组织了“文革”后北京第一次摄影比赛，题目叫“北京一日”。我记得我跟贺延光一起被分到北京第一机床厂去拍照，后来得了个三等奖。

宋　靖： 就是建外 SOHO 那儿吧。

徐　勇： 对，机床厂就在现在的建外 SOHO 那地儿。

宋　靖： 我对那个工厂还有印象。

徐　勇： 就是那块儿，厂拆了后地卖给了潘石屹。那次获奖我非常兴奋，名字和照片报纸上登了，那时大家都很关注这种奖。

宋　靖： 那时候国内摄影杂志还没恢复吧？

徐　勇： 摄影环境跟今天不能相比。那时大家把摄影看成一种比较高级的知识化的东西，摄影人有种优越感。那时跟画画、写诗的人经常往来，诗歌的地位很高，政治上比摄影、画画更敏感。那个年代正是国内纸媒市场化快速发展的时候，照片很吃香。

宋　靖： 对，您看您和贺延光老师同时从“北京一日”里出来后，其实走了两条不同的道路。那天我们也和贺老师聊了，他一直说，那个年代摄影记者的地位和接触面跟现在比感觉完全不同了。

徐　勇： 对，他是从天安门“四五运动”走出来的。摄影记者有很多条件去接触社会事件。

摄影作品更应该强调摄影媒介本身的新观念

宋　靖： 另外，对于您的《解决方案》那组照片，我觉得是我看到的观念摄影里面我能够接受的。其实我俩的经历有点像，我从大学毕业之后一直在当广告导演，拍了很多广告片。其中我自己当导演的有六七十次，后来我就没有再拍了。现在主要是有几个大导演帮我拍，我有几家广告公司，可以去做这些事情。其实那个时候我们学校有一个老师，他搞摄影，搞了两三层合在一起，是观念摄影。当时我做广告导演的时候，我们学校还有一个老师叫王洪海，也是广告导演，他拍的最著名的就是秦池。那个时候我们都是到香港去胶转磁，转磁之后有时候在香港做后期，有时候在广州做后期。我们最次的画面最少能合到一二十层，是很正常的。我第一次拍一个酒的广告，就直接给嫁接到美国那个双子座上，从双子座上要弄两条大横幅就下来了，就是用特技的方法表现。广告摄影里合十层很正常，怎么突然之间图片摄影合两层都觉得是多高的技术了，是多前卫的一种方式了？然后我正好和王洪海碰到一块了，说这就叫观念摄影。我笑笑没说话，实际上比着电影，比着广告，图片摄影合成这样还叫艺术？我就觉得接受不了，完全接受不了，我觉得是莫名其妙地把两个东西放在一起。这两个东西放在一起必须有化学反应，生成第三种东西才有意义，要是两个东西硬是往一起一粘就叫观念摄影，我不认可。那为什么我看到您的这组照片我认可，因为有生活，您在作品中提出了一个社会问题，然后您用摄影的方式把当今社会的一种现象展示出来，您把摄影当作一种手段和介质来展示您对社会的看法，而且您给大家呈现得非常克制，非常有分寸，我觉得是艺术。实际上您刚刚提到了，其实不管任何艺术手段，最终都是一种介质，最终表达的是一种思想，不管是纯记录的，还是现在数字化之后将技术门槛降到几乎是零的时候，我们艺术家最终要表现的思想怎么表达出来，我觉得在这一点上您做了一个特别好的例子。

徐　勇：编导式摄影是现代摄影一种传达观念的方式，西方比较多，杰夫·沃尔很成功，比较典型。20 世纪 70 年代辛迪·舍曼就开始自拍剧装照。所谓观念摄影，也就是从概念思考切入，摄影是手段，对象作为材料。每个作者都需要用自己的拍摄方法强调自己的理念，一般不是以信息传播为目的。摄影已经跨越了镜子和窗户的时代，今天它同其他艺术媒介一样不仅是主观的，更主要的是一种思考工具，它强调和提出的不仅是视觉问题，作品更重要的是思想的问题。别人对你作品的认同其实是对你观念的认同。观念是开放的，可以是社会学意义的，可以是哲学问题的，或者是关于摄影语言或视觉本身的。

我认为摄影作品强调摄影媒介本身的新观念应该是一种更重要的价值，比如关于视觉的真实性、图片中的世界的真假问题等。其实对观念摄影来说，图片本身只不过是一种讨论问题的介质，摄影语言方法反而是更重要的，你的概念思考和对问题的解释都必须用你自己的语言方式给出答案。你刚才说的电影学院老师，比如说把多层合为一层，

解决方案 A3 2007 年 徐勇 + 俞娜

这也是一种方法。但为什么要用这个方法？他拍的东西使用这种方法背后的思考是什么？你要清晰地通过你的作品让别人能理解或感觉得到，这是最关键的，也就是说方法背后要有逻辑支撑。所以我觉得今天的摄影，大家已经把它看成和其他的艺术媒介同等的一种思考媒介了，那大家起码要做到不能说同样的话，用相同的语言来解释这个世界。像这样的摄影，已经不是一种纯情感化的东西，传统的摄影经验有时不起作用。摄影的好处其实是比其他艺术媒介更能直接体现创作者和创作对象或作品内容的关系，坏处是它无可避免的那种机械相似性。好处坏处其实也是可以转换的。我的《解决方案》是从自己与被摄对象的关系中去寻找可能性。作品中的裸体不仅仅只是裸体，有真实的身份，被摄对象同时也是这个作品共同的作者。妓女这个题材不新鲜，摄影里有很多，我跟人家拍的怎样才能不同？图式上怎么拉大距离？我通过《解决方案》和《这张脸》两个作品来做了实验。这两个作品动手拍之前的思考比较费劲。

宋　靖：就像您说的那个逻辑链连上了。

徐　勇：对，《解决方案》概念思考比较复杂，我也看了《娜拉出走以后》。其实这种摄影形式无非是编导摄影，或者就是一种舞台式摄影，没什么新鲜的，中国也有很多，王庆松就是这么做的，他的图片场景都是自己想象派生的，也参照了一些现实或绘画的样本来构思，而我的作品和真实人物发生了关系，这点不同。比如《解决方案》和《这张脸》里的被摄对象都是真实人物。同样是编导作品，我还必须跟他人的图式拉开距离。《解决方案》我就在一个舞台上置景，表明就是拍戏，不去仿真，和真实的夜总会环境没任何相似，像拍广告片一样的手法，这也是我擅长的，彻底用上了我在广告公司里的摄影方式。作品由俞娜自己来按动快门并把这个动作显示在图片上。其实《解决方案》只是给大家提供了一个讨论这类女性生存问题的公共平台，并非真的就能以这种方式解决她们的生存问题。

跟人沟通是一件比较难的事情

宋　靖：对，这个能体会到。那您创作的《解决方案》和《这张脸》作品其实在纪实摄影里有一个很关键的关系问题，就是您和被摄对象的信任是如何建立的？因为说到信任，比如到农村拍摄一个老太太，这个时候您进入人家的家庭时也有一种信任。更何况这种特殊身份的人，她们怎么能够信任您，把她的脸公开出去，然后还说得非常清楚她是做什么工作的，所以我觉得这是一个摄影家或者一个人能够取得的最大信任了。您是怎么跟她们沟通的呢？

徐　勇：这是作品实施最难的部分，过程很长，从对象选择到说服她，不是完全取决于我，当然钱对她们的吸引力是最大的。但她们是作品的深度参与者，是我这两个作品的共同的创作者，参与回报是理所当然的。在对人物的选择方面，因为所选择的对象是性工作者，那她们是处于一种不公开的地下状态，她们的身份比较忌讳，所以寻找就不容易，找到合适的更不容易，找到能配合的就更难了，有好几层的难。

《解决方案》中的俞娜，我是在北京王府井附近一个大型的歌厅里认识的，这个歌厅有二三百个坐台小姐。坐台小姐大家其实都知道，表面坐台，实际上私下可以出台。那么由于我当时对这个作品的这种构思，是需要找一个有风尘感的女子，体型还要符合我的拍摄要求，这二三百个坐台小姐大部分不一定合适，需要跟看得上眼的去沟通，要让她相信我对她无害，再到了解她是否合适是否愿意合作，有一个比较艰难的过程。

开始我和艺术圈的一些朋友一起去，我让他们也帮我挑挑。我们一块儿坐着点饮料小吃，然后叫几个女孩陪我们聊天。在聊天过程中我当然就会仔细观察谁大约合适。碰到俞娜，一看一聊就觉得比较满意。她自己的经历比较独特，以前她家在山东的农村，父亲是煤矿工人，从小在农村长大。高中的时候，由于体型比较好，她就参加学校的舞蹈演出，结识了一个舞伴，这个男孩后来考上了同济大学，她自己就主动放弃了高中的学业，陪着那个男孩到上海读书照顾他的生活，也到商店打工。但一年多以后，她发现男朋友和另一个她也认识的女同学搞上了，她非常生气就离开了。但她又不想再回农村，也似乎没脸回去，所以就在上海留下来。后来为了多挣钱就去酒吧。来北京一开始是为了尝试当服装模特，她自己个性中有一种表演的欲望，所以我跟她谈，拍照片也比较容易沟通。

找《这张脸》中的紫U比俞娜困难，开始先通过中间人，转达我的要求、合作方式和回报条件。除了拍摄外与一般拍摄对象的最大不同是，她们还要写出自己真实的经历和感受，虽然发表用的是艺名，但对她们也是件很挣扎和艰难的事。她们的自述和手写文字在作品中和图片的地位同等重要，这也打开了一扇深层隐蔽的门，提供给观众一个难得的探索了解她们实际状态和心理的机会，这其实很有意义。但很多女孩会不愿意，所以这跟找普通演员演戏大不一样，她们是在演自己。

宋　靖：因为即便是化名，她们的脸让家人看到还是有顾虑的。

徐　勇：对。

宋　靖：所以你能说服她们直面自己的经历，也是一件挺难的事。

徐　勇：挺难的，但也并不像想象中的那么难，余娜比紫U容易一点。余娜比较自信坦诚，甚至觉得她的真实生活经历需要让人们知道，她说将来有了孩子，等孩子长大了她还可以把这事儿告诉他。

宋　靖：对，这个我觉得可能是您作为一名纪实摄影师一种特别大的能力，能够取得人家的信任。

徐　勇：得说服别人参与进来，袒露自己。

宋　靖：对，把她内心最深的东西告诉你，如果你进入她的家庭生活等，还要敞开一

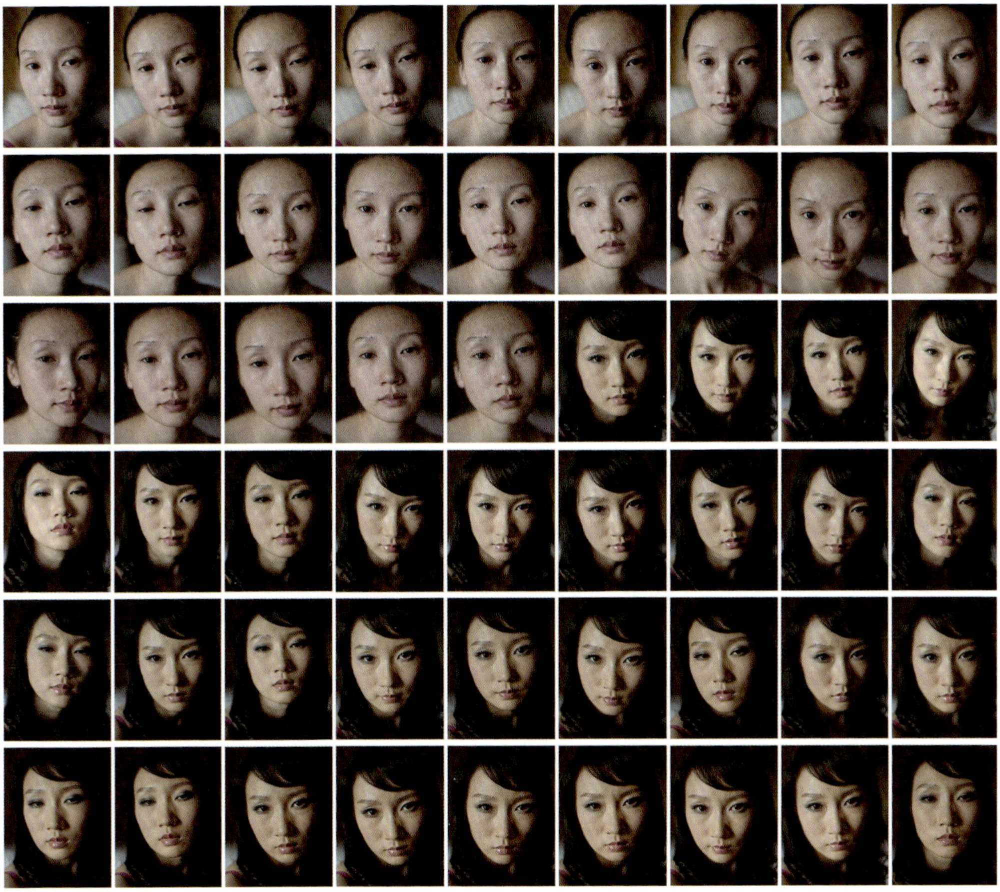

这张脸 2010 年 徐勇+紫 U

段历史的时候，非常不容易。现在的孩子们似乎有一种沟通的障碍，您讲到您小时候做这个做那个，现在的孩子没有这样的机会，生来就是乐高玩具、电子游戏，都是玩非常模式化的东西，所以他们没有创造和动手的热情以及能力。包括跟人沟通也是，现在都是网上聊，不会面对面。在网上他们可以口无遮拦，但当对着一个活生生的人，就失语了，不会表达，第一不会表达自己的热情，第二不会表达自己的愤怒。应该说这是不正常的，也不是一个艺术家的表现。

徐　勇：当然就我而言，这种信任和沟通也只是这两件作品需要，其他作品当然不需要这样做。如果你是个文学家，或者诗人、画家，完全可以封闭起来，凭着自己的生活经验想象，凭感觉就可以做。

宋　靖：但如果是文学家，包括我们身边学校的几位剧作家，他们一定要跟别人沟通，一定要对什么事情都有兴趣，所以我就觉得，艺术家要能够进入到人家的世界，这是一种能力。

徐　勇：就现实生活当中，跟人沟通是一件比较难的事情，不光是摄影，我做胡同游还有 798 的事，这些问题遇到无数。在今天这种环境当中，淳朴的人都变复杂敏感了。那像这样的作品，我觉得她们能同意配合，这就成功了一半，还有后一半更多是技术性的问题。所以这个作品真做起来其实难度比较大。我的体会是做起来有点像是社会学的一次实验，也有意思，好玩。所以我觉得今天对一件摄影作品的投入跟过去不一样，除了概念的思考，对作品价值意义进行判断，如何去实现它，最后怎么去进行展示，都是问题。过去我们只需要带一台胶片相机到处跑，去寻寻觅觅，然后拍下来印出来就行了。今天完全不是这样的，眼睛不能代替思考。实施的成本和数字后期的成本非常高，包括装裱、画廊展示。在我的体会当中，做一个作品你要没有相当的物资和金钱的投入，很难实现，各种成本都会非常高。

宋　靖：您在摄影界里面综合能力是很强的。798 您是主要开创者之一，包括您的时态空间、胡同游等这样的商业活动，都很具有前瞻性，我就觉得这是一个非常综合的艺术家的生存模式。

徐　勇：我实际跟表面上你看到的可能不太一样。其实我有很多弱点，这些弱点可能一般人没有跟我深入接触，不知道就是了。相对来说我性格比别人要自闭一点，不是很善于跟别人交流。

宋　靖：但是我觉得就这个《解决方案》的创作，如果没有在社会上和在商业活动中的体会，也很难构思出来，一看就懂了。可能是因为我接触过一些搞商业活动的人，他们请过这样的人，或者是他们企图请这样的人，而且有时候你服务的对象，可能有这样的需求，所以我一看就懂了。可能对别人来讲，不能像我读解得这样清晰，因为我做商业活动的时候不可能接触到这样的事情。因为我是一名女性，就是客户有这样的需求，可能也不会找我这样的供应商，所以我就觉得这样的东西是非常能理解的。

徐　勇：另外，就这两个小姐而言，比较能够代表和折射出当下社会人性和金钱、权力之间的关系，以及人的欲望的疯狂。俞娜和紫 U 是可以理解的，出问题的是社会，我的目的是想让观众能够反思这个社会。

宋　靖：而且我觉得您这个作品特别好的一点就是，实际上您给了她们足够的尊严，这个我觉得是非常好的地方。

徐　勇：我刚才讲到了，跟她们之间关系的处理特别重要，是作品概念结构的关键问题。

宋　靖：美国里察·基尔演的《风月俏佳人》，是关于一个妓女的故事，我就觉得特别好。那个电影里面有一句话，那个妓女说："我从来不跟我的客人接吻，什么都行，除了接吻。"因为妓女觉得接吻是要有感情投入的，是一种很高尚的行为，剩下的就是一种交易。从这个女人身上折射出来美国社会现实，开始她进一个高档店的时候，那里的人质疑她能消费得起吗，但是因为这个雇主要谈生意，必须要带一个女人，特别好的女人一起，那个雇主就给她一张卡，让她随便买东西，后来这个女孩到了一个那样的环境里十分欣喜，最后她帮这个雇主实现了他要的目的，这个女孩也得到了她应得的东西。好莱坞的电影永远是这样，他俩最后真有感情了，所以我就觉得这是人类共性的东西，在您的这两个作品里体现得非常好。

徐　勇：这两个作品在方法上有相似的地方，都是我们现实社会中的真实人物，都是她们真实身份和面目的一种呈现，再加上她们自己文字的叙述。这当然都是事先经过设计的。

摄影创作最重要的一个价值是回到视觉本身

宋　靖：对，我个人认为纪实摄影的话，只要是这种真实记录的方式，都是一样的，您诠释得比较特别。艾伦·马克的拍摄也是设计出来的，也是目的性很强去拍的。我们说的美国农业安全局的摄影师，也是很有目的。所以不能把摄影割裂得那么清楚。我觉得我是能够接受能够认可这种东西。其实咱俩见面也不少，但我觉得咱俩聊摄影方面的事太少了。

徐　勇：是太少了，也许没这样的话题机会。我觉得现在摄影创作难度比以前大得多，比如我现在经常苦恼的就是自己新作品的创作。这几年在国内外做了一些展览，后面再做展览我觉得应该有新的东西，但苦恼的是怎么来突破以往、突破自己。今天人的眼光都是很挑剔很高明的。

宋　靖：我觉得在你们这一茬的摄影师里头，您是勇于突破的，这也是一种勇气啊。

徐　勇：这个吧我觉得跟创作经验有关，做新作品一般都会有顾虑。

宋　靖：因为每个人生活的圈子不一样。

徐　勇：很多从美术创作脉络走过来的艺术家，跟从传统摄影这个脉络走过来的人其实是不一样的，他们更多的是概念先行。像20世纪90年代的时候，有一批人从美术这个脉络走过来，比如王庆松、缪晓春，他们用摄影这个媒介，通过编排操纵式的方法做作品，这在以前摄影人里很少见，大家的知识系统经验不一样。这不是说传统的摄影经验没有优势。对于任何一个艺术媒介的创造来说，对工具和技术特性的了解，和对这个媒介表达经验的把握非常重要，对于摄影方法语言的灵活使用，很多都来自摄影经验的内部，而不是观念，观念是外部的东西。从这个角度来看，过去掌握了摄影经验的很多传统摄影人，有很大的优势。就是说他在相机的使用上，对你所说的那种基础性的东西非常的熟悉，就像绘画中要是你技术很好的话，那么在形式上探索创造的可能性一般会比别人大。语言形式的开拓跟技术的关系很密切。摄影这个工具，我自己理解它比绘画和雕塑复杂，因为绘画和雕塑的方式产生于农耕时代，而摄影方式产生于工业时代，其材料和技术方面的特性比绘画雕塑复杂。摄影不是只跟光和影有关系，它还跟化学、时间、机械有关系，离开这些关系摄影就不是摄影。所以摄影技术的充分掌握对我们摄影语言创造有非常大的帮助，其中的可能性还没有被充分的开发利用。这些其实都是充分掌握技术的摄影人的优势。

宋　靖：您搞过画廊，但是现在好多人毕业以后没有办法做纯粹的艺术创作，就现在这个市场说说您的看法吧。

徐　勇：今天的摄影作品，市场价格的差异比较大。比如布列松的火车站后门广场那张照片，卖 43 万美金，这就不是普通的记录摄影能比的价格。很多摄影人把布列松当作记录摄影的代表人物，我觉得他的意义在于他对瞬间摄影的理解和实践。因为在他以前，135 相机和胶片还没发明，胶片的感光没有那么快，不可能实现摄影对于瞬间状态的记录。摄影技术的进步使得相机记录瞬间状态成为可能，布列松的摄影率先实践和体现了这样一种技术进步。这根本性地改变了从前大家对摄影和照片意义的认识。这太重要了。当然对亚当斯和韦斯顿这些人来说，照片更强调的是对于摄影本身能实现的清晰度和摄影对象的质感，这是另一种价值。像施蒂格里茨倡导讲究摄影本身的纯粹性，不去追求画意的表达方法，形成摄影分离派，他又是一种价值。决定性瞬间和 F64 小组，都是一种观念的体现，所以我说概念摄影不仅仅指的是社会概念，摄影对自身的发掘、技术进步对概念的改变或创造，都特别重要。

比如说韩国有个摄影师中文名叫“金我他”，他的《空气中 8 小时》系列，就把相机放在北京天安门广场、美国时代广场、巴黎香榭里大街，用长时间——4 小时、8 小时的曝光把动态的东西都在摄影时滤掉。那么这“空气中 8 小时”就成了他的概念，用相机对公共空间给出了他的语言解释，这当然构成一种价值。史国瑞对针孔摄影的利用，也是回到最原始的摄影技术中去寻找一种可能性，所以概念是多方面的。这几年我一直在做《十八度灰》系列的作品，其实也是这样，通过对相机原始设计功能的人为改变，让手里的相机丧失焦点，然后去拍摄与我自身经历和体验有关的事物。我觉得摄影创作最重要的一个价值是回到视觉本身，还有关于照片真实性这样的原始根

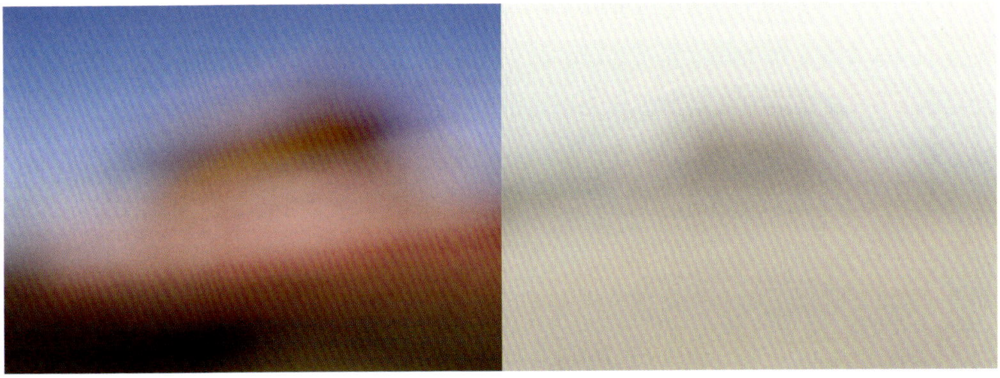

天安门 _ 天安门 2010 年 徐勇摄（选自《十八度灰》）

本性的问题，用照片提出你的看法或解释。你看到的世界是真的还是假的？主观的还是客观的？你能给出自己的理解吗？对摄影媒介来说这是特别重要的！其他媒介很难提出这样的问题。你的视觉对你来说到底构成什么？摄影能超越时空吗？记忆能去拍出来吗？记录摄影的照片是事件的本身吗？等等，如果你能用自己的摄影方式回答其中一个问题，那就不错了。我自己想在这方面去努力，我并不想仅仅是用摄影谈论社会问题，不是这样的。

所以我觉得摄影的可能性对我们都构成特别大的挑战，也是摄影比绘画、雕塑更有创作余地的一种乐趣吧。

宋　靖：我真的觉得您谈到了很多摄影人都没有谈到的一个问题，就是用科技手段的拓展去做当代作品。就像外国人认为中国电影没有一部当代电影，他们所说的当代性，其实就在您刚才说的这个问题上。他们说中国只有现实主义题材的电影而没有当代的电影，就是因为所有的技术方面都没有被很充分地理解，没有用新科技手段来表现我们未曾触及的东西。我觉得这也和现在活跃在中国电影前线的导演们的生活背景有关，中国人要想拍出《阿凡达》这样的电影至少是十几年以后的事了，因为这些导演根本就没有这样的想象力和对生活的体会。现在的小孩从小就学习奥数，怎么会有这样的想象力呢？所以我就经常教导学生：如果你没有想象力或是缺少灵感的话，那就到生活中去寻找。实际上《阿凡达》也是在生活中找到的灵感和启发。以前我也惊讶阿凡达的形象怎么这么巨大？为什么有一条尾巴？后来我去印度，到了释迦牟尼成佛的地方——菩提迦耶，我发现一个细节，就是有一块石头上有个释迦牟尼的脚印，比我们人类的脚印要大三到四倍，那么根据脚印推算，他的身形比人类也要大几倍。而电影里阿凡达第一次接触到地面的时候就是一只脚，他站上去的时候还感觉有点不适应，地没有那么的结实，然后就奔跑了。后来我知道卡梅隆在西方找不到传统文化的感受时，便到了东方历史文化最悠久的地方去找，因此我推断他应该是受到了这个脚印的启发。

徐　勇：我感觉，今天我们对摄影作品的价值判断很多人都很茫然。比如在博览会上，摄影作品为什么这件卖几十万元，那件只卖几万元？为什么呢？画廊老板对它的价值判断是依据什么呢？就是凭他市场的一种经验？其实对于摄影价值的判断在后现代艺术中应该是明确的，就是说要看它在语言方法的创作中提出了什么样的新鲜问题。

宋　靖：您今天从纪实摄影出发谈到对当代摄影的判断，谈到您的一些摄影和艺术的经历，都很让我们受用。

徐　勇：今天学摄影有很大的创作机会。学摄影的同学千万不要因为进入了数字时代摄影技术似乎被简化了，就不注重技术了。因为所有的创作可能都会来源于你对摄影技术及其特性方面的理解。如果没有自己的理解和方法的创作，那可能只能是用西方的语言来套中国的符号。

宋　靖：但是我觉得这么多年在当代艺术上不太好引领，可能是和整个民族特性和话语权也有关系。

徐　勇：但是大家对摄影应该要特别有信心。

选自《小方家胡同》2002 年 徐勇摄

铁肩担道义 摄影录历史

雍 和

《新民晚报》首席记者
上海报业集团图片中心总监
中国摄影家协会副主席
中国摄影家协会新闻纪实摄影委员会主任

- 1956年出生于上海市。
- 1985—1992年任《中国城市导报》摄影记者。
- 1985年当选上海市青年艺术十佳。
- 1990年任第3届上海国际影展评委。
- 1992—1998年任上海《青年报》摄影记者、摄影部主任、摄影美术总监。
- 1998—2003年任《新民周刊》视觉总监。
- 2002年获得上海市范长江新闻奖。
- 2003年获得中国摄影年度人物奖。
- 2004年获得第15届中国新闻奖摄影作品金奖。
- 2006年任影响2006——CCTV图片新闻年度评选评委。
- 2012年获得第9届中国摄影金像奖创作奖。
- 2012年任第11届上海国际摄影艺术展评委。
- 2012年任第24届全国摄影艺术展览评委。
- 2014年任第10届国际新闻摄影比赛（华赛）评委。

患难夫妻 雍和摄

讲评：

在雍和身上特别能感受到的就是一股正气，对于类似强拆这种行为，他心里无所求，当然不怕了。人就是这样的，他感觉很正，就不怕事，然后也不去媚俗。他坚持拍上海拆迁，拍了十几年。

他有强烈的社会责任感，但他没有主流媒体的那种所谓优越感，不俯视拍摄对象，而是跟他报道的人特别近，正因为如此，他总能第一时间获得新闻线索，所以他拍到了上海这些年整个市政改造过程中的所有冲突事件。他从心里头感觉和拍摄对象是平等关系，实际上这决定了他的拍摄角度不是那种强制的、不尊重人的，所以他的照片都是那种比较平和，事情记载也很真实的客观报道。另外雍和在成长过程中，也有很多小伙伴与他共同成长，比如陈海文、陆元敏等。他们经常在一块儿切磋摄影，畅谈人生，讨论每个人的选题，讨论自己的作品应该如何呈现，等等，这一切都变得非常有意思。

而且我觉得雍和比别的记者更有脾气，或者说是因为他比较执着，而且倔强，他要做的事情一定要做，不管别人。他说他做纪实摄影，从技术上一定要独立思考，要有怀疑和批判的精神。他的很多照片虽然没有发表，但他坚持做，他是放在历史这个层面上去做一个记录。这段历史不能没有人记录，他是这样的想法。

雍和访谈

在对的时候碰上了对的人

宋　靖：雍和老师，您在上海做纪实摄影，包括新闻摄影，请讲讲您与摄影的故事，摄影是怎样成就了您，成就了您的艺术人生，以及分享一下您在摄影生涯中的人生经验。

雍　和：我小时候在家庭里受父亲影响，他有照相机，但他不是专业的摄影师，他只是拿照相机记录我们家里小孩成长的过程。所以，我从小对照相机就不陌生，我知道它有这个功能，伴随我们的成长，而且可以透过它看到以前我的影子、我家里人的影子。我婴儿时候是什么样子，小时候我姐姐和哥哥带着我，我和他们抢糖吃之类的情景，我只有从照片里得到回忆。

我自己拿起照相机应该算比较偶然，已经是二十多岁以后了。我经过一段下乡当知青的历程，回来以后，也没想着拿起照相机拍照片，就算要拍也只是同学之间合影留念，没有把照相当回事。真正拿起照相机，应该是 1982 年之后的事情。那时候我比较闲，刚刚开始改革开放，也有旅游的概念，以前没有这个概念，就是去一个地方玩玩。那时候旅游的一个目的就是要拍几张照片回来，也可以证明我去过，这就逼着你必须拿起照相机拍照，旅游的一半以上的目的就成了拿起照相机。再比如女朋友来了，就想着怎么把她拍得好看一点，而且要以最快的速度把它洗印出来，这就是一个比较能动的作用了，就知道照相机是一个工具了，我可以达到我的一些目的。其实人生当中有很多偶然的东西，有一次我帮女朋友拍照的时候，路过一片草地，草地上有一些年轻人在做游戏击鼓传花，手绢传到谁那里，谁就要唱首歌，我就拍了这样一张照片。我觉得神态和瞬间什么的都不错，我就把它放大，但其实也没有把它当回事。后来好多朋友来看，都觉得不错，觉得报刊上的照片不见得比这个好，他们就鼓励我参加一些比赛。那个时候，我才知道原来照片可以去参加比赛，所以就开始投稿，这是在我

偏偏轮到我 1982 年 雍和摄

二十五六岁的时候。没想到第一次投稿就中了，还获得了小奖，现在我很难设想，如果我第一次和第二次投稿都没有获奖，可能我也不会走上这条路。后来我就从农村回上海，在公交公司做售票员，通过给公交公司拍照我被介绍到工会去工作，摄影又帮助我脱离了卖票的生活。1983 年全运会，需要一些摄影干事，就把我借调了过去，于是摄影又帮我解决了工作的问题，我自己也有一些乐趣在里面，至少还得了奖，还有一些小的荣誉，我觉得摄影就是一个好东西了，而且我也比较喜欢。这样，我被提为摄影干事，过了几天又到报社去做专业记者，这个过程我大概用了三年时间。我的个性是做一件事情，要么不做，要么就努力把它做好，那时候我就没日没夜地拍。到报社后，我莽莽撞撞的，这和当时国内整个氛围有关系，那时候没什么网络，摄影的教育也不是很发达。国外一些基本的摄影概念里，我们主要受沙龙摄影的影响比较多，以为摄影只有像老一辈沙龙摄影一样才叫摄影，别的不知道。到了 1988 年左右，是国际新闻摄影周以及荷赛进来的时候，经过这些才知道，摄影其实还可以有另外一种拍法。尽管那时候我已经做记者了，我还是很看不起新闻摄影，新闻摄影其实就是宣传。看了国外的照片，才知道新闻摄影如此的吸引人，而且这和我们内心的感觉是吻合的。我是 17 岁下乡，在农村待了 8 年多，等于是最底层的，“文革”的时候我家受到了冲击，我父亲被抓。我的人生经历可能算不上有很大的起伏，但也不能算是一帆风顺的。比如我小时候想要参加红小兵，都不被允许，因为家庭出身不好，到中学快毕业的时候，口号叫得最响的都留在了上海，像我这种落后分子就被放到农村种田去，一种就是 8 年 10 个月。

宋　靖：什么地方？

雍　和：崇明岛。

宋　靖：那还不错。

雍　和：没有，你们这个概念就错了。其实越是南方的农村，越是苦，上海和江南这一带的农民是最苦的，因为土地少，一定要精耕细作，一年四季都忙碌，没有闲着的时候。像东北，整个冬天，农民都歇了。我们去的这里，一年到头，种粮食，种棉花，种蔬菜，没有一天是不忙的，而且我们当时在农场是半军事化的管理。现在回过头看，其实这些对我也是有好处的。24 小时和同事住在一起，有互相帮助和提携的经历，也有勾心斗角、打小报告、检举揭发、踩在你肩膀上往上爬的那种人。这些人生的正面和负面的东西都给了我很多教育，知道了什么是艰苦，什么是通过自己努力能够改变一些的东西。我因为这件事情对人生有了一点看法和想法，我以前是把摄影视为赏心悦目、传达审美观念的工具，到 1988 年的时候，我发现摄影其实跟我心里某一个东西是吻合的，以前心里这个东西我没想过用照相机把它表达出来，我会用写诗等来表达，到了那个时候，我发现也可以用摄影来表达。国际新闻摄影周、荷赛这些都给我这样一个比较震撼的想法，摄影可以这样做，而且这跟以前拍美的东西是完全不一样的。

再讲一个插曲，1988 年的时候，还有一本国内的刊物叫《海南纪实》，其实就是韩少功他们办的，应该说四分之三是文字，四分之一是图片，有很大一部分是纪实图片，上海、华东这一片儿委托我去组稿。这个刊物给了我一个实践的阵地，就是说你拍了之后，媒体可以这样用，它会产生一些效果，是我以前在其他专业的摄影刊物上所达不到的效果，或者是在专业的美术馆展出所达不到的效果。《海南纪实》是一个大众媒体，看的人中只有少部分是专业摄影家，很多都是普通观众，他们看摄影图片就是看其是否反映民生，反映整个社会面貌，那个给我反馈很及时。所以，两个方面，一个是媒体的作用，另外一个是国际新闻摄影周，这两个方面结合在一起，我就懂得了原来照片可以这样拍，其实就是这样一点点过来的。然后到了 90 年代初，我到上海《青年报》做摄影部主任，它也是一个大众传媒，思想比较开放，也需要一些这样的照片，我不断地实践再实践。

其实我有很多偶然的机遇，没有韩少功他们的《海南纪实》给我启蒙，我也不可能做到现在这样。那时候流行下海经商，我是穷怕了，有人叫我下海经商，如果没有那些，我可能就去做别的了。1989 年以后就比较沉闷了，那本刊物被停刊了。但我觉得上天对我还是比较眷顾的，那时两岸关系开始松动了。到大概 1992 年左右，台湾的《中国时报》有人来找我，提供了另外一个平台给我，这是更加开放的平台，让我拍摄一些国内的照片给他们。而且我碰到一个比较好的机会遇到萧嘉庆，他是当时《中国时报》的副总编，曾在美国密苏里新闻学院学新闻，后来又跑到法国去学艺术，是对新闻和艺术拿捏得比较好的人。我觉得这个人在我们大陆介绍得太少，但我们有很多人都受益于他，包括像解海龙的《希望工程》，都是他拿到台湾去展览，后来才轰动，包括贺延光、胡武功、杨延康等，当时都受到过他的一些鼓励。萧嘉庆的"阵地"是本周刊，每个礼拜有三本，稿费相对来说比大陆高很多，翻几倍。这个过程非常好，一直延续到 1996 年，两岸关系开始紧张才结束。我后来又碰到了路透社和盖蒂图片社（Getty Image）的一些人，与王身敦一拨媒体人结社弄了好几年。这么长的时间，不断有很

脚踏车公交车 1991 年 雍和摄

浦东第一家 KFC 1994 年 雍和摄

多人陪伴着我，激励着我，鞭策着我，教导着我。与高人共舞，不仅是经济上的因素，还有观念思考上的。甚至他们会提醒我一些重要的点，比如说市场经济，当时我对市场经济哪有概念，他们逼着我去想什么是市场经济，要找到东西。这样其实是训练我怎么去寻找一个点，而且找到这个点，光眼明手快还不行，必须要配合影像把想表达的观点传达出来，让一般的读者可以看懂我到底在说什么，这样一来一去就对我不断地训练，我觉得我是蛮幸运的。那个年代还没多少机会，而且胶卷都要很大的成本，现在是数码时代，拍摄的底片都不计成本的。为什么有人会躺在功劳簿上，特别是年纪还不是很大的人，所以我就想不通，碰到这么好的时机，为什么不一路好好拍？

宋　靖：我觉得就是您这样一种为人处事比较顺其自然的方式，让您所有的时间节点和事件都赶上了。您说您很少提到的，就是关于渠道的问题。没有这个平台和渠道，就没有人要求你，没有人要求你，你就不能自觉地做这些事。

雍　和：人是有惰性的，这个是天性。

宋　靖：完全不一样，更多人首先不是考虑渠道，首先考虑我想拍什么，拍回来我再收拾，谁要我再给谁。但是您呢，您的一句话特别好，就是老天爷很眷顾您，永远是在您没有方向的时候就会有一个人来找您，正好这个媒体的编辑总编都是这样级别的人，一直在提醒您拍什么，我觉得这个很重要。

雍　和：我有很多例子没举，比如说有一位美国耶鲁大学的教授叫史景迁（Jonathan D.Spence），他前一阵跑到中国来，在北大、中央美院等地做讲座，在全国大概讲了一个多月。史景迁也是美国历史学会的前会长，研究中国问题的，包括李振盛在美国出的那本《红色新闻兵》画册，也是他做的序，后来画册一炮而红，这里面有一部分因素是因为他，当然最主要是因为李振盛的照片有不可或缺的价值。听说包括刘香成等与他也有来往，他不是摄影圈的人，是做历史研究的，而且是全世界公认的专家。

他是英国人，英国剑桥大学毕业以后到美国去，在耶鲁读书做教授。他是美国历史学会的会长，有人说现在所有活着的研究中国问题的人里，他是最权威的（此前为费正清），他写了很多关于中国的书。我早就认识他了，但很多人不相信，有人怀疑，我也没法证明，虽认识了多年但也从来没有和他合过影。我只能证明他在 1994 年到上海来，为一本英文的《中国世纪》（兰登书屋出版）摄影画册来选片，基本上是一半图片一半文字，文字是他和他的太太金安平写的，金安平也是耶鲁大学的教授。那里

回家的路很冷 2011 年 雍和摄

上海天空 2012 年 雍和摄

是现在，与大背景相关的东西。能够反映出这个时代背景，反映出这个社会在转型的人或故事我就有兴趣拍，假如不是这些，我就不会花太大的工夫去拍，因为每个人摄影的侧重点不一样，我在想对都市光影特别敏感特别得心应手的陆元敏，就不能去苛求他要对时代或社会有很浓的兴趣和冲动。我觉得存在都是合理的，每个人要找到最适合自己的那个点。

宋　靖：讲一下您的两个系列吧，一个《边角料 2003—2006 上海影像》，在整个拍摄过程中有哪些让您觉得特别值得记忆的故事？或者怎么入手拍，比如怎么拍身边的小人物？然后讲讲在您的系列里有没有觉得，刚开始可能是一个点，慢慢挖进去发现原来是特别有意义的东西？

雍　和：这些照片是我近几年拍的，可能有一些外界还没见过，例如“动拆迁”这个题目。

宋　靖：什么叫“动拆迁”？

雍　和：就是拆迁，就是城市化，旧城改造，土地财政。尽管拍摄有难度有危险，但还是可以接触到的。大多数市民并不了解动拆迁里面的真实情况，但我知道这里面太黑暗了。这里面现象牵涉的面太大了，首先第一个肯定，假如没有改区改造、动拆迁，我们城市有很多弱势群体底层的老百姓可能一辈子就住在那个破房子里面，不可能搬到新的房子里面去，就这一点来说确实政府是做了工作。这一面不用我过多表述，大量官方媒体都在做这个宣传。但不可否认，为什么会闹出这么多血案出来，为什么政府官员不惜代价要把人强迁出去，这里面牵涉的东西太多了，不仅仅是要贪点钱的问题，而是有巨大的利益在里面。

我近两年拍了不少上海老城厢董家渡，那里是上海城市的根，也就是发展起步的原点，那里发生了天翻地覆的拆迁。我拍了许多当地的居民，包括拆迁特别是强拆后他们的命运故事。我举一个例子，有一个人叫毛海秀，她从浙江乡下嫁到上海，后来家遭强迁，老实的丈夫就服农药以示抗议，结果当场就死了，毛海秀从此开始上访，这是 2001 年的事。后来在维权过程中与王黎庄认识，王的爸爸是一名离休老干部，他们家也被强迁，这名老干部在强迁的当晚跳楼自杀，结果命大，没死，到现在还瘫痪着。都是强迁，毛是老公自杀，王是父亲跳楼，这两个人在维权的路上同病相怜，几年后两人结婚了，从战友变成了夫妻。经人提醒，毛海秀决定用法律做武器，来维护自己的权益。于是她用两年半的时间读了一个法学大专，再用两年半读了一个法律本科。

南外滩 董家渡 2014 年 雍和摄

家，在哪里？ 2014 年 雍和摄

她在学习的过程中又帮别人打官司，做公民代理人。去年她参加国家司考，只差5分，直到今天她还在准备考试。他们的故事，平时编都编不出来，我都拍到了。假如你不去了解真实的情况，人云亦云，还以为他们都是刁民、钉子户，接触时间长了，才知道他们不少人承受了太多的冤屈。

故事太多，我觉得都拍不完。动拆迁、强迁，这些都是有强烈画面感的，因为有跌宕命运，有起伏故事，有爱恨情仇。但强势一方并不愿意被镜头拍下，他会不择手段来阻挡，因此拍摄动拆迁，尤其是强迁一定会有危险，所以内心必须坚强。

宋　靖：上海前几年有个外国摄影师拍了很多这类照片，后面是高楼大厦，前面是上海老房子。

雍　和：这类我觉得也很好，但是没有人的故事，我觉得近似文献摄影，反映城市的变化和我们的过去，但是看不出人的命运和悲欢离合。大规模的动拆迁甚至是强迁，这样的状况是不可能一直持续下去的，最多再有10年20年就没了。就像历史上的圈地运动，我印象最深的是2012年伦敦奥运会，开幕式上回顾英伦三岛的历史，其中就有圈地运动，人家并不回避，这是历史的一部分。我们中国的大拆迁，空前绝后，历史不应该有空白。我们媒体老是谴责马路上开车撞老人，过路人见死不救。我就想，其实我们的社会，也出了很多这样见死不救的问题。不仅仅是汽车撞人的问题，动拆迁、毒食品、欺压百姓、社会不公，等等，我们很多时候不也是装作没看到就过去了？见车撞人，平民百姓不去救，尚可原谅，因为他怕惹麻烦嘛，但假如是医务工作者或警察等，就不可原谅。假如是高官，他们更不能佯装有急事赶路溜走，他一定要有这个担当。同样，我们记者假如看到社会发生不公不义的事，也不能总是熟视无睹，报喜不报忧，否则，那就和医生见死不救没什么两样了。但说句实话，对有良知有胆识的记者同行，我衷心敬佩；对那些狼狈为奸、为虎作伥的所谓记者，我绝对鄙视！

我不可能永远拍下去，再拍10年20年也一定拍不动了，但是现在有太多太多东西值得拍了，这是绝好的时机。我就不明白了，有的人拍了几张照片，就躺在10年前拍的照片上沾沾自喜，那你的纪实精神在哪里呢？

宋　靖：您还有一个《掌镜上海》，具体是什么？

雍　和：《掌镜上海》就是我长久以来拍的上海影像碎片。我关注的上海，要有时代的痕迹、转变过程中的人和事，或者是将消失的物象，我很注意能够折射时代变化的

“国五条”出台 2013 年 雍和摄

小伙伴惊呆了 2014 年 雍和摄

影像。这里面的人物，有路人、市民百姓，也有商人、明星、白领、弱势群体，等等，三教九流，但是我总得要把他们串起来，以呈现众生，关照社会。

宋　靖：对，我觉得您就是属于这种摄影师，就是生在这儿，长在这儿，然后关注这些，把这个地方所有的事情展现得比较全面，我觉得可能对学生来讲这是最有学习和借鉴价值的。这当中包括不顾风险拍摄动拆迁。

雍　和：有一次我被打就是因为这个事情。后来有一些国外媒体报了，上海媒体当天也顶着压力开始报。因为我是记者，大家是同行，同病相怜，他们甚至不听宣传部的通知，第二天上海电视台还在报道。我很敬佩他们，因为我知道他们违背了上级的指令！

我拍照的时候，并不张扬，也不穿摄影背心，那太招摇太引人瞩目。这事之后，上海有些地方的动迁户一看见我来了，热情高涨，我却没法拍了。你知道吗？同样有一次强拆时，动迁组看到我来，我在他们就不强拆。拍动拆迁真的很辛苦，尤其是强迁，有时知道第二天可能要强拆，我凌晨 4 点钟就躲在里面，结果到早晨大概 9 点钟强拆以前，不知道谁出卖我了，把我找了出来，这样的例子有好多。现在强调要坚持党的路线，要联系群众，我真是从群众中来到群众中去，我之所以能够拍成照片，都是群众掩护我，而且如果没有市民给我提供线索，我怎么会了解情况呢？不可能！

宋　靖：对，这是一个历史的特殊阶段，回头应该建一个拆迁博物馆。

雍　和：拆迁，全国各省市县都有，现在哪一个地方没有动拆迁的？包括农村、县城等，每个地方遍地烽火。

现在出事情，好多地方都是拆房子引起的。地方政府没钱，你不叫他拆房卖地，财政收入怎么来？你看我们的老板富豪里面，多少人是做房地产的？很多都是和这个有关系的。欧美前十大富豪，好像做房地产的不多，大都是做科技做能源做金融的，而我们中国人十个富豪里面，大概七八个都是做土地做房地产的。

宋　靖：无论如何，作为摄影师我们要做好记录传播。

雍　和：第一是记录，第二是传播，传播才有力量。放在历史博物馆里面，放在教科书里面，当然这也是传播，我说总不能后代看到这一页是空白的。但只是这样一种传播，是不够的。其实当下有这么多强势的媒体，传统的媒体和新媒体，还有自媒体，包括微博、微信什么的，为什么不利用呢？不当下站出来，铁肩担道义该如何实现呢？！当然，这里面有一个现实的环境问题。我总觉得，有时候你站出来，让大家看到了，就足矣了，这无关艺术，无关摄影，只是道义上的。

做纪实摄影要有怀疑和批判的精神

宋　靖：像您开始是想把女朋友追到手，就开始学摄影一直到现在，所以我就觉得摄影就是从内心喜欢，刚开始都是玩，慢慢就会有社会担当，随着年龄阅历的增长，包括社会赋予你责任，你才开始专注这些。

雍　和：把自己的事情做好，名誉或者物质之类的东西尽管你不去追求，但是上帝也不会亏待你。

宋　靖：最近网上有很多摄影圈的朋友都在转《中国摄影报》上的一篇文章，大致意思就是不要因为爱名爱利而去喜欢摄影，都在讨论这个话题，因为有的人确实是可以通过摄影获得一些名利，但如果一开始就想这个，那我觉得反倒可能弄不好。

雍　和：现在的社会也比以前多元复杂，我们刚开始做摄影的时候比较单纯，除了摄影也没有什么其他可能，诱惑也不多。但现在的可能性就太多了，得有一点毅力，要真的喜欢摄影，别把诱惑太当回事。你喜欢摄影，做得辛苦，别人看你累，但是自己却乐在其中，也不会觉得有多么辛苦，因为自有乐趣在里面。

宋　靖：所以对于初学摄影的学生呢，得告诉他们这个道理。他们喜欢摄影与否，这个不是我们能教育的，这是天生的，天生喜欢，他自己就总能找到乐趣，不喜欢而把这个事当成一个工作去做，他怎么也不会做好。这是我们几个访谈的大家共同的声音，就是都有一段疯狂的时候，为了摄影，什么也不想，什么也不做，就想拍好。我们这本书更多的还是想告诉学生怎么样去从身边找到题材，这可以是来自于职务、工作等客观的方面，也可以主动地去寻找，即便是作为一名记者，也可以是选择简单拍摄完成后就走，也可以是对这个主题去深入地调查研究，坚持拍下去。

所以我觉得您讲的这些，就是让学生感受到，其实题材就在我们身边，特别的多，就看你自己钻不钻研，愿不愿意去做了。

雍　和：关于这一点我有一些体会可以说一下。就是做纪实摄影，除了技术上的很多要求以外，一定要有一种独立思考的能力，要有一种怀疑的精神、批判的精神，不能人云亦云，要多打几个问号，从问号中去找寻东西。很多时候，我们几个人一起去拍，有的人就有小九九，拍照总是想着避开同行，生怕自己的点和角度被别人拍走了；但有的人就不怕，因为他自信，他看到的东西和别人不一样，这就需要一种独立思考和筛选的能力，我觉得这是纪实摄影中非常重要的。还有就是要有一种刨根问底的精神，这样的例子有很多。我们总说要可持续发展，就是说一个题材你要慢慢观察，同样一件事情，发展到一定的节点，在不同的背景下，故事会有新的发展，它可能有高潮和低潮，一路相随，深入下去。

还有就是要有怀疑精神。1994 年，上海的希望工程办公室搞了一个活动叫“同一片蓝天下”，组织了几十个青年学生到四川穷山沟去看当地农民的孩子，目的是让上海小孩好好珍惜现在的生活，然后再把当地的五个小孩带到上海来，让他们看看改革开放的上海是什么样子的。我当时是上海《青年报》的记者，被派过去拍摄。我当时就打了一个问号，凭经验讲，这事对城里孩子肯定是好的，他们没去过农村对那儿完全没有概念，麦子和韭菜都分不清的，但是对农民的孩子来说，让他们到上海玩三五天，到底好不好呢？我就有点怀疑，然后我就边拍边观察。其中一个四川娃子 12 岁，他是第一次走出大山，第一次坐轮船，第一次坐火车，第一次坐飞机，他以前连县城都没去过，我问失学的他为什么想念书，他说我卖鸡蛋要算钱，否则算不清。后来他到了上海，带他去吃肯德基，他之前没看到过什么汉堡包，他要看别人怎么吃才跟着人家吃，第一次擦万金油，啊，怎么这么凉快！第一次玩俄罗斯方块，玩了三天下来他已经迷上了，到最后从上海离开时，坐船，十六铺码头，他在甲板上，我拍了一个大特写，就是他的一双大眼睛，里面都是眼泪。

我基本上是肯定这个活动的，但我也是有疑问的：这活动对农村孩子到底是好是坏？这报道一出来，当然希望工程办公室的人是有点不太高兴的。后来过了两个月，希望工程办公室的一个人对我说，这个小孩回去不久，他母亲就上吊自杀了，因为受不了闲言碎语，就是周围人说我们家孩子比你们家还穷，为什么你们家孩子可以到上海去。因为 1994 年的时候，那个穷山沟里的很多人连县城都没去过，到上海是非常稀奇的事情。后来这个小孩又跑到上海来了，希望工程办公室的人只能又把他送回去。前一阵，我觉得快 20 年过去了，这个小孩已经 32 岁了，我觉得他应该成长了，我就想回去看看他怎么样了，当年那次三五天的上海之行，到底给他留下了什么影响？后来我正好找到重庆摄影家协会的冯主席，他给我介绍了他们那地方的移民局长，帮我打听到那个孩子现在已经成家，在外面打工，具体在哪不知道，但有他的手机号码。

我打过去，他一听我是当年上海那个记者就把电话挂了，我发短信问他，他也不理，我想他至今还是无法面对过去，不愿回忆这段伤心往事。

毅力和独立，这就是我主要想讲的两点。另外还想说的就是，年轻人一定要能忍得住、抗得住，当下这个社会诱惑太多了，需要一点笨的精神。任何一件事情，你花20年、30年去做，你发自内心非常努力地去做，肯定可以做好的。

宋　靖：您说得太好了，您其实把您的工作作为了一个突破点，从中发展出了自己的广阔天地。

雍　和：对，我对工作是努力的。有的人说摄影记者就是文字记者的跟班，他们让我们去哪我们就要去哪。这话是牢骚，但我觉得这能给我提供线索，有什么不好呢？到现场后，我有自己独立的思考。

有时也像做生意一样，你不要永远想拉到新客户，有时候你把几个老客户维护好就很不易了。老的继续挖掘，新的不断发现，你一定会觉得取之不尽，来不及拍啊。

宋　靖：对，年轻人特别应该听听您的这段话，他们现在很多人都在迷茫拍什么，拍了一个东西有什么用，是不是能挣钱出名，这样急功近利的思想总是在作祟。我觉得您的经验就能很好地告诉他们，要在本职工作上找到出发点、可能性，如果没有这个出发点，很可能都接触不到这些题材。我作为一个老师就拍不出您之前说到的那种题材，一是因为我没有这样的信息源，二是我也没有这样大量的时间，但我在我的创作中就是拍摄比较平和的影像，通过一些比较散点的变化来汇聚呈现整个中国的变化，所以我觉得经历和环境是造就一个摄影师的拍摄方向的重要因素，这点在您身上体现得特别明显。

中原厚土　历久弥坚

于德水

河南省摄影家协会原主席
中国摄影家协会理事

● 1953 年出生于河南省周口市。

● 1978 年由于高考落榜，真正把摄影当作了一种事业。

● 1981 年在全省青年摄影创作综合成绩的评比中获得一等奖。

● 1982 年加入中国摄影家协会河南分会。

● 1983 年 9 月进入中央工艺美术学院进修摄影专业。

● 1983 年 12 月作为《大众摄影》杂志社遴选出的基层作者受邀在北京办展览。

● 1985 年加入中国摄影家协会，同年进入河南画报社任摄影记者。

● 1989 年任河南省青年摄影学会会长。

● 1998—2002 年主编《河南画报》。

● 2001—2015 年任河南省摄影家协会主席。

● 2002 年任中国摄影家协会理事。

●曾获得中国新闻摄影奖（非突发新闻类）金奖（1994、1995 年）、中国摄影家协会“德艺双馨优秀会员”荣誉称号（2001 年）、中国摄影金路奖（2004 年）、中国摄影传媒年度人物大奖（2004 年）、河南省优秀文化成果奖一等奖（2005 年）、中国摄影家协会“突出贡献摄影工作者”称号（2006 年）、中国摄影金像奖（2012 年）等知名奖项。

●出版作品集有：主编《河南摄影百家》（2003 年）、主编《河南摄影五十年》（2005 年），著述摄影作品集《中原土》（1994 年）、《黄河流年》（2003 年）、《于德水摄影作品集》（2005 年）、《大地耕诗》（2007 年）、《流逝的黄河》（2009 年）等。

●其代表性中原作品曾在北京、郑州、武夷山、丽水、成都、济南、广州、武当山、西双版纳、台北、亚特兰大、休斯敦、纽约、马德里等地展出。

选自《黄河流年》 于德水摄

讲评：

于德水的成长经历与他同时代的摄影师有许多相似的地方。从拍摄沙龙风格的照片参加比赛，到取得一些成就后开始反思摄影的真正意义，然后开始深入进行纪实摄影。我很早就知道于德水，看过他的作品，直到认识他这个人，才知道他就像他的作品一样，是一个平和的人。他以前得过的奖也都是非突发新闻类，作品反映的是老百姓的日常生活，他找到了阐述的点。他还出过一本画册，拍的都是河南当地老百姓的日常生活。

河南是一个文化大省，有许多书法家，但在摄影方面，河南不是最突出的，而且河南的摄影教育也不是很繁荣。这跟老百姓的文化修养有关，他们更多的关注可能不在摄影上，就导致了河南没有更多的摄影大家，但有不少的书法家。所以我觉得在河南搞摄影需要找一个突破点，来引导对摄影有兴趣的人们把更多的精力放在这方面，把摄影弄得更好。于德水原来也是搞新闻的，主要在报纸、杂志这些方面。我觉得他的作品也都是根据他原来的新闻点继续深入下去挖掘拍摄的。

作为他的同乡，我对他拍的照片非常有认同感，那就是我小时候生活过的地方。但他拍摄的题材缺乏的是对大事件的总体把握、整体探究。

现在的河南也有很多可以深入拍摄的题材，有很多新闻都是值得深入挖掘成纪实题材的。因为这些新闻都不是偶发的，是有一个文化的纽带把他们联系在一起的。

中原文化带给河南人民吃苦耐劳的精神。他们宁可艰苦一点，也不愿依附于别人。我觉得那些身在外地的河南人都是值得拍摄的很好的题材。立足本土，挖掘一些值得研究的主题是我们的学生需要思考的。

实际上选题每天都有，每天的生活带给我们的启发和我们用摄影的方式去记录生活，都是非常有益的。我从来不觉得我缺少拍摄主题，就算出去顺着长安街走一圈都能拍到一些不错的片子。搞摄影的人应该更多地出去走走，总能发现有趣的东西。从于德水的拍摄经验中可以看出他并没有特别重大的题材，但历史也成就了这样一位重要的摄影师。其实就是要拍摄我们身边细小的点，慢慢就组成了一个时代的横断面。他站在了足够的高度，这样拍下来他的照片就组成了一个时代的面貌。

于德水的人情味很浓，情感很足，这也跟他的性格有关系。事情也会慢慢磨炼性格。终极的状态就是人与自然和谐的状态。

于德水访谈

那里是一个知识的开放空间，我一下子被打开了眼界

宋　靖：现在的学生从事纪实摄影的话需要结合工作岗位，需要精神的鼓励和前辈经历的参照。看您的简历实际上也不复杂，就是1978年不知道是什么原因让您开始从事摄影，后来又去中央工艺美术学院进修，这之后，您的摄影又有什么转变？

于德水：这个话题对我来说，有过很深的感受。能走进高校，在我从事摄影的道路上，是出现转折的一种决定性因素。在我成长的那个年代，流行着一种看法：说摄影是一支没有文化的队伍，在那时这种说法其实也符合事实，因为当时的中国，没有摄影高等教育；那个时候从事摄影的人，如果有文凭的话，一定是从别的专业转行到摄影来的。

这种状况是当时摄影的现实。我1983年进的那个班，是中国摄影家协会为了探索中国摄影的高等教育，尝试性地办的两个班，说是尝试，是因为当时协会负责人陈昌谦、陈淑芬在做这个事情时，他们没有经验可以借鉴。

这两个摄影进修班，一个选在了文科院校，一个在艺术院校，因为当时还不清楚摄影应该在哪个类型的学校里面开办。文科院校选择了中国人民大学，艺术院校就选了中央工艺美术学院。这两个摄影班，每个班给了河南一个名额，共两个人。我有幸被选送，王京生进的是中国人民大学的摄影班，我进的是中央工艺美术学院摄影班。那个时候我从事摄影已经有了几年的阅历，之所以被选中，就是那个时期我在河南的年轻摄影人里面算是小有成就了。

所谓的出成就，其实主要就是靠热情。拿着相机在那种环境下拍摄，懵懵懂懂地就凭着一股闯劲儿。那个时候有关摄影的资讯是非常贫乏的，接触不到任何讯息，只知道拿着相机随大溜地拍摄，而当时的摄影，实际上只是一种为意识形态服务的政治工具，简单地唱颂歌，歌颂政策好，就是这样一种单一功能性的工具。1983年年底我作为《大

六月的麦场 1978 年 河南 于德水摄

送葬的人们 1985 年 河南 于德水摄

众摄影》杂志社遴选出的基层作者，受邀在北京办展览，第二届黑白摄影联展。黑白摄影联展那时已经是《大众摄影》杂志的一个品牌展览形式了，第一届选了四个人，我们第二届是九个人。展馆设在北海公园的普安殿。上学和展览的两个时间差不多赶在一起，我是 1983 年 9 月份进校（中央工艺美术学院）报到，联展的时间是 1983 年 12 月份。在当时，作为一名最基层的摄影爱好者，应该说这是很得意的一个小成就了。最起码在偌大的一个省的范围里面，被选中去进修了，又是《大众摄影》在全国范围内选拔到北京办展览。可是这种感觉很快就没有了，就在北海公园的展览上，从 1978 年到 1983 年差不多 5 年的时间里自己那种颇为得意的所谓“成就感”轰然倒塌了。几乎是在一瞬间，我无法再面对那些所谓的“作品”。等于一下子对自己过去所有的摄影实践彻底来了个否定。那么这个否定的基础源于什么？来源于哪里呢？其实就是 9 月份才刚刚走进的大学校园，就是中央工艺美术学院的课堂。大学的校园不仅仅是课堂，还是一个知识的开放空间，我的眼界一下子被打开了，仿佛进入到了一个全新的领域。

“85 美术新潮”是一个艺术思潮的高峰，而中央工艺美院的艺术氛围特别好。我 9 月份进去了之后，就像一块枯竭的干海绵一样，对很多艺术方面的知识给养如饥似渴。我们课程安排得很丰富，有艺术史课程和一些基础性的艺术理论，等等。其实，课堂的学习还仅仅是一个方面，课余时间中央工艺美术学院的各种学术讲座非常多，音乐的、文学的、社科的，几乎天天都有那样的讲座，气氛非常好。还有就是中央工艺美术学院的图书馆，是全国艺术院校里面在“文革”时期唯一没有被破坏的图书馆，有非常丰富的馆藏，在那里可以接触到大量国外的艺术方面的资讯、刊物、画册，这是一个很难得的、非常好的条件。我们的课程也安排了很多知名的大家来给我们讲授，包括吴冠中、溪静之、邵大箴、李燕都给我们上过课。当时我被留下来，为协会把我们所学过的课程进行了整理，做了半年多的时间。所以在中央工艺美院开始学习不久，就促使我在黑白联展上一下子否定了过去拍的那些东西，感觉那都是装腔作势、故作姿态，不是真正的摄影艺术。走进大学校园，我打开了视界，汲取了知识的营养，才领略到艺术的真谛，才懂得真正的摄影应该具有什么样的品格。

解决拍什么、怎么拍的问题

宋　靖：那您原来在周口就开始学摄影？

于德水：一开始我是学美术的，后来转学摄影了。1978 年恢复高考，我也参加了高考，报考的是美术院校，结果是专业课过了，文化课没有过。“文革”后期虽然走进了中学校门，但那个时候根本没学到什么东西，然后就被下放农村接受贫下中农的再教育了。当时没有那种复习一年重新再考的想法，没有那种概念，只感觉这回没考上就完了，就有了一种危机感：接受高等教育的头班车没赶上，就觉得美术这碗饭是吃不下去了，感到绘画不能再干了，将来与科班出身的大学毕业生没法竞争了。当时我的工作已经从工厂调到了文化馆，我所在的那个岗位是美影组，是美术摄影在一起，所以自然而然地就选择不再画画了，转向了摄影，就是这样一个契机走到摄影的路上来了。

宋　靖：当时您在周口市文化馆？

于德水：是。那个时候一转向摄影，就非常投入。当时年轻的理想很是充足，有激情，用一种拼命注入奋勇和热情的状态对待摄影。1978 年算是正式放弃了美术。之前虽然也接触过相机，也拍过照片，但是那个时候没有把摄影当作一种职业的概念，高考的落榜导致我把摄影当作一种事业的选择。这个方向目标确定了之后，就是非常认真地去做了，就全身心地投入到摄影中去了。几乎是不分白天黑夜地忙碌，白天骑着自行车，相机就装在那时流行的军用绿挎包里，到处跑着拍照片，搞创作，晚上就钻进暗房。周口城市不大，走出不远就是乡村，我的拍摄题材多是与农村相关。时间不长，就开始在报刊上发表照片了，在全国的各种媒体、专业刊物上发表，参加展览，到 1981 年的时候，在全省青年摄影创作综合成绩的评比中我得了一等奖，实际上这完全是凭着年轻人的那种奋斗的热情。当时省摄影家协会的负责人我都不认识，完全就是凭着成绩，得到了一个进修上学的机会。

宋　靖：您从北京学回来以后，是否否定了您去上学之前看到的那些做作、摆布的照片，之后您才开始坚定地去走那条路呢？

于德水：学习令我的思想发生了很大变化，甚至是改变了原来对摄影的认识，明白了相机跟现实生活所应该具有的那种直接的关系，而不是那种人为的臆想的“艺术表现”。过去拍照片都是“主题先行”，先想象出来画面，然后再现实去摆、去做，甚至是到暗房里面去做，就是现在数字后期轻而易举能做的那些事，当时完全就是在暗房里做，什么多底合成，不同的东西拼在一块，什么拼接、组合、挪用、中途曝光，很多具有难度的暗房花招那时我全都玩过。从北京学习回来之后，我就觉得应该让自己的摄影与现实生活还原到一种朴素的关系，就是要体现出一种真实，这是最起码的，也是最根本的。

以上四图均选自《黄河流年》于德水摄

境下，只有靠个体之间相互支撑、给予，相互鼓励和督促着前行。

宋　靖：他当时也是在陕西？

于德水：是在铁路工程公司。

宋　靖：介绍您俩的书上说他经常来郑州铁路局开会，所以老来找您。

于德水：当时西安铁路局归属郑州铁路局管辖，因为工作关系他经常会来郑州，也造就了我们交往的机会。

宋　靖：您二位一起去拍过稍微大一点的主题吗？

于德水：我们一块出去，但是各自的拍摄是不完全相同的，就像他拍麦客。1993 年，我们一起跑了 20 多天的时间。他是为他的专题拍，我按照我的方式拍，我们之间没有共同的主题，但在思想方面，对很多问题的看法很接近，我们属于同行者。他是陕西群体的主要成员，陕西群体做的很多事情，我也是参与者。20 世纪 80 年代末陕西群体给《中国摄影》写联名文章。那是陕西群体的一个重要动作，我也是上面的签字者之一。很多当时对摄影的思考、对一些问题的看法，以及对很多现象的认识我们是很接近，甚至是一致的。

宋　靖：陕西群体是 20 世纪 80 年代末 90 年代初中国摄影领域里异军突起的一个团体，您也在参与，因为我们这两个省地貌差不多，人们的生活状态也差不多，可能也是有这样的一个基础。他是在哪个城市生活？

于德水：他在临潼，就是兵马俑那个地方，离西安只有 20 来公里，现在与西安已经是一体了。那时的陕西群体代表了当时中国社会发展到一个特定阶段所反映在摄影领域的一种思潮。其实他们不是孤立的，国内各省份都有一大批思想活跃的人，他们只是一个代表，在四川、在福建、在山东，其间也都有交流，在民间的底层，涌出推动摄影发展的力量。那时大家联络都是靠活动聚在一起，还有就是通信。

宋　靖：这个太重要了，我觉得以前大家没有通讯工具，见一面提的问题很多，要聊的东西也很多。

于德水：对，到 90 年代就开始用电话了，而用电话方式沟通信息，其交流的性质就发生变化了，它和书信的往来就很不一样了。侯登科为这种方式的改变特别恼火。电话的便捷，实际把人的交往变得不仅轻而易举，而且是随时随地。号码一拨电话就能联系上，但是这种交往在方便日常生活的同时，丢失了一个重要的东西，那就是没有了思想。现代通讯都是口语化的交流，而书写的过程不仅是一种思想的参与，而且呈现的文字是经过思想过滤的。这种交流方式的改变令他感到特别窝火。

宋　靖： 他是不是脾气很大？

于德水： 暴躁，他后来就伤于肝病，怒伤肝，而他特别容易暴躁、发火。

宋　靖： 创作上的事儿他也真发火？

于德水： 是，他经常和别人争论。当年他和陈小波在珠海第一次见面，就把小波说哭了。小波拿了照片给他看，他就劈头盖脸、没遮没拦地说了一通。

宋　靖： 那时小波是摄影师啊！

于德水： 是，我当时也在场，当时我就觉得你这家伙也太不对了，一个女孩家来找你指教，你却一点面子也不讲，直不笼统地就给人家说哭了。但就是他的这种个性，恰恰吸引住小波了，她觉得这个人这么有意思，而侯登科就是这种性格，他特别真挚，不会为了照顾你的面子而虚情假意。

宋　靖： 我看陈小波写你们两个的时候，写得挺感人。

于德水： 小波了解我们。侯登科的性格率真、易躁，他会在他情绪糟糕的时候用一种消极的方式排遣自己，当他不能再拍片，或者是在摄影上寻找不到突破的时候，他会混迹在家属院的工人堆里打麻将，实际上他不是爱打麻将，只是为了让自己有一种释放的方式。其结果是他莫名其妙地会和别人发火、吵架。极端情况下他甚至会去跟人动手打架。一次电话里说到这些事情的时候，我只有劝他。但在我们相处的过程中他却从来没发过火，没有叫过、暴跳过，在我面前他多是显得像一个老大哥一样，那种温情的状态，或许是我们俩的性格有一种互补吧。他特别激烈的那种状态，我会温和地面对。

宋　靖： 他们家现在有孩子继承他的摄影吗？

于德水：没有，他的两个孩子都是不同的专业。小女儿在美国读的硕士学位是统计学，毕业后在金融机构工作，做数据分析。大女儿的专业是外语，现在和丈夫因工作关系在美国，她想利用在美国的闲暇时间学一门课程，李媚建议她学习与艺术、与摄影有关的专业课程，因为将来我们也要把她父亲的东西交给她，侯小谨在美国这两年读的好像是艺术管理吧。

侯登科在家里面是很严厉的形象，在女儿面前很少露温情，是一个有棱角的严父。他两个女儿在家里很少感受到父亲的柔情、温情的爱，他在家里一向都是保持严厉的形象。孩子们是在后来才慢慢了解了父亲的一些事儿的，包括在专业上多年的付出、追求，以及思想和成就。

侯登科在家里面颇有些大男子主义、大丈夫的形象，说一不二。他对待孩子也是这个样子。但在他大女儿出嫁的那天，他喝得酩酊大醉，他是有意把自己灌醉的，给我打电话号啕痛哭，他内心里特别苦痛，女儿的离开让他感到了人生的悲楚。他的爱人是一位非常贤惠的妻子，他们的关系是比较传统的那种家庭关系。他有些感情在家里的日常生活中都是隐藏的。

宋　靖：这是中国人最可悲的地方。

于德水：很多丰富的情感他不显露出来。但在他病危的时候，他做了很多细致的事情。在他去世之前的2个月，我们在他家里帮他整理东西，他知道自己当时的状况，他安排了工人把家里的卫生间、厨房还有一些其他的生活用具，什么灶具、油烟机、抽水马桶之类整个换了一套。他跟我说："她不会做这些事儿，我得把这些给她安排好。"侯登科对家人的关心、爱护，嘴上不会表达出来，都深藏在心里，他走了之后家里的这些日常生活细节，他都想到了，给家里安排好了他身后的一切。

宋　靖：这就是中国人不善于表达感情的方法，实际上他对他女儿也有这种感觉，但是他也不说，永远用他的方式对待他的孩子。当时他走的时候还不知道他的照片有什么价值吧？

于德水：那个时候他已经有些意识了，是2003年。90年代之后中国与世界的各种交流、交往都已经有一些了。虽然那时候还不存在影像市场，但是他对自己的摄影实践的认识与价值判断还是有的。当时他已经与我们在讨论这些作品该怎么办。《人民摄影》当时的老总司苏实给他联系了两家国外的图片机构，对方表示愿意接受他的这些作品，司苏实很快地就跟侯登科反馈了信息。侯登科的政治意识很敏感，也因为他长期在单位的宣传部门工作，就放弃了这种做法。他后来说："影像是会被意识形态所利用的。"而他不愿意这些影像被政治意图所利用。这些真实地记录了当时的社会现状的影像，应该留在国内，这是他的选择。国外的机构他不愿意给，而国内又没有这样的机构，《南方周末》为这事做了一个整版报道，大标题是："他走了，他的影像留给谁？"记者采访了病榻上的侯登科，提出了"谁来接受这些影像"的当代现实问题。由于各种条件的限制，没有其他的选择，最后他把这事儿交给了我和李媚两个人。当时他的想法是，他的这些作品如果能产生点儿作用的话，就去帮助像他一样在中国处在最基层、从事纪实摄影的年轻人，这就是后来创办"侯登科纪实摄影奖"的初衷。这是侯登科的本意。我们给这个奖的定性就是：这是一个民间的项目奖，目的是资助纪实摄影家，推进纪实摄影在中国的发展。奖项向年轻的新生力量倾斜，鼓励和扶持摄影的民间力量生长，侧重于身在基层而且经济困难、需要帮助的年轻人，是一个"雪中送炭"的奖项，而且不去锦上添花，是这样的一种定性。在 2007 年的时候，当时国内的影像市场开始启动，我们与北京启雅合作，启动了"侯登科纪实摄影奖"的创办。北京启雅也把侯登科所存全部底片实现了数字化。当年的冬季，首届"侯登科纪实摄影奖"正式推出。

宋　靖：我说个题外话，对今年获得"侯登科纪实摄影奖"的作品您怎么看？

于德水：第 4 届的获奖结果出来后，引起了很大的争论。

从总体看：综合从第一届到今天这样一个结果，我觉得"侯登科纪实摄影奖"作为一个民间的、坚守一种纪实精神的评选，体现出了对实践的坚持，在时下这是很可贵的。在首届时，作者对社会现实的关注与投入就被强化地体现出来了。在听取社会反映的同时，从第 2 届我们及时做了一些调整，侧重了年轻的力量。之后历届调整侧重在不同的方向，诸如语言的形态、表达的个性化探索，等等。而这次评选，凸显的一个重要指向，就是纪实摄影内在精神的强调与回归，回归到了一种对社会现实的批判性上来，获奖的三位作者的作品无一不如此——强化了纪实摄影的批判性。这一点是对纪实摄影的精神、内在逻辑的坚守，这是很重要的一个节点。争论最大的是李政德的作品，《新国人》直面时下社会普遍存在着的、有目共睹的奢靡浮华的过度消费现象，但是这种状况在长期以来摄影的表现之中，是非常稀少的。李政德这种看似简单、直白的表现，是一种直面的真实力量，让人看到这一切。另外两位作者的作品也同样是，《红线区》反映的是对资源疯狂的挖掘，对自然生态的破坏；还有教育问题，《大学城》

聚焦了遍布全国的大学城。第4届的评选凸显了纪实摄影对社会现实问题的关注和批判。

宋　靖： 我做这本书特别重要的一个想法也是要让更多的年轻人知道纪实摄影是摄影里最有生命力的。

于德水： 如果回顾一下摄影 170 多年的历史就会发现，纪实精神是摄影最为宝贵的文化遗产。

摄影的纪实性，出于人类文明的需求不会消亡。但是它在变化，它存在的现实是一个动态的过程，不可能老是一种模式的。针对这次获奖作品的批判，争论的焦点在于它的表现方式。对第 4 届的结果反对的最强音来自于吴家林，家林以他从事纪实摄影的成就，还是很具有影响力的。李政德的影像方式，已经看不到传统的纪实摄影应该具有的那种表现上的一些最基本的要求、那种经典的语言形式了，争论的焦点在这儿。家林坚持纪实摄影的影像本身的重要性，他说："摄影还是要靠本身的影像语言说话。对于这种影像语言，我的评价就是垃圾影像，是缺乏影像魅力的平庸记录。"他认为《红线区》还有点儿传统纪实的那种影子，但是在经典性上做得很差，做得根本不到位。而不同的意见则认为：纪实摄影的语言方式不应该固守于一种模式，随着时代的发展、文化语境的改变，纪实摄影也应该与时俱进。一切新的艺术语言都是通过对传统的经典样式的反叛而迈出其时代脚步的，这恰恰是一种新的力量。我是"侯登科纪实摄影奖"组委会的执行主任，主持评选，但我不参与投票，是一个组织者。在整个评选的过程中，我也曾对这次评选将要出现的结果担心，因为这次来稿量在历届中最大，进入终评的作者就有 70 多人，而且这 70 多人水平非常接近，差距不大，这种情况就比较复杂了。评选进行到中间，几次停下来，回溯"侯登科纪实摄影奖"的宗旨，把大家拉回到出发点，强调目的，进行一番讨论。应该说评选的进程和结果始终是严谨和严肃的。我看这场由评选结果所引发的争论，没什么不好，是一种正常的现象，问题是在争论中逐渐明晰的。我是从正面的角度去看的，是好事儿，是进步。过去从来没有一个奖项的评选能引起这么强烈的反响，大家争论争论才能明确是非。

这个奖侧重的对象就是青年力量，参与送稿是一种方式，也可以用其他形式。比方说如果大家有兴趣，可以做我们的志愿者，做工作的同时在现场观察评选，在作品评选整个环节，可以看到每个评委的观点和意见，甚至是现场的争论，这些都对大家有益处。这个奖项是国内唯一所有的参与者，包括评委在内，全部以志愿者身份义务劳动，所有的参与者都是不拿报酬的。这也是因为我们的经费有限，主办者把活动费也用于奖金了。李媚认为能帮助一个具体的作者比什么都重要，这样的实际效果要直接得多。为此我们就紧巴一点儿了，在所有的地方节省开支，从第 2 届就是这样了，住招待所、租会议室和评委的住房，都要跟人家砍价，一点儿一点儿地算。每一届我们还要印书，做文本。第一次李媚提出评委尽义务的时候，我还不相信能做到，没想到得到了所有评委的赞同，特别令人感动。所以从第 2 届开始，就形成了一个公益性的活动了，所有参与的人都是公益性的。

宋　靖：我觉得您二人的交往其实推动了摄影的发展，是非常好的一个典范，大部分的摄影师之间都是有点儿老死不相往来，都排他，还有的出于名利上的想法。您看像您二位这样多好，非常值得大家学习！

找到自己的位置，拼命做下去

张国田

山西省摄影家协会理事
山西省新闻出版摄影协会秘书长
平遥国际摄影大展艺术总监

- 1962 年出生于山西太原，现任职于山西省新闻出版局。
- 1985 年拥有第一台海鸥 DF 相机。
- 1986 年拍摄黄河。
- 1993 年策划、参与“乡村计划 · 1993”活动，其摄影作品在中国美术馆展出。
- 1995 年开始拍摄平遥，合作出版《平遥》、《晋商城宅》、《平遥古城》等图书。
- 1995 年策划、导演山西名歌《想亲亲》音乐电视，并获第 3 届中国音乐电视（MTV）大赛铜奖 。
- 2001 年主编由北岳文艺出版社出版的《平遥》画册（全三册）。
- 2001 年 9 月应邀参加平遥国际摄影大展。
- 2002 年 9 月担任平遥国际摄影大展秘书长。
- 2007 年 1 月创办中国大型当代艺术双月刊《映像》杂志，并担任杂志社艺术总监。
- 2008 年 7 月起担任平遥国际摄影大展艺术总监。

第10—15届平遥国际摄影大展宣传招贴

讲评：

如果说陈海汶从商业拍照、服务主流上获得了成功，那么张国田在拍照和策展方面做得特别好。

他之前拍摄平遥古城的时候，产生了一个梦想，要为平遥古城做点什么，以至于最后他整合了很多摄影元素，然后办了一个平遥展。他跟陈海汶一样的地方就是睿智、思路清晰，知道自己摄影是为了什么。张国田和奉献性强的影片的大导演一样，他能把各路英雄会聚一起每年做一个大展，然后大家在这个平台上交流。

张国田最突出的优势就是他是个实干家，身体力行，什么事都冲锋陷阵，一直这么干过来，所以等到第 10 届平遥国际摄影大展任务交到他手上的时候，他轻松地把这个事扛起来了，而不需要什么过渡。

众所周知，相对于国内其他的摄影节，院校学生展是平遥国际摄影大展一直以来坚持的一大特色，每年大展的土仓展区都是留给院校的。虽然摄影节没有交易，但至少有发现新人、展示个人作品，最后能被社会认可这样一个作用。不仅如此，平遥大展让我们有幸看到弗兰克、寇德卡等世界知名摄影家和他们的作品。一个摄影人最终用什么方式服务社会是不一样的，有的可能到 70 岁了仍一直在用他的作品来跟社会对话和交流，而张国田则是通过平遥国际摄影大展这样的平台，为中国乃至世界的摄影人提供了一个交流和学习的场所。什么是你事业的爆发点，那是需要在寻找过程中发现的，但有一点可以肯定的是，你必须确实热爱这个行业，确实愿意付出。对于平遥国际摄影大展，张国田是准备把命搭上的。

张国田是综合能力很强的人，所以他适合办综合的事。其实综合能力强、兴趣广泛的人，做整合的事特别容易；而如果是一个专才，就让他在那个领域里专下去。就是说，每个人都要了解自己，知道自己的长项在哪里，从而才能把这个长项坚持下去。张国田的长项就是做综合把控，他清楚地知道策展传播的要领、渠道和预期的效果。

平遥·纸人 张国田摄

张国田： 这是所有摄影人在今天的困惑，如何面对市场，面对生活。就比如我在翻阅现在很多年轻摄影师拍的作品的时候发现很多雷同的东西，就是很多人在复制别人的作品，而在复制的过程中，他们更加注重了影像的本身，包括构图，包括画面，而没有切入到生活中。我倒更希望他们在拍摄一个东西的时候，应该很好地去研究一下，去梳理一下拍摄的这个专题是想表达什么。比如我们一提纪实摄影就会说到尤金·史密斯，他曾经拍过《水俣》，拍过《乡村医生》，是那种表现手法。所以我们所强调的创作方式和纪实摄影本身或者记录摄影，是有一种差距的，就是更注重画面的构成，而没有构成它的精髓或者是灵魂的东西。有些摄影师拍摄出来的专题有很高的史料价值，它是有文献性的，是应该进博物馆供人们去研究，去回望，去思考的。比如说现在你穿的衣服，你的发型都代表着一个时代的特征，那么我们就要用影像去把它表现出来，这里头还有你的姓名，包括你所有的出生资料，这就是一种人类学的性质。那么这就需要摄影师有一种牺牲精神，必须有所付出，必须要去深入地研究。影像还是采集的一种工具，把影像采集回来以后，按照自己对生活、艺术的理解并结合自己的思想，去把它表现出来，我可能会用现在的数字技术和其他方式去完成，也可以做成带有观念性的作品，包含了各种思想和观念，把一些主观的东西呈现在大家面前。摄影技术革命改变的十年，颠覆了我们过去的传统，让这种影像给我们带来很多创作或表现的可能。就像我刚才说的，你的作品要原生态地记录生活，我觉得这种方式属于人类学范畴；还有一种方式是带有一种强烈的主观意识去表现，把作品作为一种当代艺术去表现出来，它有卖相，符合市场当下需求，那么这种作品同样能带来一种美感和美好。我觉得还有一种作品就是一种情绪，当所有作品呈现在一起的时候，我可以做一个很有意思的展览，无论是最后影像的制作，还是大众情绪化的随拍，最终完成的都是你自己思想的一种传达，这种传达实际上是一个摄影师寻找自己和寻找知己的过程。

了解社会，了解你自己，在影像中不断修正自己

宋　靖： *很多作品也与观众之间有互动，提高了我们现在很多人的读图能力。*

张国田： 对，就是我们现在所面临的问题。我最近也在思考一个问题，就是我们很多的摄影师拍摄了旅游民俗，去了感觉不错，拍张照片回来看着很美，这种可以，但是如果真的要进行我们所谈到的记录的时候，你要了解它的文化，了解它的每一个细节，

张国田：我觉得这个太简单了，就好像一直喜欢摄影，相机在当时的年代是多么具有诱惑力，我一直梦想有一台相机。再加上我生活的环境中有摄影家，我很羡慕他们，后来自己拥有了一台相机，那是 1985 或者 1986 年吧。

宋　靖：是什么相机？

张国田：海鸥 DF。

宋　靖：您还保留着吗？

张国田：保留着，这个很有意思，当然有很多故事。我从小是在文化的氛围中生活，虽然我父母都是工人，但是我们却生活在出版社的院子里，身边都是比较有文化的人，里面也有摄影家。我从小就看他们拍摄，所以自己一直想拥有一台相机，后来终于买了一台，当时 500 多块钱，胶卷也很贵，拿起相机的时候就想成为一名摄影师，那时候也不了解。摄影不单单是拿起相机的问题，而是需要一种文化，用思想去创作才能把你的东西表现出来。过去搞摄影只有几本杂志，几张报纸，去看去模仿去拍，去寻找光线，去寻找构图，到处寻找，一个人还去走趟黄河，去创作。今天回过头来看，都是非常简单，那时候年轻嘛，有一个梦想，但是慢慢做的时候，才发现搞摄影是什么，应该怎么做，特别是这几年，做平遥国际摄影大展带给我的启发很大。

宋　靖：那您是怎么从一名摄影师变成了策展人的？

张国田：一个人要能找到自己的位置。因为我从 1995 年开始一直拍摄平遥古城，准备成书的时候，正好平遥国际摄影节也在平遥古城筹备，我参与了筹备，但是那时候是以摄影师的身份受邀参加平遥国际摄影节，我展出了唯一一组古城的照片，叫“古城家园”。因为我把自己的一些作品展出了以后得到了大家的认可，再加上和平遥的渊源的关系，后来加入到平遥国际摄影大展的筹备工作中。其实从第 1 届走到第 13 届我一直参与平遥国际摄影大展。当今天我们和所有的摄影师都聚在一起的时候，回忆起那段日子都是非常开心的。然后在 2003、2004 年的时候，平遥国际摄影大展的作品评选基本上由我来进行组织，那时候比较忐忑，怀疑自己对摄影的理解能不能胜任。当然我得益于在这个过程中跟很多国际策展人交流，自己也在不断的学习中受到很多影响。我第一次去挑选作品的时候是非常紧张的，这张作品好不好自己无法辨别。一直到今天我看见墙就想挂照片，看见作品就想评，这都是一种积累。

第 1—9 届平遥国际摄影大展宣传招贴

宋　靖：那这么多年您感触最深的是什么？或者是这么多年了平遥国际摄影大展有什么样的变化？

张国田：变化太大了。我最大的感触就是我更希望我们的摄影师能够真正重视照片。没来平遥参展的摄影师有很多，当我在看一个作品的时候，我能够从那张作品中看到摄影师在想什么，他（她）为什么拍这张照片。这是现在我能够感受到的，我不会放弃每张照片，我会认真地去读这些作品，我对作品感触最深的就是作品的呈现方式，这是我们每一位摄影师现在所面临的问题。我曾经写过一篇文章《作品后期的后期》。作品一拍出来就成为艺术，可能在今天很难达到，那么其呈现方式、表现方式就很重要，后期的后期，就是呈现。我们很多摄影师不会去表现作品，不知道自己的作品要去做什么，甚至是刚才你所说的市场，花了很多钱，费了很大力，做了很多作品，最后只是自我感觉良好。这是我痛心的一件事，就像有的摄影师来到平遥，问我要 200 米展线，要展 200 幅作品。还有的人，作品很多，专题很多，因为每一张作品都倾注了自己的心血，他对每一张作品都很热爱，他舍弃不掉。摄影师最重要的就是你能够把你的作品表现出来，用最少的图像把你的思想精华表现出来，但是这个很难做到。

宋　靖：那您认为摄影师和策展人之间的关系是怎样的？

张国田：这里面有一个故事。一个山西的摄影师，他拍了几年，其中有卖彩票的一幅作品，还有在街头巷尾抓拍的一些作品，以及一些反映城市变化的作品，他想一次性去呈现给大家。这就是我们摄影师本身对呈现的方式和如何传达自己作品、表现自己作品缺少一种认识，那么我更建议他展出一组作品，因为这组作品已经代表了而且是最精华的，但是他舍弃不掉。我们最难最痛苦的事情就是丢弃不掉，舍不得。我也做过这样的事情，就像我做平遥的作品时，当我成册当我展览的时候我丢不下任何一张照片，因为我想到在每一张照片后面都有一个故事，但是这个故事却无法传达给别人，就是你控制不了这种影像的东西，这时候你就需要一个好的策展人去对你的作品重新进行编辑、呈现，因为影像最终的呈现就像我们拍电影一样，需要有各种镜头的对话，包括远、中、近镜头，但是我们摄影师控制不了这些东西，这表现在我们摄影师没有按照理性去拍摄。这是一个矛盾的东西，我们一方面强调纪实是不需要掺杂任何东西的，但是如果你没有自己的思想，随便拍下来的作品又失去了思想。当然，不同的表现方式都能给观众产生一种影响，所以说我们不可能单一地说这个就是带有强烈的思想去记录的一种作品，或者是随意拍的。

我们所说的纪实是用这种语言去叙述一个事件或者一种文化现象，它有强烈的指向性，但是影像不是这样的，是需要随手去拍的，有时候废片也可以给人带来一种影像，也许 100 张废片组合在一起就是一张完整的作品了。而张张都是经典的作品就缺少了人在情绪上的一种节奏，就像每个人都很漂亮都很帅，但是每个人都一样的话，就有问题了，他们应该是有高有矮，有所区别的。我曾在国展当评委，拿放大镜看照片时，网上有人说需要怎么做怎么去研究，就有人跟我解释："我还想表现什么但没有表现清楚。"我说当我去看一幅影像的时候，我更愿意去寻找里面更多的细节，去享受这个过程。我会走近、离开，不断变换距离来感受图片，这就是我欣赏图片的一种方式。创作也同样需要有这样的节奏，这需要你最后把这种节奏呈现出来。看展在电脑上就能看，但为什么人们还要跑到平遥去看？因为平遥特有的建筑元素与照片重新结合产生了一种新的视觉语言，人在一种环境下去欣赏摄影作品，他感受到的是一种立体的和丰富饱满的观赏体验，心理会得到一种满足，和单纯地在网上看照片不一样。这就是为什么展览对我们是多么的重要，但是把握住这一点又是多么难。

策展是个专业活儿

宋　靖： 今天也问到您关于国外展览的事情，您谈到需要合格的策展人团队，您能深入地谈一谈这个问题吗？

张国田： 关于策展，我曾经也写过，中国摄影界有多少真正的策展人，策展在当代艺术界在今天已经慢慢走向一个很成熟的阶段，但在中国摄影界，我们的策展掺杂了太多现实社会中的干扰因素，比如关系、朋友，干扰了策展人。在国外，很多优秀策展人是极其严肃的，他是去表现自己的观念和自己想传达的思想，或者是在总结当下影像所要表现的东西。而我们是组织摄影，我们 5 个人做一个展览，组织起来，给展览起一个名字，这里头就存在很多问题。我也有这样的方式，比如这次我带 100 位摄影人到韩国做了一个展览，这种展览属于交流活动，严格意义上不叫策展，叫组织展览，代表我们整体的摄影水平。我也给澳大利亚摄影节做过一个展览，叫"另一个故事"。我就讲传统文化走向今天的过程中，人们对文化的认识是怎样改变的，我会组织 6 个人，他们就传统文化的脉络去讲述一个主题，以呈现出来。这是我强烈地要去表现的东西。

其实平遥国际摄影大展也不乏国内优秀的策展人去完成很多策展。比如 2005 年，吴鸿策展的"'此岸的彼岸'摄影史的当代艺术方式呈现"，就讲影像带来的衍生，

“‘此岸的彼岸’摄影史的当代艺术方式呈现”2005 年平遥展览现场

“想象中的每一天”2010 年平遥展览现场

联系图片社成立 30 周年的展览 2006 年平遥布展及展览现场

作品的复制，最早拍的东西，你把它画出来，从郎静山的画意摄影，最初的原始照片，一直到芙蓉姐姐网络上的作品。他讲的是这么一个观念。他也策划过一个展览——“画幅决定态度”首届5×7″（平遥）照相双年展，反映的就是呈现方式的问题，他把作者们的作品变成7英寸扩印片，把老百姓的照片放大成标准尺寸，24英寸装上精美的框子，做这样一种比较。前段时间有一个小提琴家，他的出场费非常昂贵，但是他有一天在纽约的街头演奏时，别人只给他扔了几个钢镚。就是说在不同的环境下，不同的呈现方式给人带来的影响是很大的。有一位优秀的澳大利亚策展人阿拉斯戴尔，他给我们策划过几个展览，当时我到悉尼摄影中心见到他时，我都觉得惭愧。他参加过两届平遥国际摄影大展，他第一次策展是带着几个摄影师给我们做展览，我没想到他会站在展场每天统计人数。他会统计出每一个观众会在这幅作品前站多长时间。我们没有人这样做，所以我强调我们策展人的职业感和专业性。我看他的本子，就记录了整个平遥大展的总人流量。展厅给人们带来了什么，人们的反应是什么，他都做了总结。2010年第10届大展时，他给我们做了一个展览“想象中的每一天”，他组织了20名澳大利亚摄影师参照中国的文化阴阳对立拍了天空和地、海洋和沙漠，用这种当代艺术的方式呈现了一种澳大利亚当下的生活方式。他到中国来策展，用中国文化来呈现澳大利亚的生活。我觉得这样的策展是我们国家很多策展人做不到的。

我还和普雷基策展了美国联系图片社成立30周年的展览，他对于作品的态度和表现方式使我们合作得非常好，在呈现一幅作品时，策展人一定要了解空间、视觉、心理等一系列元素。在美术馆或博物馆做的策展和在平遥古城做的是不一样的，比如在美术馆我可以围绕一个展览设立不同的空间，在平遥却不行。很多人说平遥太大了，展览看不过来，其实他们不知道，我看过每一张照片，走过每一个展场，每一个展览如何布置，都是我们画出来的。所以走进展场的时候是需要一个心理过程的，比如做一个展览，从开始进展场到结束，策展人是能够想象到观众会在哪个地方停留，在哪会走进，在哪会退出，这种心理的感觉是一个好的策展人所需要的。平遥柴油机厂每一个展厅也不一样，我在策展时，第一个展厅是什么，进去以后是什么，通过空间会看到什么，这个人会站在哪里休息，我心里是能够想象到的。所以策展对摄影作品来说也是非常重要的，策展人要很好地去了解、研究摄影师，我们现在是随便一个摄影师找个借口就加进来了，这对展览是不负责任的。

这很好，但是表现出来的就是自己的东西，没有给予社会，社会也没有接受的时候是很痛苦的。他们太自我了。前段时间有学生寄给我照片，他们下了很大功夫去做一组作品，我也感受到了，但就是别人用过的东西他们再去用，他们看得太少了。所以，学习很重要，读史很重要，外语很重要，了解世界很重要，然后再了解你自己。

这就像我们搞评论的人一样，一说就是你如何用自己的思想去创作了一个作品，然后苏珊·桑塔格说，亚里士多德说，给你引经据典，一个标准模板就出来了。什么时候能打破这种模式？我最近搞很多策划，比如西山一个樱花节，我说别叫“节”，就叫“西山的春天来了，阁僚沟的樱花开了”。阁僚沟是我们太原人都知道的一个词，说那个人可“阁僚”，就是说那个人可倔了，这样一说人们就会向往，就去了，所以这次很成功。所以你换一种普普通通、简简单单的方式，恰恰能和别人沟通。我们搞得太玄了，反而什么都不是，我们现在有的人太想观念了，太想艺术了，太想做出一个伟大的作品的时候，就什么都不是了。宁静致远，所以说必须要让自己静下来，但是谁又能做到呢？连我都做不到，学生就更难做到了。只有摸索，只有摔倒了再爬起来，不断去寻找自己，因为成功来源于创作，没有捷径可走，没有方法可教，只有自己去摸索，艺术家是教不出来的。

我觉得当所有的人去做了你自己的影像的时候，你就把世界记录了。我们应该把思路反过来，世界对你而言，你是它的一个记录者，是不是？我们在这里头转来转去转不出来，就好像今天谈图片市场，谈什么呢？你照片卖了就是有市场，没卖就没市场，你把照片交给市场，你就能说这样就有了图片市场了吗？然后你忽悠上一个人，他去买了，这样市场就来了吗？这是一个社会的事情，不是我们的事情，你不用管整个社会，你做不到。我们谈市场的时候，总问中国的市场在哪里，这话问得就有问题。不要把自己看得太艺术，你看得简单了，你的市场就有了。我们老想做大的，一说就是画廊，一说就是收藏，你就把自己普通拍的那张片子装好框子，肯定有人买。市场在哪？市场在社会，别人说的是收藏家的这种收藏市场，和这个又是两个概念。

我们中国搞收藏的人我也认识，靳宏伟，他收的那些确实很好，但靠他一个人完成不了中国整个的收藏，他一个人能养活中国所有的摄影家吗？1000个也养活不了，100个也养活不了，是不是？而且有的人卖了一张照片，他就觉得后面的照片都能卖了，毁人啊，太毁人了，所以务必保持清醒。我觉得应该更好地去学习了解，不断地去接触交流，你了解了世界，你就了解了自己。我们现在是了解了身边，就了解了自己，这不一样啊，是不是？我那天说了一句，知道市场的人不是一个人在走，两岸猿声啼不住，轻舟已过万重山，你在那喊的时候，人家早走了。史国瑞就是一个最好的例子，他懂外语，他一开始也是用针孔相机拍照片，后来他用城墙，用长城垛做了一个暗箱，这样就当代了，那张照片当时 10 万还是 30 万就卖了，现在他在全世界走，平遥摄影节也不用来了，他在自己创作，凡是还在小圈子活动的，永远没有市场，一个人去思考就会有市场。

宋　靖：您讲得太对了，感觉您说得非常全面，认识也很到位。

张国田：我个人不喜欢用特别学术的语言，去拿腔作调，就是实实在在地去讲，去面对，不要去忽悠别人，我们有的批评家总把有的照片说得神乎其神，照片就是照片。

宋　靖：对，我们有的时候看一些照片，再看它的评论，总感觉差别太大了。

张国田：艺术品，第一，你不要解释；第二，别人给你解释那是别人的事情，和你没有关系，你的任务就是创作。为什么后来我们觉得我们的大师，我们所谓的摄影大师那么干枯呢？是因为他在不断地重复自己。大师是什么？大师就是没有重复，只要他动一下，就是在用他的内心世界和他的艺术思想等所有东西的集合去拍摄，他没有压力，他在游走着。我们想成为大师，但总琢磨着这再改一下，这再加一下，我们回过头来看看，多少作品都是复制、重复，我们所谓的大师在不断地复制、重复着自己，我们想当大师的人在复制着别人，那就是我们现在的状态。现在只要摁下快门就能成为艺术吗？不可能，这个时代已经没了，只是一张比较漂亮的照片而已，所以不要在摄影这个圈子里再兜了，老在影像里转来转去，挺痛苦的。

他从部队中走来

张桐胜

中国摄影家协会副主席
著名军旅摄影家

● 1953 年 12 月生于文化重镇河北胜芳，儿时有美院的老师到家乡写生，他就在旁边看，所以张桐胜从小就梦想当一名画家。

● 1972 年高中毕业的张桐胜在美术老师的推荐下加入了县文化馆美术组从事美术创作，美术组解散后，张桐胜应征入伍成为解放军第 22 基地的一名战士。

● 1976 年被提拔为宣传处摄影干事，在这期间，他组织了基地摄影学习班，自己搜集资料编写了教材《摄影问答 100 例》，并策划了 8352 部队第一届基地摄影作品展。

● 1977 年张桐胜拍摄北京国防科委举办的全委篮球大赛。

● 1978 年北京国防科委成立全国体育办公室，将张桐胜从基地借调到了北京，成了国防科工委文化部摄影干事。

● 1980—1985 年间，他拍摄了一系列反映军事科技领域但又带有艺术性的作品，如《机房倩影》、《机房的早晨》、《风洞》、《微波暗室的韵律》、《发射场的乐章》等，并参展获奖。

● 1985 年的西藏之行是张桐胜摄影之路上的一个转折点，从此他的摄影更多转向了纪实摄影。

● 2000 年拍摄纪实作品《柯受良飞越壶口》。

● 2000 年出版图书《心雨集——自然·艺术·人生》向其父致敬。

● 2004 年拍摄、主编、出版大型画册《中国飞天》、《中国人的太空之旅》、《飞越太空》、《飞天英雄杨利伟》等。

● 2008 年赴汶川拍摄 5·12 汶川地震，出版《汶川记忆——张桐胜 5·12 汶川地震》摄影集。

● 2013 年举办“绚彩意象”个人摄影作品展并出版画册。

箭之光 张桐胜摄

讲评：

张桐胜的成长过程适合很多摄影学子们学习，他是从基层的宣传干事做起，深受家乡文化的熏陶，因而特别喜欢艺术和摄影。不仅如此，他还是个脑筋特别灵活的人，身为部队里的宣传干事，他每做一件事都能找到非常独到的方法，把事情做得让领导和大家刮目相看。他对视觉文化的独特感悟和强烈的特立独行，让他的拍摄角度往往非同寻常。比如说他拍摄柯受良飞跃黄河，当时大部分记者在岸边看，而他是站在山顶上把整个场景，包括两边的人、黄河都拍摄进来，通过俯拍将现实场景和文化意境相结合。而这离不开他对于摄影的深刻感悟以及由此而来的预判。

张桐胜不仅会拍，还特别会表达自己的思想，这也是摄影师应该锻炼的。另外他还有一点值得学习，就是他有一个大摄影的概念，从选题到拍摄、展览、出版、市场，包括收藏等，他通通有研究。

另外，作为军人，他还有军人做事的雷厉风行，他做事的热情也往往能感染别人，感觉他精力特别充沛，而旺盛的生命力无疑是一个艺术家艺术生命的基础。

我是很死心塌地地干这件事

宋　靖： 您这 100 多张全都是拍的部队生活吧？

张桐胜： 我拍的都是反映部队的生活，因为那时候不能拍别的，我拍摄的照片是要上报纸和画报的。我外出都是到基层部队和科研单位，因为我们的部队遍布全国各地，包括新疆、甘肃、四川。我第一次报道是在西安 26 基地，在那拍摄了一张重要的作品《机房的早晨》，反映的是我们卫星测控中心的通信兵。

我们在西安举办了国防科委的第一届摄影学习班，就在陕西渭南，在西安的卫星测控中心，我在那里创作了第一幅作品《机房倩影》，那是我第一次在《中国摄影》上发表作品。当时版面上有我的《机房倩影》、王苗的《奋进》、张艺谋的《对弈》。那是 1980 年出版的一期《中国摄影》，当时张艺谋也是第一次发表作品。我发表的第二幅作品叫《机房的早晨》，是我在部队机房里拍摄的，机柜旁正好有女兵在工作，整个环境笼罩在逆光氛围下，我把这张逆光作品拍得像一幅雕刻出来的版画似的，两边机柜的线都仿佛刀缝一样。这幅作品在《中国摄影》一发表，反响非常强烈，随后被法国沙龙展录取了，法国还通过大使馆找到中国摄影家协会把这幅作品要到法国去参展，结果获奖了。

这张照片胜就胜在我把一张照片拍得像版画一样的创意上。法国人对于艺术水平的欣赏比我们高很多，我们拍摄照片往往会受到政治、社会等多方面因素的限制，而外国摄影师是从影像、从艺术的角度来考虑。而且那张照片又是反映一个女兵战士坚守岗位的主题，因此题材非常好，又有这么好的艺术性，它的见稿率、发表率就特别高，这就是我的创作秘诀。我就擅长通过艺术的表现方法赋予平平淡淡的生活一种美和一种感情。一张新闻照片也好，纪实照片也好，只要用艺术的眼光去创作的，反应就非常好。从这以后，我到绵阳的 29 基地创作了《风洞》、《微波暗室的韵律》、《发射场的乐章》等一系列反映科技领域但又带有艺术性的作品。在 20 世纪 80 年代初期我创作了一大批这样的作品，直到 1985 年，《大众摄影》、《中国摄影》刊登了很多这种照片。我用我的创意去开辟自己的事业，积累了自己的工作成绩。

而且没有那个时候的积累就没有《绚彩意象》这组作品。其实我在 20 世纪 80 年代初就已经奠定了《绚彩意象》这组作品在现代科技、现代美学、光影表现等方面的基础。清华大学美术学院教授韩子善有一篇关于我这段历史的文章写得非常好，他写道，我把这些冰冷的、没有血肉没有感情的设备，通过形式赋予对象以生命、情感。比如这

机房的早晨 张桐胜摄

台相机没有任何生命，拍起来没有任何意思，但是我通过赋予它光线、色彩和背景环境，它就成了一个独立的、鲜活的艺术体，能够感染我们。那时最有代表性的是《光电世界》，因为那时没有电脑后期，全是靠拍摄技法。

像《发射场的乐章》、《微波暗室的韵律》、《这里通向太空》、《箭之光》这样的作品那时拍摄了很多，基本上我的废片很少，拍回来的东西都能发表。

宋　靖：您刚刚谈到的这点特别重要，您如何能把一个普通的专职工作照拍成艺术作品？

张桐胜：首先是要主动。主动地、创造性地去完成任务，这是不一样的。在我的工作中，我是很死心塌地地干这件事，这是我多年养成的习惯。另一方面，你要对自己有标准，一个工业水准的高低是看仪器如何，一个艺术家水平的高低是看你的境界如何，站得高才能看得远。这个境界从何而来呢？就是靠你平时不断地修炼自己，充实自己，这样才能让自己和外界有一个合理的比较。我当时作品的入选率和获奖率非常高还有一个原因，就是我始终是让编辑跟着我的思路走。我 1985 年从西藏回来以后又有了一个转变，就是转向纪实摄影，我用了很多精力来拍纪实，但是我拍纪实的方法依然带有很强的艺术性。比如我的《取水有道》就是纯纪实的，但它又具有艺术性和悬挂性，因为纪实作品也得有悬挂性。

实践证明我的想法非常正确，我的成名作《兴革站》也是毫无摆布的纯纪实作品，但都非常美。作品《和田的风》中的那种油画味可以追溯到 16 世纪的巡回画派。那幅作品是我一瞬间拍到的，但我有驾驭瞬间的能力，所以我们今天学习纪实摄影也一定要有艺术家自己所追求的美，这是一种有意境和内涵的形式美，因为形式是要有内容的形式。比如《取水有道》中这条路我是从山上用 300mm 的镜头拍摄的，地点是在贫困的吴起镇，这条路的走势和中国几千年文化非常吻合，这条路本不存在，但人们年年取水就自然走出了这条路，如果不走这条路，水就取不来。后来我把这幅作品叫《取水有道》，就是因为在中国文化中水就是财，取水有道也是取财有道，这样它的意义就更深了，这样的纪实摄影就非常有价值了，它的摄影语言是多元的。

宋　靖：我注意到这条道上的黑白关系还有变化，上方比较亮，特别像瀑布。

张桐胜：对，那是山上的小河水，因为到过年的时候家家都要把家里的缸装满水，这是来年丰盛、吉利的寓意，所以年年都要去取水。我拍黄土高原这个工程有十几年了，黑白胶卷我都存了 1000 多卷，将来我要出一本画册。

这里通向太空 张桐胜摄

和田的风 张桐胜摄

做摄影的人视野要宽阔，气魄要宏大

宋　靖：您从 1985 年以后拍这种纪实作品大概拍了多久？

张桐胜：一直拍到现在。

宋　靖：但您现在有很多专题性的作品，比如拍杨利伟成功完成载人航天飞行的那本书。

张桐胜：《中国飞天》。

宋　靖：对，包括《绚彩意象》，这些实际上都是将您刚才谈的两种方式结合起来，拍摄的大专题。

张桐胜：我的摄影高产就在于我能把这两点结合起来。第一是面对题材我应该用什么手法来表现它。我的标准是既真实又优美，既震撼人心又有影像语言的冲击力。我拍摄的地震题材的例子就更多了。作为一名摄影家，我也更多地关注社会，因为我不是在报社而是在机关单位从事摄影工作，这需要我的作品有丰富性，我做艺术可以，拍纪实可以，拍人物也可以。比如拍摄航天题材，我现在是中国载人航天工程摄影贡献奖的获得者、中国航天摄影飞天奖获得者，还是新中国成立以后参加工作的全军唯一一个中国 50 年摄影突出贡献奖章获得者，全军除了老革命外，我这个年龄的只有我一个。我现在出版过 40 多部大型画册，都是和我有关系的专题性画册，我唯一一本艺术性的画册，也是半专题性的画册，就是《绚彩意象》。

宋　靖：能感觉到您永远地关注最普通的生活，所以最能看出艺术家的功底。

张桐胜：我有一个观点，就是要成为真正的艺术家首先要在这个浮躁的社会中沉淀下来。我现在有几幅作品是非常有代表性的，像《柯受良飞越壶口》，当时所有人都是站在下面拍他飞跃，拍他在空中时的瞬间，而我是在山上俯拍的。我为什么要这样拍？我为拍摄时不耽误事，提前一晚住在了山上的壶口乡桑柏村，第二天上午我就下来拍飞越。下山走的时候，老百姓有走路的，有坐毛驴车的，有坐拖拉机、开摩托的，漫山遍野都是人，我走着走着就忍不住感慨：太壮观了！有十几万人能够汇聚到黄河两岸同时关注一件事情，而且这件事为什么选在 2000 年到 2001 年这个时候，因为这是一场世纪飞越，它的意义不只在于飞越，还在于一个民族跨越岁月的河流，从一个世纪进入另一个世纪的发展。我就决定不下去了，我一定要把这个瞬间，把车的飞越和

选自《绚彩意象》 张桐胜摄
选自《中国飞天》 张桐胜摄

永恒的瞬间 张桐胜摄

两岸所有的人都记录下来，这才叫世纪飞越。这幅作品里，黄河里流淌的是黄河水，黄河两岸的人是黄河人，这才是中华民族的一次世纪飞越，如果说只拍车的话这就只是一个纯技能的展示了。所以我们做摄影的人视野要宽阔，气魄要宏大，要站在民族的利益和历史的命运角度来看待这次飞越。所以一个摄影家，一定要与众不同，而且一定要能站在更高的角度去看问题。

《永恒的瞬间》是汶川地震的照片，当时在现场很多人把校牌拿到钢架旁边靠在一起来拍。但我这张照片不是，我的原则就是我从来不动现场一件东西。我要遵循我的眼光，尊重我看到的真实。校牌在这里，旗子已经降半旗，旗杆被石头推到了这里，篮球架是整个学校里唯一一件没有被移动的事物，是学校原貌的见证，这里面埋了 380 多人。学校所有的东西，宿舍、教学楼全埋了，只剩一面国旗、一个校牌，但这些都不在原来的地方了，只有篮球架没有动。在这张纪实照片中，我把所有的元素都记录下来了，是最准确最真实的。从新闻角度来讲，拍这张照片时是在降半旗，我拍的时候非常注意旗帜的动感，一定要把五星和动感都表达得非常有力。这张照片以后，从 5 月 19 日这天开始，中国人有了为普通老百姓降半旗的历史，这就是一张很好的新闻照片。此外，这张照片还有延伸，当我拍完这张照片后，马上想到这个学校有没有幸存者，后来得知这个学校有 21 名学生当时就在这个篮球架下打篮球，地震后他们跑了。第二天我就专门到绵阳，费了很大劲，把幸存的孩子们找到一起照了一张合影。为什么照这张合影？在照合影的时候，这些学生的生日已经全改成了 5 月 12 日，因为他们重生了，那张照片和这张合照合起来就是汶川地震永恒的瞬间。别看摄影很小，但是能反映人的内心世界。后来拍合照的时候，我发现有三个孩子表情不太好，一问才知道他们是孤儿，我就把这三个孤儿请到北京，一直照顾他们到现在。有两个孩子已经上了大学，一个孩子当兵了，现在孩子的学费都是我来负责的。所以同样一份工作，我们想得深和浅，它的效果是不一样的。后来我的关于这次地震的展览在北京、深圳、香港和伦敦展了两个主题“汶川记忆”和“北川的孤儿在北京”。“北川的孤儿在北京”这个主题，是一个爱的延续，也是一个摄影师责任的延续，我相信这以后还会有影响。你对待一件事情的胸怀、立足点不一样，达到的效果就不一样。老天会把最好的照片给你，因为你有德行、有能力承担这个荣誉，为什么叫“厚德载物”，就是这个道理，没有这种道德的人也就承载不了这种荣誉。

宋　靖：您讲得非常精彩，摄影师会表达也是很重要的，有的人心里有很多情感但不

以上三图均选自《汶川地震》张桐胜摄

宋　靖：1977 年您就知道亚当斯了？

张桐胜：亚当斯的黑白照片很清晰。当时我们用的相机都是国产的，清晰度并不是太够，但这也赋予了照片另一种诗意，天黑黑的，画面亮亮的。那是我到青海后的第二天早上，下大雪了，树上白白的一片，天空蓝蓝的，加上黄色滤镜拍出来效果特别好。这张小照片反映的是青海西沟，它一直跟着我从青海到陕西，从陕西到北京，一直到 2000 年。我在出《心雨集》的时候，翻东西时突然找到了它。底片都不知道哪里去了，就是一张扩印片，还是在青海印的。这是 20 多年以后了，我有了对人生的理解，就马上拿着笔写了句话：树是上帝创作的无与伦比的艺术杰作，他有结实的根基，有刚柔、粗细、聚散的完美身躯。夏天来了，为大地增加光彩；寒冬来了，万物都将躲避风寒，唯有树脱掉绿衣，赤身裸体，与风高歌，与雪共舞，向世人展示自己的品格。这就是经过几十年的拍照对人生的理解，在捡回照片的时候能令我们感受到这么多。但是如果没有这一句话，这就只是一张照片。当我读起它来的时候，我会读到我的人生、信仰，读到我的追求。

宋　靖：就是说《心雨集》融汇了您从业 40 年的体会？

张桐胜：《心雨集》分成三块，用自然、艺术、人生来反映我这么多年的积累。写《心雨集》这本书有一个原因是我父亲突然离开我们了，我特别痛苦，我觉得平时很少回家，而父亲对我的影响也很大，像是精神支柱一样，所以老人一走感觉就像天塌了似的。我一个多月都没出屋，但是我用一个礼拜就写了这本《心雨集》。书中每组照片都分了自然、艺术、人生三大块，有照片还有画。我 1983 年去了趟井冈山，在井冈山宾馆外面拍了一张《蝶恋花》，当时我还没结婚。画面是一只大蝴蝶落在一朵黄菊花上，长焦照的，后面都是虚的，当时只是学习国外摄影的那种味道，后来这张照片我一直挂着，结婚的时候还挂着。但是当我出这本书的时候我对这张照片有了新的理解，我在照片下方写了这样的话：蝶恋花，蝶只恋花的芳香，不恋果的实在，花开花落唯有结出的果实才是生命的延续。

　　我是想表达人一辈子没什么可留恋的，你的财富就是你的基因——你的女儿和儿子，当你离开人世的时候这才是真正属于你的，房子和钱都不是你的，你的主要任务其实是繁衍生息。这就是初期和晚期的两种认识。从一张照片能读到人生，这是非常重要的，我的梦就是我的那本《心雨集》，里头有我对自然对艺术以及对人生的理解。

宋　靖： 其实您应该再版，因为您这本《心雨集》能够让人体味自然、艺术、人生，所有的您的内心世界都可以从这里发现。

张桐胜： 我的书写得很浪漫，有很多像诗一样的语言。我这本书是献给我父亲的，完全是心灵的对话，我只是用自己的心灵和对人生的领悟来对父亲述说。

黄河的儿子，摄影界的朱公

朱宪民

中国摄影家协会第六、七届副主席
中国艺术摄影学会执行主席
北京艺术摄影协会主席
文化部摄影专业职称评审委员会主任
享受国务院艺术家特殊津贴

● 1943 年生于山东省濮城（现河南省范县）。

● 1963—1968 年就读于长春电影制片厂摄影专业。

● 1968 年任《吉林画报》摄影记者。

● 1985 年中国美术馆举办“朱宪民摄影展”。

● 1989 年获莱比锡国际图书博览会作品奖，国际世界级摄影大师亨利·卡蒂埃–布列松为其作品集赠言：“你有一双发现真理的慧眼，真理之眼，永远向着生活。”

● 1988 年创办《中国摄影家》杂志，任杂志社社长兼总编辑。

● 1994 年中央电视台制作并播出《东方之子·朱宪民》专辑。

● 1995 年“朱宪民摄影作品展”在美国旧金山展出。

● 1996 年作品被德国埃利森匹科特艺术博物馆收藏。

● 2002 年“朱宪民摄影作品展”在法国巴黎水之堡摄影展览馆展出，并且全部作品被收藏。

● 2004 年美国艺术摄影家协会特聘其为高级顾问。

● 2005 年荣获中国新闻摄影学会摄影事业终身成就奖，中央电视台《人物》栏目播出朱宪民专辑。

●其作品被广东美术馆、新华社、首都博物馆、关山月美术馆、辽宁省博物馆、河南南阳萃文轩画廊、河南省档案馆、中国国家博物馆以及法国尼埃普斯博物馆、美国休斯敦美术博物馆、瑞士摄影基金会等机构收藏。

●其本人曾获得济南国际摄影双年展终身成就奖、西双版纳国际影像展特别贡献奖、“影像的力量”中国国际摄影文化展“镜美尊”等荣誉。

● 2016 年 1 月朱宪民“百姓”展览作为“人民形象，中国精神——中国艺术研究院著名艺术家系列精品展”首展在中国国家博物馆展出。

爱毛主席、读毛主席的书 王蛛虹（三岁）1966 年 朱宪民摄

讲评：

朱宪民在摄影界，大家都叫他朱公，可见他的江湖地位之高，基本上所有的人都会把他当成一个主心骨。就是大家很多时候，有什么事都找他去解决，包括心里的疑惑、创作上的困惑，等等。朱公最值得年轻学生学习的是，他在35岁左右的时候，找到了一个可以持之以恒的摄影创作方向。

他生在河南，然后去当学徒，后来又进了戏曲学校学习舞美摄影专业，之后调到长春电影制片厂，这一切看似还算是比较顺利，但是我觉得有这种经历的人肯定不止朱公一个，那为什么他能从一个农民的儿子（他从来都认为自己是个农民的儿子），最后成长为中国摄影家协会副主席，并且有那么大的影响力？最重要的原因就是朱公步步为营，不管做什么都做到最好，以及不管到什么地方，都有一帮朋友在帮助他，他也在帮助别人。这形成了一种特别宝贵的人生资源。

这种优势的形成，肯定是有上天赐予的机会，但是我个人觉得更重要的是主观努力的、经营的成分，如果你要是到哪都不太乐于交朋友，不愿意帮助别人的话，别人为什么帮助你？为什么要跟你做朋友？尤其现在，年轻人多是独生子女，好像都觉得自己是宇宙中心，都觉得大家应该为自己做点什么，实际上这错了，人首先要考虑能为别人做什么事情。我觉得这是朱公成功的一个关键，这就是个人魅力。

另外一个关键我觉得是，朱公35岁的时候给自己定下一个摄影目标，就拍黄河流域。为什么拍黄河？因为他是黄河的儿子，他就在黄河边长大的，就在黄河下游，再往东就是入海口了，就是滨州。就是说你的生活背景和生你养你的地方，到底能不能成为你的一个创作源头。朱公从黄河开始，最后走向了世界，但在那个时代，朱公可能就觉得把黄河两岸的老百姓拍透，就是他这一生要做的事情。从朱公成长的经历，我们可以看到一个摄影人要走的路的脉络。朱公拍黄河流域的几个系列，没有一个是专题性的，但他的作品又都是典型的纪实摄影的创作方法，这也是朱公结合自己的职业特点选择的可以完成自己创作目标的一种体裁和工作方法。中国摄影家协会是为摄影人服务的一个机构，也包括《中国摄影家》杂志，作为协会副主席、杂志总编，朱公并不是一个可以完全投入的自由摄影师，这就要求他能做一个长线的计划，他不可能天天去拍，也不可能特别深入地对着一个专题去拍。那他如何避免对创作不利的因素，寻求有利因素呢？在这些岗位上，他的认识可以提得很高，因为国内所有摄影师的片子他都会看到。朱公的作品看似朴素，其实却是到了去伪存真、返璞归真的最高境界，这就是他的认识的高和眼界的广所起到的作用。所以对想从事纪实摄影创作的年轻人来说，给自己一个命题，长时间地坚持拍下去，也许拍上20年，就能有成绩了。

朱宪民访谈

从照相馆学徒一路来到中国摄影家协会

宋　靖：之前关于您的访谈录其实已经有很多，但是其切入点多是关于您的创作主题选择、创作方法以及创作过程中对社会、人文问题的深入挖掘这些方面的。而我们这次访谈，希望能通过介绍大师的成长经历，来为一些没有能接受专业艺术院校学习的年轻人提供一些借鉴和启发，因此希望您能讲一讲您是如何一步步走来，如何发现并深入挖掘一个主题，并取得今天的成就的。

朱宪民：1959 年“大跃进”时，我 17 岁，在山东黄河边一个很贫穷的小村子濮城刚初中毕业，为了找出路就到了辽宁抚顺，现在叫“闯关东”，其实就是没有工作盲目流入城市，简直是“盲流”。1959 年年初到了抚顺后，那时街道办事处给分配工作，一开始打算把我分配去修理钟表或是到理发店当理发师，我都不想去。后来征求我的意见问我去不去照相馆当学徒，得学两年。在我的印象里照相是一份很神秘的，并且受人尊重的工作，所以我毅然决然就去了抚顺市光明照相馆，去了之后师傅对我不错。那时我心里很兴奋，毕竟 17 岁之前都在村子里生活，没见过火车汽车，突然进了这么大的城市，有种一步登天的感觉，同时吃住等生活问题都解决了，所以也很珍惜这一份工作。所以回忆起来那也是我人生很重要的一个转折点。当时我拼命地学习技术，因为从小就有一种想要超越别人的心理，做什么事都想要精益求精，所以师傅很喜欢我，把很多技术都教给我，也就是在那个时候我基本解决了我的摄影技术问题，从拍摄到暗房的影调控制基本都掌握了。在那个时候，经常会有记者到我们照相馆洗照片，所以我当时接触到记者就觉得记者是很神圣的职业，很崇拜他们，所以我立志当一名记者，后来就考入了吉林省戏曲艺术专科学校的舞台美术系做了一名剧照师，但是由于舞台灯光与摄影的影棚灯光是不一样的，所以觉得有点控制不了。因为我当时与长春电影制片厂的袁小平接触过，他觉得我技术方面很不错，很快就把我调到了长春电影制片厂继续学习剧照。一进长影之后我很快就进入另一种工作状态了，跟着剧组拍了很多照片。当年长影的摄影组是全国条件最好的，所以有条件学到很多东西，这个时期我进步很大。到了“文革”期间，我还是继续待在长影厂，当时长影与社会的交往很多，有个办公室专门做“文革”期间的宣传工作，那时候我到了很多矿区、农村拍摄当时学毛选、学毛主席语录以及劳动生产的照片，直到1968年分配到吉林画报社工作。刚进吉林画报社我就经常出去采访，这一段时间拍摄了很多“不真实的真实”的照片，大部分是摆拍的照片，那时候所有人都这样拍，也算是另一种真实的记录，我是为了能生存下去，也需要这样去拍。

宋　靖：“适者生存”这个道理在您身上表现得特别成功。

朱宪民：因为你要适应这个时代，“文革”的照片就能体现那个时代另一种真实的状态，如果你当时不那样拍，你就会被抓起来。但是，当你现在回头去看那时的照片时你就会发现，那时候的照片拥有了一种历史的价值。

宋　靖：那时候的生活本身也是很不常态化的，很特殊的，您用这样的方式去记录它，就记录了那个特殊时代一种特殊的价值。

朱宪民：我认为社会纪实的基本点是你要去记录这个时代85%的人群的一种生活状态，我当时拍摄的“文革”照片记录的几乎是99%的人都是那样的生活状态，比现在还单调，还集中，举国上下都学毛选，与今天完全不同，这样一来我的照片也算是真实记录了一段历史。当时我因为有条件深入工厂、农村、林区，接触到大量的人，包括农民、知识青年，所以能够拍摄很多这样的照片。因为我那时积极、能干、家庭出身好，所以一直是《吉林画报》被提升的对象，当时在全国影展中我的照片是入选最多的，当时能入选全国影展已经是特别优秀的了，我在东三省已经算是最优秀的年轻记者了，当时我一直要求入党，但就是入不了。我那时本来还有更高的想法，想去新华社青海分社这类地方，都没去成。后来单位送我去五七干校劳动锻炼准备提拔成干部，我在五七干校也获得“优秀的五七战士”称号，回到单位再次要求入党还是没有被批准，主要原因就是我能力太强，有人就嫉妒我，怕我一入党就很快会被升职，所以一直压着我，怕我超过他们。直到1978年我被借调到北京。

宋　靖：是怎么样一个机会？

长岭县北京下乡知识青年在贫协主席带领下共同植树（吉林） 1970 年 朱宪民摄

社员们在人民公社生产队的场院里分粮 1976 年 朱宪民摄

朱宪民：当时中国摄影家协会恢复，正在进行筹备，所以借调全国的几名优秀干部来补充协会的新生力量，当时经过袁毅平、吕厚民的介绍，因在我这个年龄段里我就算是最优秀的干部，所以就借调到了北京。这样一来，我就又上了一个新的平台。在中国摄影家协会我主要负责国际影展的工作，由我来挑选中国摄影师的作品参加国际方面的各种影展，包括大使馆展出的照片都是由我来负责挑选。刚进协会不久，有一个叫苏瓦约的法国摄影家经过文化部、外交部批准来中国拍摄，由我来负责陪同他。我们第一站去了云南，从这个时候开始，这个摄影家完全颠覆了我当时“文革”时期“大光亮摆拍”的摄影思维。当我看着这个外国记者拍摄中国完全是靠抓拍，拍摄中国最真实的生活时，我开始反思自己，我过去只不过是一个照相的，没有任何对社会、对生活的深入认识。我从小成名成家的思想很重，我觉得要想在国际上站住脚跟，必须要有自己的思想、自己的选题，走自己的道路，所以当时我就拿着中国摄影家协会图书馆的钥匙，晚上把所有国外的摄影师的画册找出来看，那时图书馆集中了全世界各国的摄影家的画册，我把它们都找出来看，这个时期算是我摄影道路的一个分水岭，它完全扭转了我“文革”十几年的创作模式，是一个颠覆性的改变过程。也是在那个时候，我开始了对自己选题的思考，我想要拍摄我最熟悉、最有情感的东西，因为我的童年是我印象最深刻的一个时期，我决定回到我自己的家乡，开始“黄河”这个选题的拍摄。

在摄影家协会经过了 9 个月的工作，文联人事司的领导找我去谈话，说经过几个月的考察，觉得我工作得很不错，准备把我的关系直接调到北京，最后问我是不是党员。我当时心里很忐忑，好不容易有这样一个机会到北京，如果因为我不是党员而影响到这次调动，到北京这个梦想的泡沫就破灭了，等于是白干了这 9 个月，一生的命运都完了。我就实事求是说我一直积极要求入党，写过几十份申请书，单位也没有同意，领导又问我有没有入党，我说没有，领导竟然说：“那就好，那就给你办手续。”因为当时“文革”时期入党的一律不准调入北京，而我刚好没有入党，所以这次机会就给我了。这就是命运使然。

摄影创作一定要表现 80% 以上的人的生活状态，这样的作品才是历史的真实写照

宋　靖：实际上您当时讲了一个很重要的人生经历，告诉我们一个道理就是人不能投机，塞翁失马焉知非福，如果您“文革”时期入了党，您的这次机会可能就失之交臂了，

人生可能跟现在就完全不同了。您1978年来到中国摄影家协会工作开始，接触到了法国摄影师苏瓦约，并且有机会博览群书，萌发了“黄河百姓”这个选题，这才成了您摄影生涯的另一个起点，“黄河百姓”也成了您摄影生命的选题。现在有很多学生对于选题这个问题有很大的困惑，他们总找不到一个可以为之奋斗一生的选题，导致他们很多时候在中途就放弃了，因为找不到付出与回报的平衡点，就这个问题您能谈谈您的创作理念吗？

朱宪民：我的创作理念有这样几个点：一是要知道摄影本身存在的价值，因为艺术门类众多，有音乐、戏剧、美术、电影等，摄影也属于一门艺术，所以一定要找到摄影本身存在的价值——真实，这是其他艺术门类代替不了的。相机是不会说谎的，只有摄影是最能表现真实的，电影、美术都可以虚拟，只有摄影不可以虚拟。所以作为摄影工作者首先应该知道摄影艺术本身存在的价值观。再一个，尤其对纪实摄影来说，你持一个什么样的心态去创作，把自己置于一个什么样的角度拍，这是关乎你整个摄影生涯的问题。我觉得勤劳善良的劳动者应该永远是我们歌颂的对象，因为这些人奠定了我们社会生活的基础，但不是一味地歌颂，因为我们又要通过我们的作品来促进社会的发展。所以你应该真实地表现这个社会，让更多人来了解这个社会的真实性。

所以我觉得摄影创作一定要表现80%以上的人的生活状态，这样的作品才是这段历史的真实写照。比如，我在20世纪70年代末走到群众中，看到举国上下都是戴军帽穿军装，到了80年代都是穿喇叭裤、军上衣、戴海军帽，再到90年代就开始流行西装和旅游鞋了。所以纪实摄影一定要表现特定历史阶段的特点。纪实摄影其实可以比喻为“今天拍明天看”，新闻摄影就是“今天拍今天看”。同时我觉得纪实摄影应该以普通人的视角，同时以普通人为对象去拍摄。在摄影创作时拍摄者把自己与被摄者摆在一个什么样的立场上很重要。有许多摄影家拍摄偏远农村的老百姓时都居高临下，把他们看作是没文化的原始人，这种观点是不对的。在我看来这些老百姓在农村里也很努力地生活，也想挣脱贫苦的环境，只是没有像我这样的机遇而已，他们也有自己生活与众不同的地方，就看你有没有用心去体会去挖掘。今天，许多人觉得在当今的中国没有什么好拍的了，其实，随着社会的进步，城市化对农村的冲击越来越大，城乡差别越来越严重，主体从农民变为了农民工，他们是建造这个城市的人，他们生活的地方却从三环推到了四环，从四环推到了五环。这个群体是很庞大的，我们应该去表现他们的生活状态。同时，现在这个社会的两极分化是严重的，一方面是人与人的物质差异两极分化，更加可怕的是人与人精神文化层面差异的两极分化。现在的农民有的穿戴都和城市人一样了，但他们的观念和思想仍然和城里人是不同的。这些都是很好的表现题材，都需要我们走进这个社会用心观察，才能从一个新的高度去表现。前几天有张照片使我很受感动，画面表现的是一个卖烟酒的小卖铺里，一个中年男子在那里买酒，他晃着酒看那瓶酒是不是真的，收款的服务员则是拿着收到的一百元纸币检验是不是真的。这张照片生动地反映了这个社会日益减少的信任感，虚假充斥着整个社会。所以，摄影不管从哪个方面都应是促进社会发展的。社会存在着很多问题，需要我们用善良的心去表现，这时站到 80% 百姓的立场上去表现就变得尤为重要。现在 80% 的农民都是骑电动车了，这就是社会的真实，同时又是时代的特点，你要是拍一个农民开宝马，那就不能体现时代特点。

此外，现在年轻人想在事业上有所成功，我觉得有三点尤为重要。首先是一定要勤奋，而且是坚持一生都勤奋，而不是一段时间的勤奋之后就放松了。勤奋的一个表现是科学地把握自己的时间，我发现很多年轻人等车等飞机什么的可以什么都不干坐在那里四五个小时，我很不理解。第二点是善良，善良对普通人来说重要，对于一个艺术家来说更加重要。你如果心态不平和，内心还有诸如嫉妒、藐视等情绪时，你就无法拍出好作品。你要想有所作为，首先应该学会认识自己，然后能够驾驭自己，不要怨天尤人，认为没有好的机遇，只有你自己不断努力，机遇才会找你。所以，我说的这个善良是多方位的。第三点，感恩，对帮助自己的人尤其需要感恩，要用各种形式去体现自己的感恩，这样别人才愿意再次帮助你。如果你认真地对待这三条就肯定会成功。如今是读图时代，人人都在拍照片，要拍出好照片尤其困难，你只有做到极致，也就是拍到不可复制的照片才能成功。所以无论是做人还是拍照片，都应该做到极致。

摄影不能永远玩下去，作品一定要追求其中的价值

宋　靖： 实际上您的《黄河百姓》也是当代作品，只要反映我们现实生活的这些作品都叫当代作品。

朱宪民： 在中国形成了一种现象，看不懂的都叫当代作品。

宋　靖： 他们界定当代的时候说是要向传统学习。比如说传统里面有很多的题材是固定的，像梅兰竹菊、竹林七贤，这都是传统题材。诸如木雕、石雕这些行业都是师傅带徒弟这样带出来的，有几样东西你都得会，比如文房四宝怎么雕，是针对这样的传

朱宪民： 你现在到昆仑饭店门口，有伸手要钱的，有拄着拐杖要饭的，有卖淫的小姐，这都是个别现象，专门拍这个东西也不行。你要拍 85% 的人生活的常态。我们刚入门的时候会对被摄者说：“笑一笑，冲我乐一乐。”这都不是常态。人一天 24 小时中，笑不过 2 分钟到 5 分钟，常态就是常态。前几天铁道部让我去讲课，他们都是业余摄影爱好者，都拍合影，留念的或者旅游家庭纪念照，我一听把我难住了，这应该怎么讲怎么谈呢？我后来说一拍家庭合影照片，有人就“茄子”、“朝我看”、“大伙乐一乐”或者“把手冲我一伸”，把前面这些去掉，然后抓拍一点家庭照片就行了。其实艺术是脱俗的，是反对俗气的。一出画册，就背个相机拍照，俗。谁不知道你是用相机照出来的，还穿个摄影背心，拿相机在那里瞄。摄影就是要脱俗。

宋　靖： 人家怎么拍你就不怎么拍，要跟别人拍的不一样。

朱宪民： 前几天我在云南偏僻农村里，我对着小孩拍，那小孩冲我“耶”地打个手势，我说你把手拿掉，这样没法用。

宋　靖： 朱公，“黄河百姓”这个题材您拍了多少年了？现在是不是还在继续拍呢？

朱宪民： 还在继续拍啊。

宋　靖： 实际上这个可以拍一生，没有结束的时间。

朱宪民： 今年是留守儿童、农民工的问题了，每个时期都有每个时期中国的特点。那个时候拍是反映勤劳、善良、朴实的黄河百姓的形象，今天拍是反映一种时代的变革，变革对黄河百姓的冲击力。比如说黄河旁边卖烧饼的打着手机，这就是真实的社会变革。现在要是你们把各阶层的人打手机拍成一组照片，那太厉害了，收垃圾的也打手机，这就是时代，你一定要抓住时代的特点。拍照需要有思想性，要冷静，要思考。我们现在往往在潜伏。如您所说现在好多人走捷径，拍别人看不懂的。现在我可以断言，现在学生拍那种似懂非懂的照片一张都卖不出去。

宋　靖： 我以前和同学们说过，前些年系里面也有这样的一股风气，学生随便把照片合成一下然后打印出来就去 798 卖了。结果打印那张照片加上路费 300 多块，到那边起拍价才 100 块。

朱宪民： 艺术要让别人看得懂，所以很多学生的似懂非懂的照片不好卖在情理之中。

民以食为天 1980 年 河南 朱宪民摄

三代人 1980 年 河南 朱宪民摄

宋　靖：艺术不能只是自己安慰自己。

朱宪民：这句话说得挺精辟的。

宋　靖：没有人欣赏你的艺术，那你就自己去艺术吧。包括最后搞观念摄影也得有生活基础。

朱宪民：百花齐放、百家争鸣这是对的，当代艺术不反对，怎么搞就是要研究自己的道路，这东西一定要研究到底，这照片到底有没有市场，现在能不能行，这个要少考虑。

宋　靖：对，这都是自我安慰，我们学校里面有个导演，拍的电影零票房，别人问他你的票房怎么这么不好，他说我的电影是给21世纪的人看的，可是没想到他活到21世纪了，别人就把他的作品又拿出来了，21世纪的人还不看呢。

朱宪民：这个是目前要严肃考虑的课题。宋院长您能提到这个问题就很伟大了，能够意识到这个问题就很伟大了，有些人意识不到。

宋　靖：意识不到就害了他们，如果你在学校把他们的思想弄歪了，中国未来10年都改变不过来。

朱宪民：现在好多展览为了繁荣，提倡所谓的“百花齐放”，其实这个能维持多久也值得研究。在那个10年里，我对“文革”时的拍摄方式、拍摄思维进行了深刻反思，让我意识到对那种陈旧、机械的摄影方法进行颠覆的必要性与急迫性，为我之后的纪实创作奠定了基础。但当时应该说只是达到了观念上的成熟，而在表现上并未成熟。而之后就是一个从理念到实践去不断提高、完善的过程。比如在一开始我也忽略了诸如环境、背景这些因素在一幅画面中的重要作用，在多拍摄一些中景、特写之后才逐渐意识到要将人物放在一个有机的环境中去进行一个整体的观察、捕捉，才开始更多地去关注画面整体的结构、关系、节奏等。因此从形成一套理念到在实践中真正将其实现是需要一个过程的，对青年人来说，就可以归纳为一个吸收—颠覆—思考—认同的过程。

宋　靖：下面能否请您挑选您比较满意的几幅作品，给我们谈谈您是如何创作这几幅作品的？

朱宪民：好，比如《民以食为天》这幅作品在瞬间、构图上都显得比较完美，因此很多人都问我这幅作品是不是摆拍的，其实这绝对是一张抓拍的作品，所以一张好照片往往能达到一张类似摆拍的完整性，但又有着摆拍所无法企及的生动与自然。因此我们运用抓拍的拍摄手法时，也不应该放松对画面品质的精益求精，对构图、瞬间的把握要反复推敲又一气呵成，呈现在作品上就显得经营巧妙却又浑然天成。

再说这张《三代人》，画面上的三个人物错落有致，在画面结构上就有一种很好的韵律美，而仔细看这三个人的衣着形貌，又可以很清晰地看出他们的身份特征。结合当时特定的时代背景，我们就能更好地对这张作品进行解读。那是改革开放之初，百废待兴却又机会无限。画面下方的这个老者，姿态局促而略显痛苦，双手紧抓着树干，似乎要寻求某些依靠与慰藉，代表了从那个苦痛的年代走来的一代人；而中间站立的中年男子，则显得相对放松但仍有些许木讷，这又是这一代人的写照；而到了最后的小伙子，他的表情中明显透露出一种对未来的期待与憧憬，这也是改革开放初那代年轻人心理的一个典型代表。

《出外打工的年轻农民》是我个人很喜欢的一张，因为这基本就是当年离开家乡时我自己的形象。你看，画面左侧的人拿着根棍，挑着个花包，戴着军帽，我那时还

出外打工的年轻农民 1987 年 河南 朱宪民摄

黄河摆渡的老艄公 1984 年 山东 朱宪民摄

戴不起军帽呢（笑）。这张照片既反映了那个年代农村出门打工者的典型形象，对我个人而言又是一段极为宝贵的视觉回忆。又比如《黄河摆渡的老艄公》这张，就是当年我父辈们形象的一个缩影，这种戴头巾、穿缅裆裤的装束，代表了那个年代典型的中原人形象，是永远不会再出现了。

宋　靖：《北京到郑州国道马路旁》这张呢？

朱宪民：这个场景反映的就是个特殊的历史阶段。在改革开放初期，北京到郑州的公路上，全都是这种大广告，但很少有人拍这种东西，这就是改革开放初期特殊的历史阶段。高速公路建成之前，马路边没有饭店，也没有服务站，沿途全都是这个。当时看得司空见惯，我感觉到这种东西长久不了，就拍下来了。从这个历史阶段走过的人，一看就会找到共鸣，照片是时代的记录者。很少有人意识到这个东西有什么价值，有什么值得拍的，但这就是那个历史阶段的现象。其实照片就是要让人回忆，因为回忆总是美好的。回忆那个时候你就会有兴奋点，消失了没有了这才是价值。因为很多人忽略了这些，觉得太平常了，觉得事物好像永远会这样，但其实不可能。

宋　靖：朱公，我觉得您的照片就是时代的符号，是无法替代的。比如这张《天安门广场外地打工者》，其实很早之前我也在拍这种选题，因为这种旅游景点其实就像是舞台，是已经被别人归纳过的。

朱宪民：你一定要思考，像这种东西很快就会没有，很快就会消失了，非常有普遍意义。虽然看着很平常，很大众，但这个时代你就记录下来了，如果你能表现得很有艺术性就更好，但是一般地记录下来，意识到这些，就已经很好，很有价值。这些你平时必须观察。

你看送棉花这张，现在再也没有了，我不知道现在为什么没有，想当年，这些送棉花的排上三天三夜都送不出去。现在收不上来，你想收棉花都没有了，纪实摄影一定要标年代，因为年代就是见证。

邓小平去世那天我一早来到天安门广场，很多东西你要有敏感性，邓小平逝世对于中国来说是一个很大的历史事件。我凌晨就赶到天安门广场等待，这张就是当时巧遇到的一个场景，群众自发地拿着邓小平的像，我正好赶上上面是毛泽东像，下面是邓小平的像。巧合啊，其实这张照片绝对不是摆拍，因为你指挥不了当时那个场面，就是等待来的，因为你有预测，瞬间有可能出现的时候，就会被你抓住。

北京到郑州国道马路旁 1988 年 河南 朱宪民摄

排队交棉花公粮的农民 1983 年 河南 朱宪民摄

天安门广场外地打工者 1984 年 北京 朱宪民摄

小平同志逝世的第二天早晨 1997 年 北京 朱宪民摄

图书在版编目（CIP）数据

中国纪实摄影家成长实录．上卷／宋靖著．-- 北京：中国摄影出版社，2016.5

ISBN 978-7-5179-0455-7

Ⅰ．①中… Ⅱ．①宋… Ⅲ．①摄影家－生平事迹－中国－现代 Ⅳ．①K825.72

中国版本图书馆 CIP 数据核字（2016）第 101883 号

中国纪实摄影家成长实录（上卷）

作　　者：宋　靖

出 品 人：赵迎新

策划编辑：郑丽君

责任编辑：丁　雪

装帧设计：胡佳南

出　　版：中国摄影出版社

地址：北京市东城区东四十二条 48 号　邮编：100007

发行部：010-65136125　65280977

网址：www.cpph.com

邮箱：distribution@cpph.com

印　　刷：北京科信印刷有限公司

开　　本：16 开

印　　张：26

版　　次：2016 年 7 月第 1 版

印　　次：2016 年 7 月第 1 次印刷

ISBN　978-7-5179-0455-7

定　　价：98.00 元